C·H·Beck
PAPERBACK

Hasan Cobanli

Erdoğanistan

Der Absturz der Türkei und die Folgen für Deutschland

C.H.Beck

Originalausgabe

Satz: Fotosatz Amann, Memmingen
Druck und Bindung: Druckerei Pustet, Regensburg
Umschlagentwurf: Geviert, Grafik und Typografie
Umbschlagabbildung: Christof Mukherjee
Hintergrundbild: Shutterstock
Printed in Germany
ISBN 978 3 406 71344 6

www.beck.de

Inhaltsverzeichnis

Prolog

Kürzlich, in einem Interview, sollte ich die Frage «Woher kommen Sie?» pantomimisch beantworten. Da habe ich salutiert, zwei Stechschritte gemacht wie ein Soldat, mit den Händen ein Herz geformt, sie ineinander verhakt und geschüttelt wie Politiker «Freundschaft» ausdrücken, dann habe ich sie vors Gesicht gehalten, wie wenn man traurig ist und weinen muss, und mich zu Boden fallen lassen. In Worten: Ich bin das Produkt deutscher und türkischer Vorfahren, die seit 150 Jahren arbeiten und leiden an einer *fatal attraction*: dem, was wohlmeinende Vertreter beider Länder als «traditionelle deutsch-türkische Waffenbrüderschaft» später «Freundschaft» oder sogar »Völkerfreundschaft» preisen und hier und da sogar daran glauben – bei jedem Besuch, jeder Tischrede, in Politik, Wirtschaft, Kultur und Sport, in guten wie in schlechten Zeiten.

Auf der Hochzeit meiner Eltern im Juli 1951 erinnerte der türkische Gesandte in Deutschland daran – mit Tränen der Rührung in den Augen. Er war noch nicht Botschafter, weil es zwischen den beiden «befreundeten» Ländern seit 1945 noch immer keinen Friedensvertrag gab. Passenderweise hatte die Türkei soeben wenigstens den Kriegszustand mit Deutschland für beendet erklärt. Dieser Hochzeit wurde deshalb hoher symbolischer Charakter beigemessen, die Lokalzeitungen brachten sie auf Seite Eins.

Die deutsche Braut: Urenkelin des Grafen Albrecht Roon, Weggefährte Bismarcks und Moltkes, des berühmtesten deutschen Militärberaters in der Türkei. Der türkische Bräutigam:

25 Jahre älter, Diplomat, Enkel von Arapgirli Şakir Paşa, der mit den Gesandten zweier deutscher Kaiser frühe deutsch-türkische Freundschaftsverträge und gegenseitige Schenkungen sowie den Ausbau der «Bagdad-Bahn» ausgehandelt hatte. Noch «wichtiger» aber: Sohn von Cevat Paşa, ein in Deutschland und der Türkei angesehener General, der 35 Jahre zuvor die Türkei gegen die Alliierten verteidigt hatte – unter dem Oberkommando der kaiserlich deutschen «Waffenbrüder».

Freunde, Waffenbrüder, Tradition – heute würde bei ähnlicher Gelegenheit kein Redner mehr solche hehren Worte in den Mund nehmen. Denn seit einiger Zeit sieht es düster aus mit der vielgelobten, «deutsch-türkischen Freundschaft». Es wird einander nichts mehr geschenkt. Allenfalls von «Beziehungen» ist hier und da noch die Rede. Und auch die sind weder gut noch schlecht – sie sind kaputt. Da gibt es nichts mehr zu beschönigen, nicht mal aus Sicht der Diplomaten, Politiker und Geschäftsleute. Aus «Partnern» sind «Gegner» geworden. Für diejenigen, die in beiden Welten zu Hause sind oder sein könnten, ist das schmerzlich – ob durch Familie, Politik und Geschichte bedingt, wie ich, oder durch Migration aus der Türkei nach Deutschland gekommen, wie gegenwärtig jeder 25ste Einwohner des Landes.

Wechselhaft und dramatisch nimmt sich die Geschichte der «deutsch-türkischen Beziehungen» aus, deren Wert eigentlich unermesslich hätte sein können für die Menschen beider Nationen. Manche lobten sie von Herzen, andere eher verkniffen, und fast immer war sie verbunden mit politischem und wirtschaftlichem Kalkül.

Wechselhaft, stürmisch und voller Qualen ist auch die Geschichte jeder der beiden Nationen und ihrer Völker. Ihre Führer haben erobert, besiedelt, zerstört, erneuert und immer wieder von neuem zerstört, sie haben unterschiedliche Völker vereint, kultiviert, zu ihrem Glück gezwungen, unterdrückt, gemordet, und die Geschichte hat sie dafür gestraft. Das haben die Deutschen und die Türken gemein, jeweils auf ihre Weise. Die einen unter Kaisern, Königen, Führer, Partei, die anderen unter Sultanen des *Empire Ottoman*, des Osmanisches Reichs, und seit knapp hundert Jahren als *Türkiye Cumhuriyeti*, Türkische Republik.

Für diese hat nun ein neuer Abschnitt begonnen – ich nenne ihn Erdoğanistan. Die eine Hälfte der Nation hat es herbeigejubelt und – bedingt – sogar herbeigewählt, die andere aber leidet und wird handlungsunfähig gemacht – «gesäubert», das alles mit derzeit ungewissem Ausgang.

Der einflussreichste Vorfahr, in dessen Biografie sich die imperiale Geschichte dieser merk- und aktuell unwürdigen «deutsch-türkischen Beziehungen» spiegelt, ist mein Großvater (dessen Name sich türkisch korrekt Cevat Paşa schreibt). Nach Studienzeit auf der Kriegsakademie in Berlin hatte er Karriere bis zum General gemacht, bevor er 1915 die Deutschen in ihrer unangenehmsten Rolle kennen lernte – als «Waffenbrüder». Unter deren Oberkommando führte er die schrecklich verlustreiche Schlacht bei den Dardanellen gegen die Alliierten. Anschließend hat er sich dem Putschisten Mustafa Kemal angeschlossen, dem späteren Republikgründer Atatürk, als dessen engster Weggefährte er in unterschiedlichen Positionen, mal als ranghöchster Militär, mal als Verhandlungsführer, die moderne Türkei mit aufbaute.

Ihren Vorgesetzten, Kriegsminister Enver, der als einer der zwei Organisatoren des Völkermords an den Armeniern in die Geschichte eingehen sollte und sich später auf einem deutschen Schlachtschiff ins Ausland verdrückte, verachteten beide – Kemal ebenso wie mein eigentlich deutschfreundlicher Großvater – wegen dessen «Hörigkeit gegenüber dem deutschen Kaiser und seinen arroganten Militärs». Die «maßlosen Deutschen», so beider Überzeugung zu Beginn des Ersten Weltkriegs und der «deutsch-türkischen Waffenbrüderschaft», würden das Osmanische Reich «entweder mit sich ins Verderben reißen oder aber zu einem tributpflichtigen Vasallenstaat herabwürdigen.»

Mit dieser deutsch-türkischen Geschichte bin ich aufgewachsen – und immer bekam ich den Satz «Du bist ja ein Sohn der deutsch-türkischen Freundschaft!» zu hören. Bis heute habe ich ihn nicht ganz verarbeitet und frage mich: Wie wirst du dieser Rolle gerecht? Was würde Atatürk empfehlen oder Großvater oder Graf Moltke, dessen handsignierte Briefesammlung aus seiner Zeit als Türkei-Berater «Unter dem Halbmond» ich geerbt habe, oder der Türkei-Emigrant Ernst Reuter, dessen Sohn Edzard 20 Jahre vor mir seine Kindheit in der Türkei verlebte, oder meine alte Freundin, die Orientalistin und Türkei-Kennerin Annemarie Schimmel, oder der Armenier-Türke Hrant Dink oder mein ebenfalls armenisch-türkischer Lieblingsmusiker und Volksdichter Ruhi Su? «Ach», würden sie wohl unisono antworten, «war diese denn jemals eine Wertegemeinschaft? Oder nicht doch nur eine von Interessen geleitete Verbindung, entstanden aus historischen Zwängen und Krisen, mehr oder weniger zynisch stilisiert zu ‹Waffenbrüderschaft› oder ‹Völkerfreundschaft›, wie es gerade passte – und jetzt eben wieder von Krisen zu Tode geschüttelt?» Gab es sie denn, als Deutschland sich so chauvinistisch gebärdete wie heute Erdoğanistan, also vor 120, 100, beziehungsweise 80 Jahren? Haben das dann vor 50 Jahren die Migranten geändert, oder seit 30 Jahren die Touristen, oder die Investoren? «Und», würden diese Zeugen der *alman-türk arkadaşlık* fragen, «wo sollte denn jetzt Freundschaft herkommen, wenn sie doch immer nur ein Mythos war?»

Dabei würde sie heute mehr denn je gebraucht. Und ganz anders als bisher. Meinen Vater, geboren 1899, hat das Schicksal zu einem unmittelbaren Zeugen der Agonie des «kranken

Mannes am Bosporus» gemacht – der Begriff beschrieb den Zustand der Türkei damals und trifft ihn auch heute wieder – und zugleich der Agonie des verbündeten deutschen Kaiserreichs. Als Kadett in Berlin und als junger türkischer Offizier in deutschen Diensten erlebte er den Zusammenbruch der einst ruhmreichen Osmanischen Sultansherrschaft, den die «deutsch-türkische Waffenbrüderschaft» nicht abwenden konnte. Ebenso wenig wie den Armenier-Genozid mitten im Krieg – an ihm war sie im Gegenteil aufs Unrühmlichste beteiligt. Nach dem türkischen *kurtuluş*, dem Befreiungskrieg Mustafa Kemals, des späteren Atatürk, war mein Vater von Mitte der 1920er Jahre bis 1951 als Diplomat Zeuge der stürmischen, für Augenblicke sogar glanzvollen Aufbauzeit der jungen Türkischen Republik. Diese war geprägt vom Revolutionär Atatürk, der das Land einer harten Verjüngungskur unterzog, die Nation aber bald damit alleine ließ – wie wir heute ahnen, wohl zu früh. Was das auslöste, auch davon handelt dieses Buch.

Allenfalls in dieser Zeit, in den 1930er und 1940er Jahren, in denen es in Deutschland dunkel wurde und schließlich der Zweite Weltkrieg tobte, fällt ein Licht auf diese «deutsch-türkischen Beziehungen» – als Atatürks Türkei zahlreichen deutschen Intellektuellen, Architekten, Künstlern, die in der Diktatur ihrer Heimat nicht mehr arbeiten durften oder konnten, deren Leben dort bedroht war, die sprichwörtliche «Zuflucht am Bosporus» gewährte. Später, seit den 1960er Jahren, verschlug es dann eine große Zahl Türken als Gastarbeiter nach *Almanya*. Auch die empfanden ihre Zuflucht in Deutschlands Fabriken als Glück – sie flohen nicht vor politischer Verfolgung und Bedrohung, sondern vor Arbeitslosigkeit und Verelendung, und in der Bevölkerung des Gastlandes wurden sie eher muffig aufgenommen.

Als Sohn einer deutschen Protestantin und eines türkischen Laizisten wurde ich am Bosporus in beiden Sprachen und

Kulturen gleichermaßen erzogen. Als mein Vater starb und meine Mutter zurück wollte, verschlug es auch mich als Teenager nach Deutschland.

Dass meine Übersiedlung aus der alten in eine neue Heimat zeitlich mit den ersten Gastarbeiterschüben zusammenfiel, ein neuer Akt in den deutsch-türkischen Beziehungen, ist Zufall. So lernte ich erst in Deutschland die «anderen» Türken kennen – Landsleute zwar, aber aus dem fernen Anatolien. Andere Sitten und Bräuche brachten diese Menschen direkt aus den hintersten Winkeln der Türkei mit, und die waren mir ebenso fremd wie den muffigen Deutschen, wenn ich auch ihre Sprache verstand – nach *Almanya* waren sie ja an Istanbul vorbei emigriert. *Almanya* brauchte sie als Arbeitskräfte, das war ihr Glück, denn Anatolien hatte ihnen nichts zu bieten und die türkischen Großstädte wollten sie nicht haben. In den 1950er Jahren hatte das Regime von Adnan Menderes, ein korrupter Muslimbruder im Geiste, mit welchem den heutigen Präsidenten viel verbindet, die Landbevölkerung vernachlässigt. In den Großstädten nannte man sie die «schwarzen Türken» – sie sprachen anders und waren anders, und viele von ihnen konnten nicht lesen und schreiben. Man empfand sie als lästig.

Dem heutigen Machthaber in Erdoğanistan sind dagegen die anderen lästig: Menschen aus den gebildeten, säkularen, westlich orientierten Kreisen, in denen ich aufgewachsen bin, aus denen mein türkischer Anteil stammt – Europa am Bosporus. Viele von ihnen sind jetzt im Gefängnis oder schon auf der Flucht, ja, auch nach *Almanya*, oder hier bereits im Exil, weil sie sich der neuen Diktatur widersetzten oder im Verdacht stehen, nicht loyal zu sein – so wie jene Deutschen in den 1930er Jahren, die in die Türkei emigrierten. In diesen «Eliten» , unter denen, die Nein sagen zur Diktatur – und das ist heute einer von zwei Türken, die «andere Hälfte» des Volkes –, hat Erdoğan seine Feindbilder gesucht und gefunden, wie sie Diktatoren eben brauchen zur Rechtfertigung von Herrschsucht und Machtrausch. Damals schallten die «Führer-Befiehl-Wir-Folgen»-Rufe durch Deutschlands Straßen. Heute skandiert das türkische Jubelvolk «Wir sterben für dich, wir töten für dich» – auch in *Almanya*. Die andere Türkei, deren Menschen Erdoğan *«törrörüst»* zu nennen pflegt, ist geschwächt durch Enteignung, Unterdrückung, Haft. Ohne Hilfe aus dem Westen wird sie noch weiter geschwächt werden.

Deutschland aber ist zögerlich mit der Unterstützung der «anderen Hälfte», und erst allmählich zeigt die Regierung in Berlin dem Regime in Ankara die Zähne. Immerhin rang sie sich im Juli 2017 zum «Nein» zu einem öffentlichen Propaganda-Auftritt des Wutbürger-Präsidenten am Rand des G-20-Gipfels in Hamburg durch.

«Gehört die Türkei (denn nicht endlich) in die EU?», werde ich oft gefragt. Früher habe ich gesagt: Ja! Es wäre doch für die dort lebenden Menschen ein Segen, und für Europa eine Bereicherung! Aber ich hatte dabei «die andere» Hälfte der Türken im Kopf. Die war auch in Istanbul oder Izmir längst in Europa angekommen. Wogegen viele der Türkischstämmigen, die längst in Europa leben, sich hier nicht zu Hause fühlen – so wenig wie sie sich am Bosporus oder in Izmir, oder sonst wo in einer säkularen europäischen Türkei zu Hause fühlen würden. Und wenn ich in den letzten Jahren das Land meiner Kindheit besuchte, fand ich die Erklärung: Denn ich geriet dabei an manchen Orten mitten hinein in die Gegenwart einer sich zunehmend chauvinistisch gebärdenden Hälfte der Nation.

Ich fühle mich der anderen Hälfte zugehörig, der Generation Gezi-Park und den Mutigen, die sich im Sommer 2017 getraut haben, mit dem CHP-Politiker Kemal Kılıçdaroğlu unter dem Motto *adalet* – (Gerechtigkeit) von Ankara nach Istanbul zu marschieren. Das ist Europa am Bosporus. Das ist die Türkei, wie sie versunken schien und doch noch am Leben ist. Daran will ich erinnern. In beiden Nationen verwurzelt, scheint mir das die beste aller Möglichkeiten, weiterzuführen, was die Vorfahren als Berater, Militärs oder Diplomaten auf ihre Weise, in ihrer Zeit und mit ihren Überzeugungen versucht haben.

Und so waren meine wichtigsten von den ungezählten Tagen auf Besuch in der alten Heimat die bei den Demonstranten im Gezi-Park. Ja, ich habe in einem halben Jahrhundert viel erlebt mit diesem Land, als Kind am Bosporus, als Zeuge dreier Militärputsche, Reisender mit Wohnsitz in Europa und immer auch als Grenzgänger zwischen beiden Kulturen. Wirklich identifiziert und gebraucht gefühlt aber habe ich mich in den Tagen des Mai und Juni 2013 und seither. Als sich die Lage nach dem misslungenen Putsch vom Juli 2016 zuspitzte und immer mehr meiner Freunde und Bekannten die Wut des Regimes zu spüren bekamen, wuchs mein Bedürfnis weiter, öffentlich Stellung zu beziehen.

In der Türkei erleben die Menschen gerade die Frühphase einer veritablen Diktatur. Die Agonie des Pflänzchens Demokratie haben sie schon hinter sich. Heute schaut die Welt auf das *Making of* Erdoğanistans. An die Menschen des Gezi-Park zu erinnern, an die andere Hälfte der Türken und ihren Widerstand gegen den neuen Sultan Erdoğan, gab den Anstoß für dieses Buch.

Und auch dieser Taxifahrer, der mich im Sommer 2016 nach einem Interview vom Sender zum Bahnhof fuhr. Ein Sohn der Auswanderer von damals, der Verstoßenen, oder der Einwanderer oder Gastarbeiter, je nachdem, wie herum man die Migrationsgeschichte *Türkiye-Almanya* betrachtet. Vom Rücksitz aus sah ich nur seine Augen im Rückspiegel – unverkennbar türkisch: ein bisschen mandelförmig, freundlich, irgendwie vertraut. Vielleicht war ja seine Großmutter tscherkessisch, wie meine. Mein Vater hatte solche Augen. In die verliebte sich vor über 60 Jahren eine junge deutsche Frau und wurde später meine Mutter. Man findet diese Augen in ebenmäßigen Gesichtern wie in rohen Macho-Visagen, sie schauen einen an aus den weltberühmten Schwarzweiß-Fotos des armenisch-türkischen Magnum-Reporters Ara Güler und den idealisierenden Gemälden der «Orientalisten», europäische Maler des 19. Jahrhunderts, die dem Mythos des türkischen Reichs, Konstantinopels und des Orients als Ort der Sinnlichkeit und der Dekadenz huldigten.

«Kan kanı çeker», war also meine erste Regung – eine türkische Regung, eine vor allem in der Diaspora häufig verwendete Redewendung, die ich oft zu hören bekomme, wenn ich mich oder mein Gegenüber frage, woran wir einander auch ohne Sprechen eigentlich gleich als *vatandaş*, als Landsleute, erkannt hätten. *«Kan kanı çeker»* – ins Deutsche übersetzt klingt es irgendwie seltsam, wie so viele türkische Redewendungen und Lebensweisheiten. Unsere Sprachen sind, jede für sich, reich, nur eben bisweilen wenig kompatibel. Aus Gebirgstälern und abgelegenen Küstenstädtchen im fernen Anatolien oder dem versunkenen multiethnischen Osmanischen Riesenreich haben diese Redewendungen in den Herzen der Menschen, ihren Liedern und der türkischen Literatur überlebt und irgendwie ihren Weg gemacht. Bis nach *Almanya*: «Gleiches Blut zieht sich doch immer an.» Irgendwie: *«Kan kanı çeker»* – das hatte auch eben noch die junge türkischstämmige Redaktionsassistentin zum Abschied gelächelt, als sie mich im Sendegebäude zum Ausgang begleitete.

Die Frau im Sender und der Taxifahrer – so sehr sich ihre türkischen Augen und ihre türkische Sprachfärbung, ihre Situation als Migranten in Deutschland in der dritten Generation auch ähneln mochten, konnten sie doch unterschiedlicher nicht sein. Sie denken und fühlen so gegensätzlich wie Türken in Deutschland derzeit fühlen und denken. Und so haben sie sich einander in letzter Zeit entfremdet.

«Kan kanı çeker» – also sah ich in die Augen im Rückspiegel und fragte sie, wie das Hirn dahinter denn über das, was sich gerade in der Türkei und unter den Türken in Deutschland abspielt, denke. «Ich lebe hier, aber ich fühle keine Freundschaft mit Deutschland», antwortete da der Mund in reinstem Schwäbisch, «mein Präsident, das ist Tayyip Erdoğan, weil: der setzt sich hier für meine Interessen ein! Er soll kommen und uns erlösen! Wir wählen ihn und wir folgen ihm in Deutschland! Türken in Deutschland müssen wachsam sein und nach seinen Gegnern Ausschau halten! Seine türkischen Gegner sind für mich Verräter oder Terroristenhelfer und seine deutschen Kritiker sind Nazis!» Und was der Mund noch Unversöhnliches vor allem gegen andersdenkende Türken in Deutschland absonderte, wollte nicht passen zu den freundlichen Augen im Rückspiegel: Das klang nach vergifteter Importware aus Erdoğanistan, völliges Unwissen gepaart mit Untertanengeist, Mitläufermentalität und Hass. Auch von solchen Unterhaltungen erzählt dieses Buch.

Vieles ist faul im Staate Erdoğanistan, und das vergiftet die vielgelobte «deutsch-türkische Freundschaft» dort und bei seinen Untertanen hierzulande. Dort herrschen neue Töne vor, gerichtet gleichermaßen gegen die «andere» Türkei wie gegen «die Deutschen» – und die haben übergegriffen auf die Türken in Deutschland. Um hilfreich zu sein, bedarf die «Freundschaft» also erst mal einer Renaissance in Deutschland. Sie wird gebraucht in meinen beiden Ländern. Aber, wenn es sie denn je gab, dann anders als bisher: auf die Menschen bezogen. «Wir werden den Verrätern den Kopf abreißen», rief der Präsident meines schwäbelnden Taxifahrers mit Doppelstaatsangehörigkeit am 22. Juli 2017 seinen Fans in Istanbul zu. Kein türkischstämmiger Deutscher – aber auch kein deutscher Politiker – kann also später behaupten, er habe nicht ahnen können, was sich da gerade in Erdoğanistan anbahnt.

Gezi-Park

Mein Erlebnis Gezi-Park ist heute erst vier Jahre her und doch fühlt es sich an wie eine Erinnerung aus einer fernen Zeit, von der man nicht mehr genau weiß: War es nur ein Traum? Oder hat es das wirklich gegeben? War so etwas überhaupt möglich in der Türkei – gelebte Vielfalt, gemeinschaftlicher Widerstand über alle sozialen Grenzen hinweg? Der Erdoğan-Staat hatte getestet, wie weit er gegenüber den Bürgern gehen kann, bevor sie aufbegehren. Es kamen dort Menschen zusammen, die zuvor aneinander vorbei gelebt hatten, ja einander sogar gleichgültig, abschätzig bis feindselig gegenübergestanden waren – Klassenbarrieren, Bildungsschranken, wie sie eben traditionell unüberbrückbar sind in diesem Land und in dieser Mega-City Istanbul – und überwanden die Barrieren um einzugreifen: Gemeinsam nahmen sie den kleinen Park ein als kollektives Eigentum auf Zeit und veränderten für ein paar Tage die Welt: Wie der Staat in ihr Leben eingriff, die Gesellschaft erdrückte, hatte das Maß überschritten.

Doch in einer beispiellosen Orgie der Gewalt von oben wurden sie auseinandergetrieben, verleumdet, verletzt, festgenommen, verurteilt, eingelocht – und sind bis heute eingeschüchtert. Ihre Lieder und Rufe sind verhallt und seitdem nicht mehr zu hören. Sind die Menschen des Gezi-Parks verschollen? Werden sie je wieder zusammenkommen? Immerhin von einigen, die ich damals im Frühsommer 2013 dort antraf, mit denen ich ein paar Stunden und einmal eine Nacht bis zum Morgengrauen verbrachte, weiß ich, dass sie gerne wieder zusammenkommen würden – wenn da nicht… Ja was? Die Angst wäre? Die war schon damals da. Aber sie saß noch nicht so tief wie heute.

Jetzt hat sich um diese Menschen, die für kurze Zeit unzertrennlich gewesen waren, Erdoğanistan etabliert, der Staat, der sich anmaßt, den Bürgern ihre Bedürfnisse zu diktieren. Der Schurkenstaat, der damals noch mit einem schrägen Festival abwendbar schien – mit Singen, Trommeln, Tanzen, mit Spaß, mit frechen Sprüchen auf Transparenten, mit friedlicher Rebellion – hat sich gefestigt. Unvergessen, aber versunken, ausgeträumt und fern klingt die Melodie vom Gezi-Park nach, wenn ich, wie zuletzt 2015, dort vorbeikomme, leuchten seine jungen und alten Gesichter auf meinen Handyfotos und Videos. Was seither mit ihrem Land passiert ist, hätten die Beteiligten damals als Schreckensvision – *Allah korusun*, Gott behüte – als GAU abgetan, ob sie nun Aktivisten, Sponsoren, Gäste, Sympathisanten oder Berichterstatter waren oder von allem etwas, betroffen und beteiligt wie ich auch.

Gleichsam über Nacht war dieser kleine Park neben dem zentralen Taksim-Platz im Herzen Istanbuls Ende Mai 2013 zu einem Schauplatz friedlichen Widerstands geworden, zur machtvollsten und sympathischsten Revolte der türkischen Geschichte; dabei in ihrer Friedfertigkeit und Leichtigkeit eher europäisch, vielleicht auch amerikanisch, und gar nicht typisch türkisch. So wenig wie eben Istanbul türkisch ist, Manhattan amerikanisch oder Paris französisch. Getragen war diese Auseinandersetzung zwischen *citoyens* und autokratisch auftretendem *L'Etat c'est moi* nicht von Vertretern bestimmter Interessen, Gewerkschaften, Parteien, Organisationen, sondern von allen zugleich: ein kleiner Freistaat auf Zeit. Ohne Führung, basisdemokratisch, von keiner der etablierten Parteien organisiert, trugen linksliberale Aktivisten, Anarchisten und wohlerzogene Großbürger Hand in Hand spontan ihren

Protest in diesen Park, motivierten Künstler und Schauspieler, die damit ihre Karrieren riskierten. Fußballfans strömten herbei und blieben Seite an Seite mit Frauen in Kopftuch, Mädchen in engen Jeans, Anhängern alevitischer, kurdischer, nationalistischer und kemalistischer Bewegungen, garniert selbst von bis dahin völlig unpolitischen Partypeople – und alle wussten sie, was ihnen blüht.

Die Menschen brachten Regenbogenfahnen und Transparente mit dem Porträt des Republikgründers Atatürk mit, kurdische Fahnen und Insignien der unterschiedlichsten politischen Strömungen. Kinder und Jugendliche bemalten auf dem Rasen Plakate und bauten kleine Zelte auf, in denen sie Gäste empfingen, diskutierten, sangen und zwischendurch – *keyfine bakmak* – ausruhten. Sie kamen aus dem Künstlerviertel Cihangir ein paar Straßen weiter unten Richtung Bosporus, aus dem großbürgerlichen Nişantaşı und Yeniköy, aus dem religiös-konservativen Fatih, aus Kadiköy gegenüber auf der asiatischen Seite. Und alle hatten ihr Privatleben – lachen, essen, Hausaufgaben machen, schlafen, diskutieren, musizieren, sich an den Händen fassen und tanzen – aus der Enge und dem Schutz ihrer sehr unterschiedlichen Privatbereiche mitgenommen in die Öffentlichkeit des Gezi-Parks, wo sie es teilten, ohne den eigenen Stil zu verleugnen oder sich am Stil der anderen zu stören. Und stellten damit später den Machthaber, seinen Staat und seine Schergen vor aller Welt bloß, der sie bei diesen privaten Verrichtungen – dem, was man in der Türkei *keyf* nennt – mit Schlagstock, Pfefferspray und Tränengas angreifen zu müssen glaubte.

Privates Leben und leben lassen vereint gegen Willkür und schonungslosen Autoritarismus – das hatte es in diesem Land nie zuvor gegeben. Ziviler, friedfertiger und sympathischer als auf dem Tahrir-Platz in Kairo, wo der Kampf der islamistischen Bewegung gegen eine nationalistisch-säkular orientierte Militär-Elite auch vonseiten der Demonstranten gewalttätig ausgetragen wurde, manifestierte sich der Widerstand am Gezi-Park und wurde von westlichen Reportern und Kommentatoren mit dem Geist von Dresden 1989 verglichen, dessen legendäres «Wir sind das Volk» – mittlerweile in Deutschland von den Falschen vereinnahmt – damals weltweit Solidarität und Respekt erzeugt hatte. Die «New York Times» verglich Gezi gar mit dem Freistaat Christiania in Kopenhagen und mit Woodstock «nur ohne Drogen, und ohne Jimi, Joe und Joan». Auch von deren Geist und Musik war etwas zu spüren, als sich die Erhebung Tag für Tag zunehmend als Festival der Künstler, der Rebellischen und Musikalischen präsentierte.

An dem Abend, als ich den Gezi-Park zum ersten Mal zusammen mit türkischen Freunden betrat, um den Hals die kleine weiße Atemschutzmaske, die wir auf dem Weg dorthin entlang der Cumhuriyet Caddesi bei einem Straßenhändler erstanden hatten, über der Schulter eine Wolldecke zum Schlafen und auch zum Schutz gegen Knüppelschläge und die Fontänen der Wasserwerfer, die stündlich zu erwarten waren, sah ich schon von weitem zwischen den Bäumen Wandzeitungen mit Anti-Erdoğan-Witzen und Rap-Texten im Wind wehen, an denen sich alle ergötzten. Vor kleinen Bühnen lauschten sie Reden, und ständig wurde irgendwo eine neue Aktion vorbereitet. Stündlich erschienen neue Menschen, einzeln, paarweise, in Familien mit Klappstühlen für Großmutter und Großvater und schlugen ihre Zelte auf, wo noch Platz war. «Ich bin heute hergekommen, um auf meine Enkelinnen ein bisschen aufzupassen», sagte eine alte Dame mit Kopftuch. «Ich bin sehr stolz auf die Kleinen, wissen sie, zu Hause habe ich versucht, sie zur Vorsicht zu mahnen – aber keine Chance! Also habe ich gesagt, dann komme ich eben mit! Schließlich müssen wir Alten, die wir schon viel erlebt haben, den Jungen dabei helfen, zu verhindern, dass es wieder mal dunkel wird im Land. Wofür habe ich Lesen und Schreiben gelernt, Kinder und Enkel großgezogen, wenn ich jetzt nicht auf die Straße gehe? Dann haben wir eben drüben in Harbiye diese Atemschutzmasken gekauft, vier Lira das Stück. Und das hier ist meine Motorradbrille, zehn Lira. Damit uns die Polizisten mit ihrem Pfefferspray und Gas nicht die Augen verätzen, wenn sie kommen …»

Wenig später sollten sie kommen. Aber vorher nutzte die Gezi-Park-Society noch ihre kostbare Zeit und verlor keine Stunde. Noch lange danach summte mir Gezi in den Ohren – und selbst wenn ich blind gewesen wäre, wüsste ich noch alles. Dem Temperament und dem Sound dieser friedlichen Rebellion nur zu lauschen, war ein Erlebnis. Den ganzen Tag über und durch die lauwarme Sommernacht traten auf den Bühnen immer wieder neue Gruppen auf, nie zu laut, um einander nicht zu stören, und sangen Lieder, die alle mitsangen, deklamierten Verse des Poeten und Satirikers Ahmet Tanpınar und von Nazim Hikmet, der Türken berühmtester und wortgewaltigster Dichter, die erstaunlich viele mitsprechen konnten. Auch bekannte Stars aus dem Showbusiness traten auf, als Künstler und als Sponsoren. Mein Freund A., ein Bandleader, Bongo- und Congameister, damals berühmt durch eine eigene Fernsehsendung, in die ich selber einige Male gebeten war, um über die Dardanellenschlacht und meinen Großvater zu erzählen, brachte zu seinem fulminanten Bühnenauftritt eine Lastwagenladung voller Köstlichkeiten und Nervennahrung mit in den Gezi-Park, dazu fünfhundert Helme und fünfhundert der kleinen weißen Atemschutzmasken, die sich später bei der Wucht der chemischen Polizeikeulen als überlebenswichtig herausstellten. Nur wenige Wochen später sollte seine Fernsehshow per Dekret des Ministerpräsidenten aus dem Programm verschwinden, und der privat finanzierte Radiosender meines Freundes «Memo» G., der drei Wochen lang live vom Gezi-Park berichtete, wurde ganz geschlossen, einige seiner jungen freien Mitarbeiterinnen, zumeist Studentinnen und Schauspielerinnen, verhaftet.

Da es infolge der Gezi-Proteste zahlreiche solcher Verbote, Verhaftungen und Schließungen von Privatsendern gab, möchte ich sie hier zwar erwähnen, nicht aber ihre Namen preisgeben – wie so viele im Folgenden. Nur einen darf ich nennen – er stand plötzlich vor mir und ich erkannte ihn sofort: Kahler Schädel, eisgrauer, zauseliger Bart – Ara Güler, damals 85, der große alte Istanbuler Armenier, preisgekrönter «Magnum»-Fotograf und Chronist der Stadt, spazierte durch den Zeltpark, die Leica-Kleinbildkamera in den knorrigen Händen, und schoss dann und wann eine Aufnahme, unerkannt von den meisten, und wenn er erkannt wurde, mit großer Ehrfurcht begrüßt. Ich begleitete ihn ein Stück, lauschte ihm, wie er auf «diese mit Blödheit vergiftete Regierung aus anatolischen Dumpfbacken» schimpfte. Dann wollte er eine Suppe essen. An improvisiert aufgestellten Tapeziertischen wurden Tag und Nacht Wasser, Çay, Kaffee und Suppen ausgeschenkt, köstliche selbstgekochte Suppen, und als er nach dem Preis fragte, bekam er ein Lächeln: «Kostet nichts, *amca* (Onkel), alles gespendet. Schau, auch die am Boden auf den bunten Decken ausgelegten Bücher sind gespendet. Die Leute nehmen sich eins, lesen einander daraus vor und legen sie wieder zurück …» «Lesen», murmelte Ara Güler, «wenn diese Betonköpfe aus Ankara nur mehr lesen würden …» Dann schlürfte er sein Schälchen aus, stellte es zurück, verabschiedete sich und mischte sich unter die Zuschauer einer Bühnenshow. Auch als schräges Marathon-Kunsthappening sind diese Tage in dem Gezi-Park in die Geschichte eingegangen: Installationen und Kollagen aus von der Polizei auf die Menschen abgeschossenen Gas-Kartuschen und freche Graffitis («Ey Tayyip, wenn du aufhörst mit dem Gas, gebe ich das Rauchen auf, wenn du abtrittst, gibt sogar mein Vater das Rauchen auf!»)

wurden zu Skulpturen dieses Aufstands der freiheitsliebenden Zivilgesellschaft gegen den Muff von Gewalt und Kapital.

Mit den Tagen immer wütender versuchte die Staatsmacht die Menschen daran zu hindern, sich auch nebenan auf dem Taksim zu versammeln. Schon am 1. Mai war der gesamte Platz abgeriegelt worden, und auch das Protestieren auf der Istiklâl, der großen Einkaufsstraße, die von der anderen Seite zum Taksim hinführt, wurde verboten. Überhaupt die Istiklâl. Der allmähliche Verfall dieser malerischen Meile aus großer Zeit, die Ara Güler seit den frühen 1950er Jahren immer wieder für «Magnum» fotografiert hat, zu einer Aneinanderreihung scheußlicher Einkaufszentren hatte spätestens seit 2010 eingesetzt. Die Anweisung, nun auch den Gezi-Park in eine gigantische Shoppingmall im Stil einer osmanischen Kaserne zu verwandeln, war also nur der Tropfen, der das Fass zum Überlaufen gebracht hatte. Der Taksim, ein zentraler öffentlicher Platz, von Osten her gesäumt vom modernistischen Opernhaus, war seit den 1950er Jahren immer wieder ein Ort mit Protesttradition für alle politischen Gruppen der Türkei. Auch um diesen Platz und seine Tradition kämpften die Menschen in diesen Tagen im Mai 2013. Diesen Platz einfach dem Regime überlassen wollten die Menschen nicht. Mit ihrem unerbittlichen Durchgreifen hatte die Regierung indes genau das erreicht, was sie unbedingt verhindern wollte: dass junge und alte Menschen unterschiedlichster Herkunft und politischer Ausrichtung plötzlich zusammenfanden, zusammenhielten und ein Anliegen teilten. Alle Dekrete, die der Ministerpräsident während der Monate zuvor verabschiedet hatte, trugen für diese Menschen die Handschrift eines Diktators, den Keim einer islamisch-reaktionären Autokratie. Fassungslos hatte die neu entstandene gemischte Großstadt-Intelligenzija in Istanbul, Ankara und Izmir das Tempo zur Kenntnis genommen, mit dem Erdoğans AKP-Regime binnen weniger Jahre eine politische Agenda formulierte, die aus der Türkei ein anderes Land machen sollte. Seit Ende Mai waren Hunderttausende auf den Barrikaden, übertrug sich der Protestvirus aus Istanbul in andere Städte: gutgelaunt und immer wieder doch voller Angst vor der eigenen Courage, beherzt und manchmal doch voller Ahnungen, dass es böse enden könnte. Zunächst jeden Samstagabend und schließlich jeden Abend strömten die Bürger Istanbuls zum Taksim-Platz – nicht wie sonst zum Partymachen, sondern zum Demonstrieren, wobei sich das Demonstrieren für einige Tage und Nächte zur rauschenden Party auswuchs, zum größten Politfestival, das diese Gesellschaft jemals in der ungeschützten Öffentlichkeit gefeiert hatte. In Istanbul verzeichneten die angesagtesten Nightclubs und Diskotheken in diesen Nächten spürbare Umsatzeinbrüche – zu dieser Party fühlten sich offenbar alle eingeladen, der Protest schien alle Berührungsängste wegschmelzen zu lassen, welche die türkische Großstadtgesellschaft traditionell trennen.

Unter den Demonstranten in der ersten Reihe skandierten die Fußballfans von Beşiktaş vereint mit den traditionellen Lieblingsfeinden, den Fans von Galatasaray, Arm in Arm, hüpfend, als gelte es ihre Mannschaften anzufeuern, hinüber zu den weißen Wasserwerfern, die bedrohlich am Taksim-Platz auf ihren Einsatzbefehl warteten, der jederzeit kommen konnte, und dann auch kam: «Sprüht doch, sprüht doch! Sprüht doch euer Giftwasser, euer Pfefferspray und Gas …» Wer ihr melodiöses Skandieren und Rufen nur hörte und die Worte nicht verstand, wähnte sich in einem Fußballstadion und nicht auf einer Demonstration, die in ständiger Erwartung der Räumung immer gefährlicher wurde.

Hier gab es eine Gemeinsamkeit mit den Protesten am Tahrir in Kairo: die Ultras der drei großen Istanbuler Fußballclubs Beşiktaş, Galatasaray und Fenerbahçe und ihre Rolle als Beschützer der im Straßenkampf unerfahrenen, verletzlichen

Gezi-Park-Besetzer. Diese Ultras repräsentierten dem Volkssport *futbol*, rohe Männlichkeit, laut, loyal und furchtlos, geübt im Kampf gegen die Fans der jeweils anderen Clubs und gegen den gemeinsamen Gegner, *Polis*. In ihrem Wappen trugen sie ihr Motto *Sevaliye ruhlu sempt çocukları* («Die Jungs aus dem Viertel mit dem Herzen von Rittern»). Von Anfang an waren sie aktiv im Gezi-Park, aber anders als unter normalen Umständen traten diese Fußballfans, traditionell die rohe Stimme der Arbeiterklasse, nicht als unangenehm-prollige Krawallmacher auf, und wurden deshalb auch von den Intellektuellen und Studenten unter den Besetzern als Beschützer und Mutmacher respektiert und gefeiert. Als es dann schließlich zu immer gewaltsameren Ausschreitungen durch die Polizei kam, als die Wasserwerfer anrückten und das Tränengas kam, liefen die *Çarşı*-Boys zu Hochform auf und demonstrierten ihre *askerlik*, ihre soldatischen Qualitäten: Gut aufgestellt, unerschrocken und vergnügt schützten sie verletzte, überforderte, verängstigte Demonstranten, führten Großmütter und Enkelinnen in Sicherheit. Als *aslanlar* (Löwen) gingen sie in die Sportgeschichte der Stadt ein. Und nicht nur in diese: Niemand, der dabei war, hat seitdem je wieder über die «*futbol*-Proleten» die Nase gerümpft.

Dass ausgerechnet der kleine Gezi-Park zum Symbol des Widerstands, der Auflösung aller Rivalitäten und Barrieren werden konnte, resultierte anfangs aus dem angestauten Zorn engagierter Umweltschützer gegen den autoritären Staat, übertrug sich in der Folge als große Induktion der Solidarität auf die ganze Gesellschaft und rüttelte sie auf. Plötzlich war da ein Virus, der alle befiel – es war schick, es war Pflicht, es war in, zum Gezi-Park zu ziehen und dort ein paar Stunden, einen Tag oder eine ganze Nacht mit den Aktivisten vor und in ihren Zelten zu verbringen. Spätnachts oder im Morgengrauen ging man nach Hause, legte die kleine weiße Maske und die Schutzbrille ab, duschte und machte sich auf zur Arbeit – ob als Ärztin, Kellner, Hotelmanager, Anwältin, Busfahrer, Caféhausbetreiber oder Automechaniker.

Zu den Normalbürgern stießen Tänzerinnen und Zauberer. Musiker und Schauspielerinnen boten Sprechgesänge dar – augenzwinkernd statt wütend, satirisch statt hasserfüllt gegen die Repression der Regierung. Satire war damals zwar nicht ungefährlich, aber irgendwie noch möglich, wenig später zogen Scherze gegen die Obrigkeit Klagen nach sich, heute wird ein Scherz vor falschem Publikum schnell denunziert und mit drakonischen Strafen bis zu fünf Jahren Gefängnis geahndet. Der Ministerpräsident selber indes schreckte vor keiner Beschimpfung, vor keiner Erniedrigung seiner aufmüpfigen Bürger zurück. Hinter Schimpfworten wie *çapulcu* (Marodeur, Plünderer), als die Erdoğan in seinen Reden die Demonstranten bezeichnete, steckte schon damals der Keim einer islamisch-reaktionären Autokratie. Wer dagegen war, wer in den Gezi-Park ging, war ein *çapulcu*. Basta. Doch für die Demostranten und ihre Sympathisanten mutierte das Schimpfwort schnell zu einer Art Adelstitel, den diese trotzig-ironisch annahmen. Ausgerechnet Erdoğan hatte ihnen damit zu einem gemeinsamen Label verholfen: Auf der ganzen Welt fotografierten sich Unterstützer des Protests mit Parolen wie «Auch ich bin ein *çapulcu*» und posteten ihre Fotos in den sozialen Medien mit dem solidarischen Gruß «Heute schon *çapuliert?*» – «Morgen werde ich *çapulieren*». Immer mehr Sympathisanten weltweit schmückten ihren Namen auf Facebook mit dem Prädikat Çapulcu. So wie später mit «*Je suis Charlie*» empfahl sich die weltweite Facebook-Community 2013 mit «*Je suis Çapulcu*».

Eines Nachmittags eskalierte am Rande der Dauerkundgebung im Zeltlager im Gezi-Park eine unangemeldete Spontandemonstration auf der Istiklâl, der großen Einkaufsstraße westlich des Taksim. Touristen durchquerten sie früher gern mit der historischen Straßenbahn, die dort in meinen frühen Kindheitstagen noch hin und her ratterte und später auf die asiatische Seite nach Üsküdar versetzt und von einem moderneren elektrischen Omnibus ersetzt wurde. Auf den Trottoirs der Istiklâl flanierte ich als Kind mit meiner Mutter – etwa zur Deutschen Buchhandlung am Tünel, wo sie allwöchentlich bei Herrn Karon ihren «Stern» und ihre «Constanze» abholte. In den 1960ern stiegen meine Kameraden und ich dort aus dem Trolleybus Nummer 60 vom eleganten Maçka ins Amüsierviertel Tünel aus, wenn wir – ab der ersten Klasse – als *Yavrukurt*-Pfadfinder mit Trommel und Trompete zur Parade antreten mussten. Die endete dann immer am Atatürk-Denkmal auf dem Taksim (und im Gezi-Park gab es dann für uns Zuckerwatte). Seit vielen Jahren war die Istiklâl nun schon Fußgängerzone, die historische Bimmelbahn war wieder da – als Touristenattraktion wie in San Francisco die Cable-Car –, die Stühle vor den alten schönen Restaurants und Cafés mit Alkoholausschank aber hatte Bürgermeister Erdoğan als eine seiner letzten Amtshandlungen noch verboten. An diesem Nachmittag verwandelte sich die gute alte Istiklâl in ein rauchendes, stinkendes Schlachtfeld. Statt Kindern und Spielmännern in Paradeuniformen marschierte nun die behelmte Staatsmacht *Polis* im schwarzen Kampfanzug auf, das Gummigeschossgewehr und die Tränengaswaffe im Anschlag, und schoss wahllos auf alles, was sich bewegte. Als dann noch zivile Schlägertrupps auftauchten und sich drüben am Gezi-Park ebenso wahllos auf die singenden und tanzenden Besetzer stürzten, sahen die schwerbewaffneten Beamten weg. Keiner der Angreifer, die zum Teil sogar mit Döner-Messern auf die

Demonstranten losgingen, wurde verwarnt oder verhaftet. AKP-Schlägertrupps als Verbündete der *Polis* – verboten war im Gezi-Park ja nur demonstrieren. Besorgte Passanten, die die Beamten zu Hilfe gegen die Angreifer gerufen hatten, Frauen mit Einkaufstüten oder Kindern an der Hand, wurden als potenzielle Demonstrantinnen verscheucht und bis in die Hauseingänge hinein verfolgt.

Der verehrte Ministerpräsident, *sayın başbakan*, hatte Ordnung befohlen rund um den Taksim-Platz. Und die Polizisten schlugen umso böser zu, je später der Abend, als sie sich nicht mehr von den Kameras der Reporter beobachtet fühlten. Kaum einer der Demonstranten, der oder die nicht ein Gummigeschoss abgekriegt hätte. Todesmutig stürzten sich Profis und Amateurfotografen ins Kampfgetümmel und teilten ihre Bilder und Videos in den sozialen Medien. Nur im Internet konnten die Übergriffe in den Straßen und Hauseingängen Istanbuls und anderer türkischer Großstädte noch unzensiert gepostet werden. Kein Staatssender durfte Bilder übertragen.

Bilder wie das von der zierlichen «Frau im roten Kleid», *«kızıl elbiseli kadın»:* wie sie von einem Polizeibeamten aus nächster Nähe Pfefferspray ins Gesicht gesprüht bekommt, wie sie der Attacke widersteht, wehrlos, hilflos, furchtlos. Als die Frau im roten Kleid mit schweren Augen- und Kopfverletzungen in ein Krankenhaus gebracht wurde, ging der Schnappschuss schon um die Welt, und wurde zum Symbol des Triumphs des Femininen über die breitbeinige, rücksichtslose, männliche Staatsgewalt.

Eine Tänzerinnengruppe setzte später auf einer der Bühnen den Widerstand des Graziösen gegen das Dumpfe in einer Performance in Szene. Die «Frau im roten Kleid» – das war Gezi, der Polizist mit der Pfefferspraywaffe der Staat. Die Bühnen-Performance mitten im Gezi-Park beflügelte eine nächtliche Diskussion:

«Jedes Jahr werden in unserem Land um die 20 Frauen umgebracht, weil der Staat sie nicht vor ihren Vätern, Ehemännern oder Brüdern schützt», sagte einer.

«Unsere Regierung hält eben nicht viel davon, die Frauen zu schützen», sagte ein anderer.

«Vielleicht helfen unser Aufstand und diese Performance dabei, dass Initiativen und Organisationen zum Schutz unserer Frauen gestärkt werden», meinte eine der Künstlerinnen.

«Schutz der Frauen vor islamischen Riten, das wäre für unsere Männerregierung die Quadratur des Kreises», rief eine Frau aus dem Publikum.

«Frauen, die Schutz suchen, sind Frauen, die sich prügelnden Männern, Vätern und Brüdern nicht unterordnen, also Frauen, die weiterdenken. Und weiterdenken ist hier nicht erwünscht.»

«Unser Land ist aber nicht nur für Frauen kein Paradies», rief eine Stimme aus dem Publikum, «laut Weltfriedensindex im ‹Economist› über die friedlichsten Länder der Welt rangieren wir heute unter den untersten 20 Ländern, in der Gegend von Tschad, Somalia, Simbabwe und Venezuela.»

«Na ja, werde doch radikal-islamischer Aktivist», rief ein anderer zurück, «schon hast du in der Türkei dein Paradies!»

«Und doch haben wir uns hier gefunden», rief schließlich wieder die Künstlerin von der Bühne herunter, «lasst uns die Stunden nutzen, die uns bleiben!»

Für all diese Menschen war ihr Protest ein Durchbruch. «Wir fordern das Dunkle heraus», lautete eine der Transparent-Parolen, eine anderere: «Ab jetzt wird hinterfragt!» oder: «Es gibt jetzt kein Zurück mehr!» Ob einige von ihnen in ihrer Euphorie ahnten, wie falsch sie lagen mit ihrem Optimismus, und dass «ab jetzt» alles nur noch schlimmer werden würde?

Anfang Juni war der Funke des Widerstandes auch auf die westlich-säkular orientierte Bevölkerung der anderen großen Städte in der Türkei übergesprungen. Hunderte Youtube- und Facebook-Videos von überall her wurden geteilt und zeigten, wie die Menschen auf die großen Plätze strömten. Die Bäume im Istanbuler Gezi-Park zu schützen, die verschwinden sollten für die fixen Ideen des Regierungschefs – mal Shoppingmall im Kasernenlook, mal Privatresidenz im Saraylook, der Bauherr war sich selber nicht sicher, was er eigentlich wollte –, war nur der Anfang gewesen. Von Gezi inspiriert zog es über eine Million Bürger im ganzen Land auf die Straßen, um Zeichen zu setzen gegen die Brutalität und Borniertheit des Staates.

Privatleute, Hotelmanager und Caféhauswirte gaben spontan ihre WLAN-Netze frei für die Botschaften der Demonstranten. Das Fernsehen und große Teile der damals schon gleichgeschalteten oder eingeschüchterten Presse schwiegen die Proteste aus Opportunismus und schierer Existenzangst tot, CNN Türk etwa brachte Dokus über Pinguine, statt aktuell zu berichten. Um die Geschehnisse, Übergriffe und Aktionen zu dokumentieren und blitzartig zu veröffentlichen, gab es Twitter, Facebook und Youtube. Waren aktive Bürger bisher im Visier von Geheim- und Abschirmdienst, konnten diese nun ihrerseits das Vorgehen der «Sicherheitskräfte» mit ihren Handykameras einfangen. Polizisten, durch ihre Helme und Gasmasken vermummt, schwärzten daraufhin mit ausdrücklicher Billigung aus Ankara ihre Identifikationsnummern. Minuten nachdem die Polizisten auf der Istiklâl gefilmt worden waren und via Youtube im Netz erschien, wie sie Passanten drangsalierten, eilten andere den Bedrängten zu Hilfe. Die Welt war live dabei. Auch ich, zumindest für einen kurzen Moment.

Als die Zeit zum Abschiednehmen und für meine Rückkehr nach München gekommen war, entdeckte ich bei meinem letzten Rundgang etwas, das mich bewegte und beinahe zu Tränen rührte: Auf einer Zeltplane stand in rosa Lettern ein Spruch gemalt, der sich auf die Polizisten bezog, aber aus alten Zeiten stammte, aus einem anderen Befreiungskrieg: «*Geldiler, geçmediler, geçemeyecekler!*» Ein Satz von Weltruhm, geprägt von meinem Großvater Cevat Paşa. «Sie sind gekommen, sie sind nicht durchgekommen, sie werden nicht durchkommen!» Eine feindliche Übermacht war bei den Dardanellen in die Flucht geschlagen worden, damals am 18. März 1915. Die Welt hatte Trotz und Tapferkeit der Türken unterschätzt, wenn es um die Verteidigung ihrer Grenzen ging. Großvater Cevats militärisch knappe Siegesmeldung aus Çanakkale wurde rasch zum geflügelten Wort. Hinaus in die Welt gekabelt, wechselte sie immer wieder mal die Fronten und die Sprachen, erschien wieder als «*On ne passe pas*!» in Verdun gegen die Deutschen und wurde später zum «*No pasaran!*» der spanischen Republikaner gegen Francos Faschisten. Und jetzt hatte dieser Satz in die Türkei zurückgefunden – als Mahnung an den rabiaten Regierungschef, gegen den der aufgeklärte Teil der Türkei seit Tagen auf die Straße ging. In meiner Münchner Wohnung lag derweil der Teppich, ein Erbe meines Großvaters Cevat Paşa, auf dem dieser vor knapp hundert Jahren Stiefel an Stiefel mit Mustafa Kemal, dem späteren Staatsgründer Atatürk stand, als er den legendären Satz dem Telegrafenboten diktierte.

Da wehte das überlebensgroße Atatürk-Porträt noch über dem Taksim-Eingang zum Gezi-Park im Sommerwind. Wie ein väterlicher Popstar blickte der erste Freiheitskämpfer und Staatsgründer, Co-Kommandant meines Großvaters 1915 und dann bis zu deren gemeinsamem Todesjahr 1938 sein Vorgesetzter und enger Vertrauter, auf uns Demonstranten herab, als wolle er uns vor den uniformierten Schlägertrupps schützen, die bald anrücken würden, um mit ihren Knüppeln und Wasserwerfern sein Erbe zu attackieren. Aber er konnte sie nicht schützen. Nicht dieses Mal. Nicht sein im Wind wehendes Riesenporträt und auch nicht Großvaters hundert Jahre altes «*Geçemeyecekler* – Sie werden nicht durchkommen».

Kurz nach meiner Rückreise nach Deutschland kamen sie durch. Es geschah das, was alle befürchtet, viele erwartet und doch niemand in dieser dumpfen Härte, diesem staatlich befohlenen Irrsinn hatte kommen sehen: der finale Angriff auf Menschenrecht und Vernunft, Spaß und Privatleben, Party und Verbrüderung, die physische Zerstörung einer gewaltlosen Freiheitsbewegung. Die Räumung des Gezi-Parks war aus heutiger Sicht das Ende des allerletzten Aufbegehrens der türkischen Zivilgesellschaft gegen den Absturz des Landes in Düsternis und Diktatur. Und ich war nicht dabei.

Ich hatte auf Facebook meine Fotos, Videos sowie kleine Reportagen veröffentlicht und in Telefoninterviews in Radio und Fernsehen über die Erlebnisse in meiner Heimatstadt berichtet: davon, wie sich die Türken von einer neuen, würdigen Seite gezeigt, ihr bestes Gesicht offenbart hatten. Davon, wie Großmütter und Enkelinnen, Mütter und Söhne, Väter und Töchter in einem Zeltdorf unter Bäumen im Angesicht der Wasserwerfer und Pfefferspraypistolen die Welt daran erinnert hatten, dass es noch eine andere Türkei gibt als die der Duckmäuser und Obrigkeitshörigen, der Denunzianten und Schlägertrupps, der freundlich buckelnden Kellner in den Ferienresorts, der beflissenen Teppichhändler im Bazar – eine Türkei deren Bürger ihre Bürgerpflicht todernst nehmen. Eine wehrhafte Zivilgesellschaft. *«Anlat!»,* hatten sie mir hinterhergerufen, als ich sie verließ, «*Spread the news!* Erzähle der Welt, was du hier gesehen hast!»

Ich hatte das, so gut es ging, getan. Und doch fühlte ich mich jetzt im fernen, sicheren München auf meinem Cevat-Paşa-Teppich wie ein Deserteur. Ich musste zurück. Nach einigen seit der Räumung verschollenen Freunden und Verwandten sehen.

Ich nahm also einen Turkish-Airlines-Flug, der gegen Abend in Istanbul landen sollte. Ich war gewarnt worden, dass der türkische Geheimdienst spätestens seit dem Beginn der Räumung Twitter- und Facebook-User sowie Blogger überprüfen ließ, Auslandskontakte von Demonstranten verfolgte und wahllos Menschen verhaftete, die sich in den sozialen Netzwerken über den aktuellen Stand rund um Taksim-Platz und Gezi-Park austauschen. Ich war nervös. Würden sie mich bei der Einreise aufhalten? Sollte ich gewisse Kontakte sicherheitshalber aus dem Speicher löschen? Sie aufschreiben? Würden sie den Zettel finden? Vielleicht sollte ich sie noch auf dem Flug verschlüsseln?

Vor allem um eine junge entfernte Nichte machte ich mir Sorgen – nennen wir sie Jale. Sie musste ich finden. Das rebellische junge Mädchen, das mich in den Gezi-Park eingeladen, mich seitdem immer wieder per Facebook auf dem Laufenden gehalten und Fotos geschickt hatte. Der Teenager mit der kleinen weißen Atemschutzmaske. Jale im Tränengassturm …? Seit 20 Stunden war sie offline. Hatten die Ordnungskräfte auch sie weggefegt mit ihren Wasserwerfern? War sie verletzt? Verhaftet? Welche Chance hatte ich überhaupt, sie im Post-Gezi-Gewirr Istanbuls zu finden? Vierundzwanzig Stunden lang durfte die Polizei Demonstranten einsperren, ohne ihnen Kontakt nach außen zu gewähren. Diese Frist lief noch.

Jale und alle ihre Freunde sowie deren Eltern und Großeltern hatten mitgemacht beim Gezi-Park und bei den Demonstrationen in den anderen Großstädten. Nicht gegen Feinde von außen gekämpft, wie ihre Großväter und Urgroßväter 1915 und 1919, sondern gegen den schlimmsten Feind, den ein Staatsbürger haben kann: den Feind von innen, von oben, die Übermacht des eigenen Despoten, gewählt von den

Leuten ringsherum, die zwar dieselbe Sprache sprachen, aber den Traum von nationaler Stärke träumten statt den Traum von Rechtsstaat, Pressevielfalt, Umweltschutz, Meinungsfreiheit. Die Jales waren verletzlicher als die Soldaten, die knapp ein Jahrhundert zuvor unter dem Kommando der Deutschen und Mustafa Kemals und meines Großvaters die Meerenge der Dardanellen gegen feindliche Kriegsschiffe verteidigten. Die Jales waren der geharnischten Streitmacht der Ordnungshüter Erdoğans schutzlos ausgeliefert. Sie wollten es nicht anders – und hatten die Sympathie der ganzen Welt.

Kurz nach dem Start in München, schon über den Alpen übermannte mich ein Erschöpfungs-Dämmerschlaf.

Und dann …

…treten zwei Uniformierte aus einer Glastür heraus auf mich zu.

«Hasan Cobanli?»

«Ja.»

«Kommen Sie bitte mit!»

Sie nehmen mir mein Handy ab. Dann führen sie mich in einen fensterlosen Raum. Dort erwarten mich zwei Männer in Zivil, ein Tisch, ein Computer, drei Stühle. Auf einer Ablage sehe ich meine Reisetasche liegen, geöffnet.

«Der Grund Ihrer Reise?»

«Privat.»

«Sie sind Journalist?»

«Und deutscher Staatsbürger seit 1966. Ich besuche Freunde.»

«Wir wollen Sie hier nicht.»

«Was habe ich verbrochen?»

«Kehren Sie nach Deutschland zurück – oder wir halten Sie hier mindestens vierundzwanzig Stunden lang fest.»

«Warum?»

«Weil wir nicht zulassen, dass Leute wie Sie unsere Bürger aufhetzen!»

«Nichts dergleichen habe ich vor.»

Einer der Zivilen dreht mir den Computermonitor zu und ruft ein Audiofile auf. Eines meiner Radio-Interviews von gestern.

«Das war Beleidigung unserer Regierung!»

«Ich lebe in einem Land mit freier Presse und dem Recht auf freie Meinungsäußerung.»

«Sie müssen damit rechnen, beim Verlassen des Transitbereichs verhaftet und angeklagt zu werden wegen Beleidigung des Türkentums und Terrorunterstützung.»

«Dann informieren Sie jetzt bitte die deutsche Botschaft über mein Problem.»

«Dafür haben wir noch 24 Stunden Zeit. Es sei denn ...»

«Ja ...?»

«Sie arbeiten mit uns zusammen.»

«Wie?»

«Treffen Sie in der Stadt, wen immer Sie treffen wollen. Das reicht uns schon.»

«Und hinterher kommen Sie und verhaften meine türkischen Freunde?»

«*Göz altına alacağız* – Wir sehen sie uns näher an.»

«Ich bin kein Spitzel.»

«In Ihrer Familie hat das Geheimdienstliche eine gewisse Tradition. Von ihrem Vater Feridun Bey liegen eine Menge Depeschen in unseren Archiven.»

«Aus Hitlers Deutschland, aus Stalins Moskau und aus Maos Shanghai. Informationen über diese Herrschaften können Sie auch gerne von mir haben. Über ihren Ministerpräsidenten aber wissen Sie ja wohl selbst alles Nötige.»

«Sie vergleichen unseren Ministerpräsidenten mit Hitler und Stalin?»

«Nein, Sie vergleichen mich mit meinem Vater.»

«Ihr Vater war ein anständiger Türke!»

«Ja, auf seine Weise war er das.»

«Wir haben ein paar verdächtige Mails auf ihrem Handy gefunden. Wir werden sie uns übersetzen lassen. Darin kommt auch das Wort Gezi-Park vor.»

«Man kann den Gezi-Park nicht oft genug erwähnen.»

«Sie glauben, Sie können Spielchen mit uns spielen, Hasan Bey. Seien Sie versichert, dass wir das noch viel besser können.»

Die beiden Männer verlassen den Raum, ich bleibe allein zurück. Dann öffnet sich die Tür und nur einer der beiden Zivilen kommt herein. Er legt mein Handy auf die Schreibtischkante.

«Wenn wir Sie auch nur in der Nähe des Gezi-Parks aufgreifen, behalten wir Sie in Istanbul und stellen Sie vor Gericht.»

Ich packe meine Sachen zusammen und verlasse den Raum.

Erst die Ansage der Stewardess auf Türkisch und Englisch, dass die Landung auf dem «Istanbul Atatürk International Airport» in wenigen Minuten bevorstünde, erlöste mich aus meinem Alptraum. *«Please set the backrests of your seats into an upright position … Thank you for flying Turkish Airlines …»* Nette Stimme, sicher eine schöne Frau. Wie mochte sie denken? War sie Pro? Oder hatte ich sie vielleicht sogar im Gezi-Park gesehen?

Mein Hemd war nass geschwitzt trotz der Klimaanlage in der Kabine. Was, wenn sich der Alptraum jetzt gleich bewahrheiten würde? Das Handy! Es musste weg! Ich gefährdete damit vielleicht Menschen! Was tun? Es einem anderen Passagier anvertrauen? Aber wie erklärt man sowas? Schon sah ich mich nach einem Gesicht um, das mir geeignet erschien. Und hörte mich den jungen Mann ansprechen, der neben mir ging: lange Haare, zu einem Pferdeschwanz gebunden, Schwede, wie sich dann herausstellte, offener Blick, cool, Typ NGO-Mitarbeiter.

«Entschuldigung – könnten sie bitte mein Handy bis nach der Passkontrolle an sich nehmen? Es sind darauf Namen und Nummern gespeichert, die ich ungern der hiesigen Polizei anvertrauen würde, falls die mich gleich kontrolliert. Und ich habe so eine komische Vorahnung ...»

Der junge Mann sah mich an, lächelte, schien zu verstehen und steckte mein Handy ohne weitere Fragen in seine Jeanstasche.

«Klar, Mann, mach' ich. Ich hab' die letzten Tage auch die Nachrichten aus Istanbul verfolgt. Ich kann mir schon vorstellen, was für Nummern und Namen das sind. Dann schau aber, dass du mich nicht verlierst. Und wenn – ich warte dann gleich hinter der Passkontrolle ...»

Als ich dran war, trat ich vor den Glaskasten und schaute korrekt in die biometrische Linse. Der Beamte scannte meinen Ausweis und begann auf seinem Keyboard herumzutippen ohne aufzublicken. Ich bemühte mich um einen gleichgültigen Gesichtsausdruck, das Herz schlug mir bis zum Hals. Eine halbe Minute verging, ohne dass etwas passierte.

«Stimmt etwas nicht?», fragte ich.

Keine Reaktion. Hinter mir wechselten einige Touristen schon hinüber in die andere Warteschlange. Da öffnete sich eine Seitentüre, zwei Uniformierte kamen heraus. Also doch ...? Stand mein Name schon in ihren Computern? Sie würden es nicht wagen, mir Schwierigkeiten zu machen. Oder vielleicht gerade? Gerade jetzt?

«Okay», sagte der Mann im Glaskasten und gab mir meinen deutschen Ausweis zurück, dazu den gestempelten Einreisezettel. Auf der anderen Seite wartete schon der Schwede mit meinem Handy.

«Alles okay, Mann?»

«Klar, Mann ... Und – und danke!»

Erleichtert und fast beschwingt nahm ich ein Taxi in die City. Unterhalb der Altstadt, kurz bevor wir die Brücke über das Goldene Horn überquerten, um von unten her möglichst nahe an den Taksim-Platz heranzukommen, brach ein urzeitliches Gewitter los. Der Fahrer manövrierte fluchend durch strömenden Regen, Barrikaden und Polizeisperren. «Ich hasse dieses Land», flüsterte er, «ich hasse die Polizisten und diese Regierung.»

Der Taksim und die umgebenden Straßen und Gassen waren für den Verkehr weiträumig gesperrt. Kurz vor zehn erreichten wir Cihangir, das Stadtviertel unterhalb des Taksim, wo nichts mehr weiterging. Die Straßen waren wie leer gefegt. Ich rief vom Handy aus Gönül an, eine der Frauen, die ich im Gezi-Park kennengelernt hatte. «Verschwinde bloß von der Straße», beschwor sie mich. Sie hielt sich nicht weit von meinem Standort, unterhalb des alten deutschen Botschaftsgebäudes in Ayaspaşa, bei Freunden versteckt. Als ich dort mit meiner Reisetasche ankam, kauerte ein gutes Dutzend Demonstranten in der spärlich beleuchteten Wohnküche. Nass geregnet und verstört surften und tippten sie auf ihren Smartphones herum.

Nach einer Weile hörten wir, wie sich unterhalb des Fensters auf der Straße im Laufschritt ein Trupp Polizisten näherte. Gönül holte panisch die Leute vom Balkon herein und schaltete das Licht ganz aus. Jetzt durfte man nur noch flüstern. «Vor zwei Stunden hat die Polizei mit Schlagstöcken und Pfefferspray quer durch das Taksim-Viertel einen Großangriff gegen Demonstranten gestartet», erzählte einer. «Sie spüren wie böse schwarze Hunde hinter den Menschen her und lassen nicht ab. Bis in die Häuser hinein verfolgen sie die Leute und verhaften

Hausbewohner und zerren sie in ihre Busse, wenn die den Fliehenden ihre Türen öffnen. Du hattest Glück.»

Im abgedunkelten Zimmer erzählt Gönül, dass Polizisten von der Straße aus Gasgranaten durch geschlossene Wohnungsfenster schießen, mit Wassersalven die Fensterscheiben zersplittern lassen und so die Wohnungen fluten. «Das Wasser, das da durch die kaputte Fensterscheibe hereingeschossen kam, war rosafarben und ätzend.» In die leisen Gespräche im Halbdunkel mischten sich Resignation und Furcht. Die Demonstranten in Gönüls Unterschlupf, darunter Medizinstudenten, junge Rechtsanwältinnen, Designerinnen, Ingenieure, alles unpolitische Leute, unerfahren in Straßenkampf und Flucht, waren sich einig, dass sie nicht aufgeben wollen. «Wir haben das organisiert und mitgefeiert im Gezi-Park, damit etwas besser wird, nicht damit es noch schlimmer wird», sagte einer. «Und jetzt wird es schlimmer. Sie werden nicht aufhören.» Immer wieder erschienen neue Schreckensmeldungen auf Twitter, die Leute zeigten einander aktuelle Videos, in denen schwarz geharnischte Polizisten mit Gasmasken und geschwärzten Identifikationsnummern auf den dicken Helmen Demonstranten in Jeans und T-Shirt schlugen. Andere Videos zeigen eine Reihe Stadtbusse, die, von ihren beherzten Chauffeuren mitten auf den Taksim-Platz gesteuert, so stehen geblieben waren, dass sie eine Art Schutzwall zwischen den Demonstranten und den schießenden Polizisten bildeten. Ein Video zeigte Aktivisten der Beşiktaş-Fangruppe Çarşı, denen es gelungen war, während der Räumung einen Polizei-Panzerwagen in Besitz zu nehmen, den sie jetzt singend und tanzend umringt hielten.

Ich ging mit ihnen meine eigenen Handyfotos vom Gezi-Park durch, bis ich auf das Zelt mit Großvater Cevats Funkspruch vom 18. März 1915 stieß *«Geldiler, gecmediler, gecemeyecekler»* – «Sie sind gekommen, sie sind nicht durchgekommen, sie werden nicht durchkommen» – überholt von den Ereignissen der letzten 24 Stunden. Und es war schneller passiert als damals bei den Dardanellen, wo es Monate dauerte, bis die feindlichen Streitkräfte schließlich doch durchkamen und in der Folge Istanbul besetzten.

Ein paar Klicks weiter endlich ein unscharfes Bild von Jale vor ihrem noch intakten kleinen Zelt. Keiner der Anwesenden konnte sich an sie erinnern. Jemand druckte mir das Foto aus, ich wollte mich gleich auf die Suche machen, obwohl es schon später Abend war. Gegen das Tränengas ließ ich mir eine Schutzmaske und eine Motorradbrille geben, in der Wohnung lagen diese Souvenirs haufenweise herum – Andenken an eine verlorene Schlacht, die als rebellische Party begonnen hatte, von der die Gastgeber und die Gäste noch nicht ahnten, wie viel mit ihr verloren gehen sollte.

«Wird es nochmal sowas geben wie Gezi?», fragte ich in dem halbdunklen Raum in die Runde. Eine junge Frau, deren Augäpfel so rot waren, dass man das Braun der Iris nicht mehr erkannte, lachte müde und erzählte, wie sie durch das Polizei-Tränengas an den Rand des Erstickens gebracht worden sei. «Hasan, du kommst aus Deutschland!», rief ein Student aus der Teeküche, «vielleicht ist es für uns besser, wegzugehen und von außen aus zu kämpfen, als weiter in einem Land wie diesem zu leben.»

Auf den steilen Gassen hinauf Richtung Taksim und Gezi-Park rannen mir vom Gewitter Sturzbäche schmutzigen Wassers entgegen. Sie führten scheppernd silbrige Gasgranatenhülsen mit der Aufschrift «CS» und «CR» in blauen Buchstaben mit sich. Irgendwie kam ich ungehindert durch zum Divan Hotel, das direkt neben dem Gezi-Park gelegen ist. Dorthin hatten sich während der Räumungsaktionen immer wieder Demonstranten vor den Verfolgern geflüchtet. Auf ausdrückliche Anweisung des Eigentümers, des im Januar 2016 verstorbenen Unternehmers Mustafa Koç – ich kannte ihn und seine Brüder Ali und Ömer seit früher Jugend, weil unsere Väter befreundet waren –, hatte ihnen das Management Unterschlupf in der Lobby und im Keller des nagelneu renovierten Luxushotels geboten. Wenig später schon sollte die Unternehmerfamilie Koç für ihre Zivilcourage mit Entzug milliardenschwerer Staatsaufträge und mit unverhältnismäßigen Steuerschikanen büßen.

Ein Hotelpage berichtete mir, wie das Divan mit Tränengas ausgeräuchert wurde, wie die Menschen im Untergeschoss plötzlich in der Falle saßen und keuchend und würgend versuchten, wieder aus dem Hotel hinaus zu flüchten. «Sekunden später drängten sie wieder zurück durch die Drehtüren, weil sie draußen schon von den Männern in ihren schwarzen Monturen und den weißen Helmen erwartet wurden, ich sah wie die Schlagstöcke auf völlig wehrlose junge Leute niedersausten. Es war der Horror!» An das Mädchen auf dem Computerausdruck konnte auch er sich nicht erinnern. Der Page hatte geschwollene rote Augen. «Wer keine roten Augen hat», lachte er heiser, «der kennt das wahre Leben in Istanbul nicht.» «Die Regierung hat den juristischen Druck auf ihre Gegner erhöht», berichtete ein Kollege an der Rezeption. «Wer sich nach Samstagabend noch auf dem Taksim-Platz aufhielte, würde als ‹Terrorist› behandelt, hat unser EU-Beitrittsminister Egemen Bağiş im Fernsehen verkündet. Jetzt verhaften sie schon Ärzte, weil sie die ‹Demonstranten unterstützt› hätten. Sie haben den Fußballfanclub Çarşı zur terroristischen Vereinigung erklärt und Mitglieder dutzendweise in ihren Wohnungen verhaftet.» Auch dem Empfangschef war Jale nicht aufgefallen, aber er hatte eine Idee: «Haben Sie schon im Deutschen Krankenhaus nach Ihrer Verwandten gesucht?» Es war jetzt gegen zwei Uhr morgens. Ich hetzte vorbei an den zertrümmerten, niedergebrannten Resten des Zeltlagers, das noch eben bevölkert gewesen war, wo ich gerade noch übernachtet und mit jungen Leuten Bob-Dylan-Lieder gesungen hatte. Vom Divan Hotel erreicht man das Deutsche Krankenhaus unter normalen Umständen zu Fuß in fünfzehn Minuten quer über den Taksim-Platz und dann nach links ein Stück bergab, kurz vor dem Glashaus, in dem das Istanbuler ARD-Studio auf vier Stockwerken untergebracht war.

Hier im «Alman Hastanesi» hatte mich meine Mutter 1952 entbunden. Als Junge war ich dort an Weihnachten mit anderen Kindern der deutschen Schule über die Flure gezogen. Mit Kerzen und Zweigen in der Hand sangen wir Kinder deutsche Weihnachtslieder für die Patienten, die im Schlafanzug vor ihre Krankenzimmertüren traten und mit feuchten Augen lauschten.

Vom Divan-Manager wusste ich, dass auch das Krankenhaus, in dem viele Ärzte rund um die Uhr verletzte Demonstranten behandelten, vor dem Sturm auf den Taksim-Platz mit Wasserwerfern angegriffen worden war und vermutlich noch unter Beobachtung stand. Ich näherte mich von der Rückseite her, kletterte über eine kleine Mauer von hinten in den Hof und gelangte durch einen Seiteneingang ins Gebäude. Ich suchte die Stationen ab, die Korridore waren noch dieselben, die ich vor mehr als fünfzig Jahren entlanggelaufen war, «Oh Du Fröhliche» singend – andere Zeiten, ferne Zeiten. Jetzt waren sie vollgestellt mit Notbetten und Tragbahren, auf denen junge und alte Leute lagen – mit verbundenen Augen, Köpfen, Armen und Beinen. Ich klapperte die Krankenzimmer ab. Überall Tränen und Schmerzensschreie, verätzte Haut, zertretene Gliedmaßen, Gehirnerschütterungen, innere Blutungen. Manchen Demonstranten hatten die Räumkommandos des Regierungschefs ihre Gummikugeln ins Gesicht geschossen. Ich kam mir vor wie im Lazarett eines syrischen Bürgerkriegsgebietes, nicht wie in einem Land, das offiziell demnächst in die Europäische Union aufgenommen werden wollte. Von Jale keine Spur. Deprimiert kehrte ich ins Foyer zurück und sank auf einer Wartecouch nieder, wo ich Minuten später weggenickt war.

Draußen war es schon hell, als ich gegen sieben Uhr früh von einem jungen Pfleger wach gerüttelt wurde. Eine halbe Stunde später, ein paar hundert Meter durch die Nebengassen bergauf, erreichte ich den abgesperrten Taksim-Platz. Rund ums Atatürk-Denkmal herrschte gespenstische Leere. Nur ein paar Schaulustige versuchten mit einigem Sicherheitsabstand zur Polizeikette trotz der frühen Stunde einen Blick auf das Schlachtfeld der vergangenen Tage und Nächte zu erhaschen. Straßenhändler hatten ihr Sortiment bereits umgestellt von Atemschutzmasken und Plastikbrillen auf Augensalben, doch keiner traute sich mehr, die «Pfefferspray ist mein Parfum»-Sticker anzubieten.

In der Morgensonne, deren Strahlen durch die staubflirrende Luft lange Schatten auf den Platz warfen, fiel mir plötzlich etwas Merkwürdiges auf: Hier und da hatten sich einzelne Menschen aufgestellt, alte und junge, sie standen einfach nur da, den Blick schweigend und ernst auf das Atatürk-Denkmal in der Mitte des Platzes gerichtet. Passanten wichen ihnen aus, respektvoll, als wären die Stehenden selber Statuen, die hier fortan das Stadtbild prägen wollten. Manche der Passanten taten es ihnen spontan gleich und blieben selber stehen, schweigend. Es dauerte eine Weile, bis ich ihre stille Botschaft begriff. Offensichtlich hatte der Widerstand gegen den brutalen Regierungschef soeben eine neue Form der Demonstration geboren: kein laut skandierender Aufstand singender und tanzender Gruppen mehr, der die Polizisten zum Zuschlagen provozieren konnte, sondern stille Mahnmale aus vereinzelt dastehenden Männern und Frauen. Nicht tausendfacher Blick gen Mekka gerichtet, sondern einzelne Augenpaare auf jenen

Mann geheftet, der die Türkei gegründet und ihr Europas Werte in die Verfassung geschrieben hat: *Standing man*. Dass es der bekannte türkische Choreograf Erdem Gündüz gewesen war, der diese neue Protestform initiiert hatte, indem er sich schon in der Nacht als «Stehender Mann» auf den Taksim-Platz stellte, dort stundenlang verharrte und damit geschickt das Versammlungsverbot umging, erfuhr ich erst später. Für einen Moment war ich unschlüssig, ob ich bleiben und mit dem Handy Fotos machen sollte von den lebenden Statuen und der drohend lauernden Polizeimacht im Hintergrund, die offenbar nur darauf wartete, zuschlagen zu dürfen, wenn sich mehrere zusammentaten oder nur miteinander sprachen.

Gerade wollte ich weitergehen, da entdeckte ich sie: ein junges Mädchen mit einer weißen Mullbinde über einem Auge. Sie war plötzlich aus einer Seitengasse aufgetaucht und näherte sich nun dem Platz, mit einer Hand ihren Augenverband schützend. Wenige Meter vor der Polizeikette blieb auch sie stehen, und richtete den Blick auf das Denkmal, schweigend und trotzig, als hätte sie ihr Ziel erreicht. Ich hatte Jale wiedergefunden!

Die verletzte junge Frau, wie sie da aufrecht in der Morgensonne stand, verströmte, zusammen mit den anderen *standing people,* eine solche Würde, dass ich nicht einfach erleichtert und froh auf sie zustürmen mochte. Dies war nicht der Augenblick für ein Wiedersehen zwischen Onkel und Nichte, nicht die Gelegenheit für ein Gläschen Tee und Familien-Anekdoten im Divan Hotel.

Geldiler, geçmediler, geçemeyecekler! – das war vorgestern und vor 98 Jahren. Hier bewegte ein Schmetterling die Flügel, der damit vielleicht für die Zukunft der Türkei den sprichwörtlichen Tornado auslösen konnte. Der stille Flügelschlag eines verletzten Schmetterlings – oder auch nur das letzte Aufbäumen der versprengten Leute vom Gezi-Park gegen das Unabwendbare, das noch folgen sollte. An diesem Morgen mussten nicht mehr die Dardanellen verteidigt werden. Die Freiheit der Türken verteidigen, das hatten noch bis vor Kurzem Tausende Jales der Generation Gezi-Park versucht und waren fürs Erste verjagt worden vom Polizeistaat Erdoğanistan. Hier stand ihr letztes Aufgebot bewegungslos, reduziert auf eine noble Geste.

Nach ein paar Schritten in Jales Richtung blieb ich doch noch einmal stehen, um heimlich die Szene mit einem Handyvideo festzuhalten und um mich bei Jale bemerkbar zu machen – beides verboten. Ein Polizist hatte mich wohl beobachtet, sich aus der Kette gelöst und war mir gefolgt. Jetzt richtete er seinen Schlagstock auf mich und herrschte mich an, den Blick unsicher über meinen Kopf gerichtet – diese jungen, fanatisierten Polizisten schauen einem nie in die Augen, wenn sie einen anbrüllen:

«*Yolunuzu devam edin!* – Gehen Sie weiter, sonst muss ich Sie beide verhaften. Hier herrscht Versammlungsverbot!»

Da drehte Jale für einen Moment den Kopf und sah erst auf den bellenden Polizisten und dann auf mich. Sie muss mich gleich erkannt haben. Ihr unverletztes Auge verschwamm. Tränen rannen ihr über die Wange. Dann huschte ein Lächeln über Jales Gesicht.

«Bist du zurückgekommen?», hörte ich sie auf Deutsch flüstern.

«Ja! Und du bist verletzt?»

«*Anlamadınızmı*? – Haben Sie nicht verstanden?», herrschte der Polizist mich an, seine Hand griff zur Pfeffersspraydose am Koppel.

«*Anlaşıldı*», sagte ich, «ich habe verstanden.»

Der Polizist schritt mit weiter drohend aufgerissenen Augen rückwärts zurück ins Glied. Das Mädchen wandte den Blick zögernd wieder dem Denkmal zu. Ich drehte mich um und verließ den Taksim-Platz, Jale, Atatürk und die Polizeikette im Rücken.

☪

Jahre nach den verlorenen Schlachten in Istanbul und anderswo steht Erdoğanistan immer noch im Zeichen der Geschehnisse des Mai und Juni 2013. Gezi wurde zerschlagen. Und doch hat es Spuren hinterlassen im politischen Gesicht der Türkei. Neun Menschen starben im Mai/Juni 2013 unmittelbar im Zusammenhang mit den Demonstrationen rund um Gezi – an ihren Verletzungen durch den Gaseinsatz, erschossen, erschlagen, absichtlich mit dem Auto überfahren, darunter auch unbeteiligte Passanten. Es ist zu befürchten, dass der nächste Aufstand à la Gezi entweder bereits im Keim erstickt oder zu einem Gemetzel nie gekannten Ausmaßes wird. Heute bringt die Regierung ihre Anhänger prophylaktisch gegen jeden Versuch einer Widerstandsbewegung auf. In Tweets fordern regierungstreue Bürger, Demonstranten zu «erschießen», sollte es zu einer neuen Gezi-Bewegung kommen.

Der Park ist noch da. Die Bäume stehen. Und der Aufbruch, zu dessen Symbol er wurde, ist in der Erinnerung nicht nur der Beteiligten in Istanbul lebendig – als Generationsereignis, von dem sie noch ihren Enkeln erzählen werden. Gezi war kein Traum, es hat es wirklich gegeben, so etwas war möglich in der Türkei – aber es erscheint heute unendlich weit weg. Die Älteren, soweit sie nicht noch in Haft sitzen, äußern trotz der Niederschlagung ihres friedlichen Aufstands die Hoffnung, dass dank Gezi zivile, parteiübergreifende Opposition und Wandel doch irgendwann möglich sein werden. Die Jungen, soweit sie nicht in Haft sitzen, sind frustriert, weil sie das Gefühl haben, sie hätten nichts erreicht. Auch bei der

Regierung und ihrem Präsidenten ist die Erinnerung an Gezi lebendig – als eine Art Horrorvision. Denn der Aufstand hatte die Gesellschaft in einer Art und Weise vitalisiert, wie sie Machthabern nur unheimlich sein kann. Courage und Satire der Zivilgesellschaft überforderten die Betonköpfe in Ankara auch intellektuell. Das Trauma ist Erdoğan noch immer anzumerken. Kaum eine Rede auf seinen Massenveranstaltungen, in der er nicht gegen die *çapulcu* von Gezi kläfft und seine Sicht der Dinge – «eine Verschwörung fremder Mächte und ihrer vaterlandslosen Handlanger» – wiederholt.

Was also beide Fronten, die Rebellen und die Staatsmacht, eint, ist die Angst: die alte Angst der Türken voreinander. Das ist die Türkei heute, da ich dies über vier Jahre nach Gezi niederschreibe, mehr denn je. Denn zur alten türkischen Angst vor «den Islamisten», «den Kommunisten» oder «den Faschisten» ist die Angst der Machthaber vor dem Witz, dem Spott und den Liedern der Couragierten gekommen und die Angst der Vernünftigen vor der Polizei, die von einer Schutz- zu einer Schergenmacht verkommen ist. Und nicht zuletzt vor Bespitzelung und Denunziation – auch das ist leider sehr türkisch.

«Manchmal sitze ich mit Freunden im Café und wenn wir uns an unser brennendes Zelt erinnern, flüstern wir nur noch und schauen uns um, ob vielleicht jemand zuhört und uns später verpfeift», schrieb mir Jale, als ich zum vierten Jahrestag ohne Kommentar ein Foto vom Gezi-Park auf Facebook postete. «Wir dürfen unsere Erinnerungen nicht der Angst opfern! Schreib das, Onkel!»

Der neue Sultan

Sein Lächeln wirkte gequält, sein viel zu weiter Nadelstreifenanzug ließ ihn noch riesenhafter wirken, als er war. Er nickte huldvoll in die Partyrunde, schüttelte ein Dutzend ihm entgegengestreckte Hände und griff sich ein Glas *elma suyu*, Apfelsaft, von dem ihm dargereichten Tablett, auf dem auch Bier- und Weingläser standen, leerte das Glas, strich sich über den bräunlich-grauen Schnauzer und durchquerte die Partyterrasse, weiter nach rechts und links nickend, ohne jemanden anzusehen, zielstrebig Richtung Bosporus-Ufer. Immer ganz nah an ihm dran blieben seine Leute, die er alle überragte. Drei trugen Knopf im Ohr, links oben ausgebeulte blaue Anzüge und blickten finster in die Runde, einer hielt ein riesiges Mobiltelefon bereit, einer machte sich Notizen, wenn der Chef ihm etwas zuraunte, ein Dritter, wohl der Leibfotograf, knipste unablässig Fotos. Am Rande des Partygeschehens, wo er sich wohler zu fühlen schien als mittendrin, ließ der hohe Gast seinen Blick über den Bosporus schweifen, während mein Freund, den er ebenfalls überragte, leise zu ihm sprach.

Die einzige Frau in der Entourage des Gastes, eine junge Dolmetscherin mit Kopftuch – damals, in der zweiten Hälfte der 1990er Jahre bei einem Abendcocktail auf der europäischen Seite Istanbuls eher ein seltener Anblick –, wurde gerade nicht benötigt, denn mein Freund, der Gastgeber dieser Cocktailparty für in- und ausländische VIPs aus Wirtschaft und diplomatischem Corps, sprach Türkisch mit dem Gast, die einzige Sprache, die dieser verstand. Mich hatte der Gastgeber auch mitgeschleift – «Komm, ich stell dich ihm gleich mal vor, er ist zur Zeit die Nummer eins.» Und wie ich so neben meinem Freund und der *Nummer eins* stand, fragte ich die junge Dolmetscherin leise, welche Sprachen sie denn dolmetsche. «Deutsch, Englisch und Französisch», sagte sie, dann fragte ich, ob sie denn immer Kopftuch trage, und sie lächelte: «Nur im Dienst. Der Chef möchte das so.»

Mitten drin in dieser Abendgesellschaft der Istanbuler Businesselite in gutsitzenden Anzügen, begleitet von Damen im kleinen Schwarzen mit hohen Absätzen und goldenen Armbanduhren, die miteinander auf Englisch, Französisch, Deutsch, Russisch und Persisch parlierten, schien sich der Gast mit dem Schnauzer nicht wirklich wohl zu fühlen. Dabei hätte sich jeder gern mit ihm, dem Top-VIP des Abends, unterhalten. Nicht unbedingt, weil man sich von einer Konversation intellektuelle Anregung, Inspiration oder gar Spaß versprach, sondern weil jeder, der in Istanbul irgendwie aktiv war, wie alle hier, spürte, dass dieser Mann Macht verkörperte, etwas bewegen konnte, eine neue Art Macht, verliehen durch einen Schub von unten. Und dass er gefährlich werden konnte, auch das. Schon damals.

Oberbürgermeister Recep Tayyip Erdoğan blickte in den blauen Abendhimmel über Istanbul, neigte dem Gastgeber das Ohr zu und horchte, abwesend nickend, als dieser mich ihm vorstellte. Er reichte mir die Hand, ohne mich anzusehen, auch meinen Freund sah er nicht an, als der ihm wortreich von mir zu erzählen begann, wie das in der Türkei üblich ist beim Vorstellen. Es genügte nicht etwa «Darf ich Ihnen Hasan Cobanli vorstellen, ein Freund aus Deutschland …» Auf türkischen Partys und Empfängen wird man inklusive kompletter Biografie vorgestellt – mit Fakten (oder Übertreibungen), die den Vorgestellten wichtig machen. Und dies fällt umso wortreicher aus, je wichtiger die Person ist, der man vorgestellt wird: Ich verstand meine Biografie nur in Fetzen, denn, auch das ist Usus, mit ganz wichtigen Leuten spricht man leise (was einen selber und den Angesprochenen dann nochmal wichtiger erscheinen lässt): «Großvater ... Pascha ... Weggefährte Atatürks ... deutsche Mutter ... aufgewachsen dort oben im Konak ... Vater Protegé von Atatürk ... Journalist ... gerade zu Besuch aus Deutschland ...» Der Gastgeber flüsterte, der Bürgermeister schüttelte meine Hand, den Blick weiter gen Himmel gerichtet, hin und wieder gnädig nickend.

☪

Neulich, über 20 Jahre später, hat mich der Freund, der damals zur Einweihung seines neuen Bürogebäudes am Ufer des Bosporus lud, gebeten, seinen Namen und das Jahr nicht zu nennen, sollte ich über meine Begegnung mit Recep Tayyip Erdoğan, vulgo *Sayin Başkan*, informell *Tayyip Bey,* schreiben. Es könne sonst Ärger geben mit seinem damaligen Partygast, dem heutigen Staatspräsidenten, *Sayin Cumhurbaşkan*, Erdoğan und seiner AKP-Regierung in Ankara. Denn auch ihm, wie mehreren Tausend alteingesessenen in- und ausländischen Unternehmern, hat der damalige Oberbürgermeister seit dem Gezi-Park-Jahr 2013 und endgültig nach dem Putsch von 2016 die Gunst entzogen. Einigen nur vorsichtshalber, weil er ihrer Loyalität nicht mehr sicher war, weil sie irgendwann auf einer Party oder in einem Meeting ihr Unbehagen über seine Politik oder ihre Sympathie mit einem geschassten Richter, Staatsanwalt mit einer Wirtschaftsprofessorin oder kritischen Museumsdirektorin geäußert hatten und denunziert wurden. Gelegenheit für öffentliche Bemerkungen, die seine Paranoia schüren, gibt es in der mittlerweile völlig gleichgeschalteten Presse keine mehr. Und Entzug der Gunst ist seit einiger Zeit in der neuen Türkei mit Enteignung und Verhaftung verbunden.

Auch das Bürogebäude meines Freundes am Bosporus könnte der wohlwollende, umschmeichelte Gast jenes Abends heute jederzeit beim geringsten Anlass beschlagnahmen, seine Firmenkonten einfrieren, sein Privatvermögen über Nacht per Dekret enteignen lassen. «Die Zeiten stehen schlecht für uns», sagte mein Freund im März 2017. «Die Hoffnungen, die Erdoğan damals allen machte, auf Liberalisierung und ein Europa am Bosporus sind futsch. *Simdi burada karanlık.* Hier ist jetzt Dunkeltürkei. Es muffelt nach Drittem Reich, jeder hat Angst vor der Rache des *lider,* die Investoren bleiben weg, wir müssen aufpassen und retten, was zu retten ist. Nicht nur die Wirtschaft, das ganze Land geht baden. Also nenne bloß keine Namen, sonst geht's uns wie den Ö., den B. und den K …»

☪

Irgendwann ließ Oberbürgermeister Erdoğan meine Hand los, an jenem merkwürdigen Partyabend, erst dann wandte er sich mir zu: «*Istanbul güzelmi?* – Wie gefällt es Ihnen in meiner Stadt?», begann er die Konversation, «bemerken Sie nicht den Unterschied zu früher?» Ich schilderte dem Oberbürgermeister offen meinen Eindruck von der Stadt, die er seit 1994 regierte und säuberte. Dabei ließ ich absichtlich unerwähnt, dass ich gerade in Istanbul Gespräche mit Unternehmern führte, um für Artikel mit dem Arbeitstitel «Europa am Bosporus» zu recherchieren, und auch in seinem Büro um Audienz gebeten hatte, wenn auch erfolglos.

Umso spannender fand ich es, dem Mann nun auf einer Party vorgestellt worden zu sein, auf den hier aller Augen gerichtet schienen und wenig später dann die Augen der Welt. Eine solche Gelegenheit, den Mann kennenzulernen, der als Sanierer und Modernisierer der vielleicht faszinierendsten Metropole des Globus angetreten war, die zudem auch noch meine alte, schöne, geschundene Heimatstadt war, bot sich nicht alle Tage, auch wenn ich gut vernetzt war und Zugang zu interessanten Persönlichkeiten der Türkei stets eher durch gemeinsame Bekannte und Familienkontakte als über Pressestelle und Vorzimmer bekam. Einer der von mir besuchten Wirtschaftsführer, ein alter Unternehmer, aktiv im gesamten Nahen Osten und Russland, hatte nur die Schultern hochgezogen, als der Name des Bürgermeisters fiel. Er schien schon damals zu ahnen, dass «dieser Erdoğan eines Tages sehr mächtig» werden, und dass «seine Macht dem Land nicht ewig Gutes bringen» würde: «Mal sehen, wie weit der noch geht. Bisher ist er ja wirtschaftsfreundlich und die Stadt hat er ja auch saubergefegt – aber für einen, der nach Europa will, baut er mir zu viele Moscheen …»

Umgeben von interessierten Zuhörern, streiften wir Themen, zu denen Erdoğan dann Kostproben seiner Philosophie und seines Weltbilds zum Besten gab. So sprachen wir über Fatih Sultan Mehmet, der ungefähr von dort aus, wo wir gerade standen, 1453 Konstantinopel eroberte: Dazu stellte Erdoğan fest: «Seitdem heißt diese Stadt so, wie sie heißt: Istanbul, und das kommt von *Islam Bol* – viel Islam, und das ist gut so!». (Diese Version lehrte uns tatsächlich auch der Imam im Religionsunterricht der ersten Klasse. Dass «Istanbul» bzw. «Stambul» sich in Wirklichkeit aus dem griechischen εἰς τὴν πόλι(ν), zu *is tim boli(n)* verschliffen, ableitet, was in die Stadt bedeutet und sich einst als Aufschrift auf Wegweisern in der Umgegend der Stadt Konstantinopel fand, erfuhr ich dann von meinem Vater). Über die Hagia Sophia: «Atatürk hat sie zu einem Museum degradiert. Wir werden sie wieder zur Moschee machen!»; über Hrant Dink, den armenischen Intellektuellen, den ich Tage zuvor kennengelernt und der damals gerade die regimekritische Wochenzeitung «Agos» gegründet hatte, in der politisch heikle Themen auf Türkisch und Armenisch diskutiert wurden: «Der mit seinem dummen Geschwätz über unseren angeblichen Völkermord»; über meinen Großvater und die Seeschlacht bei Çanakkale – beides war ihm immerhin ein Begriff: «Das Militär war damals sehr mächtig, heute sind mir die *askerler* – die Soldaten – zu mächtig»; über Fußball in Kasımpaşa: («Ich war ein Süper-Kicker bei Erok-Spor und mochte Uwe Seeler und Beckenbüer!»), über Imame an Schulen (*«En mühim şey din bilgisidir* – das Wichtigste ist der Religionsunterricht, denn er gibt den Schülern Orientierung!»), und über türkische Schülerlieder und Militärmärsche, die wir beide noch auswendig konnten.

Wir stellten fest, dass wir fast gleich alt waren und wie unterschiedlich wir unseren ersten Militärputsch erlebt hatten, den von 1960, der sich gegen die erste islamistische Regierung der modernen Türkei und ihren Ministerpräsidenten Adnan Menderes richtete: «Mein Vater mochte Menderes nicht», bemerkte ich. «Mein Vater weinte, als man Adnan Menderes henkte», sagte Erdoğan. «Menderes war ein frommer Moslem – für mich ist er heute ein Vorbild!». Und, fuhr er fort, unsere Istanbuler Herkunftsviertel seien ja geographisch gar nicht so weit voneinander entfernt. «Zu Zeiten unserer Kindheit trennten Kasımpaşa und Nişantaşı Lichtjahre. Bei uns roch es überall nach Katzenpisse und es war gefährlich. Ihr hattet hohe Mauern um eure privaten Gärten und bei euch konnte man nur deshalb nachts auf die Straße gehen, weil ihr eure *bekçi*-Wachen und eure Polizisten selber bezahlt habt! Aber gehen Sie heute mal durch unsere Hafenviertel! Alles sicher, sauber und gepflegt! Da wird kein Alkohol ausgeschenkt und die Prostitution haben wir auch ausgemerzt, und das ist gut so!»

☪

Seit Erdoğans und meinen Istanbuler Kindheitstagen Anfang der 1960er Jahre hatte die Stadt, hatte die Türkei oft und deutlich ihr Gesicht verändert, hatten die jeweiligen Machthaber, darunter noch zwei Mal das Militär, beim Abbruch und Wiederaufbau des türkischen Rechtstaats tausend Schritte hin und zurück gemacht, waren manche alten Feindschaften neu aufgeflammt, hatten sich immer wieder neue Fronten und Allianzen gebildet, die sich allesamt auf die Stimmung in diesem Istanbul auswirkten wie Viren auf einen erschöpften Körper.

In den 1990er Jahren begann unter Erdoğans Ziehvater Necmettin Erbakan der zweite Aufstieg des politischen Islams *alla turca* nach Menderes, des Gegners des säkularen Staates, den Atatürk begründet und den das Militär bis dahin in schöner Regelmäßigkeit durch Putsche re-etabliert hatte, wenn er zu kollabieren drohte. Auf der Welle von Erbakans *Refah Partisi* («Wohlfahrtspartei») gelang dem ehemaligen Vorsitzenden seiner Jugendorganisation Recep Tayyip Erdoğan 1994 eine erfolgreiche Kandidatur zum Oberbürgermeister von Istanbul, und zwei Jahre später, also kurz nach unserem Kennenlernen, wurde Erbakan in Ankara zum ersten islamistischen Co-Ministerpräsidenten seit Menderes gewählt. Sein Ziehsohn Erdoğan vertrat die Ansichten seines Paten, gab sich schon damals gern antiwestlich, bisweilen auch antisemitisch und bekannte sich immer wieder mal offen zu den Vorzügen der Scharia. Nur ein knappes Jahr später sollte wieder Schluss sein mit Islamisten in der Regierung – das allerletzte Mal, dass das einst allmächtige Militär den Sturz einer Regierung orchestrierte –, die Koalition wurde aufgelöst, ein erfolgreiches Verbotsverfahren gegen die «Refah-Partisi» sowie ein Politikverbot für Erbakan erlassen – was ohne Putsch gelang.

Erdoğan befand sich also bei unserer Begegnung einerseits schon auf einem frühen Zenit seiner Karriere, andererseits fuhr auch er damals bereits in stürmischen Gewässern, was seinen schwermütig-abwesenden Blick und die eher eindimensional-fundamentalistischen Repliken auf meine Fragen nachträglich erklären könnte. Im Frühjahr 1998, sollte er wegen «Aufstachelung der Bevölkerung zu Hass und Feindschaft unter Hinweis auf Unterschiede der Religion und Rasse» im Gefängnis landen. Nach damaligem Gesetz durfte er nach dem Absitzen seiner Strafe eigentlich nie mehr politisch aktiv werden – so schrieb es die Verfassung vor.

Es ist anders gekommen, die Wege von Tyrannen führen ja bisweilen über das Gefängnis und dann auf Los. Und wenn es soweit ist, müssen dann sehr viele andere ins Gefängnis.

☪

Der Bürgermeister hörte meinen Gedanken, Erinnerungen und Fragen gelangweilt nickend zu. Damals konnte man durchaus offen mit Erdoğan reden, ohne gleich bei ihm Rachegefühle und Paranoia zu erregen und tags darauf verhaftet zu werden. Hin und wieder sah er mich sogar an. Vielmehr taxierte er mich von oben bis unten, und als sein Blick bei meinen Schuhen angekommen war, wanderte er auf seine eigenen Schuhe, und während er die Schuhe eines Investmentbankers und anderer Gäste um uns herum zu betrachten schien, sagte er fast entrückt: «*Biliyormusunuz* – Wissen Sie, ich habe noch viel vor mit dieser Stadt und mit diesem Land! Sie sind, wie ich höre, ein Pascha-Enkel aus Nişantaşı. Und leben jetzt in Deutschland. Ich bin ein Arbeiterjunge aus Kasımpaşa, und dies ist meine Stadt. Wir sind beide hier geboren, Sie sind weggezogen nach Almanya, und ich trage hier Verantwortung.» Und dann, den Blick über meinen Kopf weg in die Ferne gerichtet: «Möglicherweise kann ich Sie eines Tages mal brauchen.»

Eigentlich ein guter Schlusssatz, dachte ich, aber dann legte er noch die für ihn wohl wichtigste Frage nach: *«Siz müslü-*

manmısınız? – Sind Sie Moslem?» – «*Hem de hiristian olsam, farkı nedir?* – Wenn ich Christ wäre, was macht das denn für einen Unterschied?» Da lächelte er zum ersten Mal, hob den Finger und belehrte mich mit hochgezogenen Augenbrauen und lauter Stimme, sodass es die umstehenden Partygäste mitbekommen mussten, wobei er mich jetzt duzte, wie ein Imam in der Imam-Hatip-Schule in Kasımpaşa: «*Dinle kardeşim! Islam tabii bütün dinlerden en temizi ve en büyüğüdür*» – «Hör mir gut zu, Bruder! Der Islam ist natürlich die sauberste und die größte Religion von allen! Das haben zu viele Türken hier mittlerweile vergessen. Aber wir werden ihnen das wieder zurückgeben!»

Wie ein Déja-vu klangen die Worte des Bürgermeisters, wie ein Echo auf die Sprüche seines Vorbilds Adnan Menderes, unter dessen Regime wir beide, er und ich, in unterschiedlichen Ecken der Stadt und der Gesellschaft aufgewachsen waren. Erdoğans Worte auf dieser Investmentbankerparty kommen mir heute, in der Erinnerung, vor wie ein düsterer Funkspruch aus der Vergangenheit, ein frühes Warnzeichen dafür, dass die türkische Geschichte meiner Kindheitstage gerade dabei war, sich zu wiederholen.

Menderes, der erste aus freien Wahlen hervorgegangene Ministerpräsident, hatte damals Atatürks Anordnung, den Gebetsruf statt auf Arabisch in türkischer Sprache an das Glaubensvolk zu richten, offiziell rückgängig gemacht, den Religionsunterricht an den Schulen wieder eingeführt und Koran-Rezitationen im Rundfunk zugelassen. «Der türkische Staat ist moslemisch und wird immer moslemisch bleiben», lautete sein Credo, «wir haben unsere unterdrückte Religion befreit, ohne das Geschrei der besessenen Reformisten zu beachten. Alles, was der Islam fordert, wird von der Regierung eingehalten werden …» Doch Atatürk und seine Reformen oder die von ihm eingeführte säkulare Verfassung, nach der

Staat und Religion streng zu trennen seien, offen zu kritisieren, war verboten, darüber wachte das Militär.

Damals noch ...

Wir beide, jeder aus seiner Ecke, hatten als Kinder den Ausnahmezustand in Istanbul erlebt, verhängt vom Ministerpräsidenten Menderes, der nach dem frühen Tod Atatürks die Kemalisten unter dessen Nachfolger Ismet Inönü 1950 demokratisch besiegt hatte, aber nun immer autokratischer unter islamistischem Vorzeichen regierte. Hellseher oder wachsame politische Analysten unter den Partygästen auf der Terrasse am Bosporus konnten vielleicht an jenem Abend schon ahnen, was sich da wieder in ihrem Land anbahnte – ich selber sah damals noch nicht so klar.

Die Bodyguards in den blauen Anzügen mit den verräterischen Beulen applaudierten unterwürfig, einige der umstehenden türkischen Gäste ebenfalls – und mussten dazu ihre Wein-, Cocktail- und Biergläser abstellen. Erdoğan genoss es sichtlich, reichte mir mit Blick in die Runde nochmal die Hand – diesmal ein eher lascher Händedruck, und erheblich kürzer als beim Vorstellen, und wandte sich dem Gastgeber zu.

Der hatte unserem etwa zehnminütigen Gespräch interessiert gelauscht, abwechselnd der «Nummer eins» und mir aufmunternd zugenickt. Er war zufrieden: Dem Gast, von dem er sich allein schon durch sein Erscheinen Gunst und Wohlwollen für seine unternehmerische Zukunft in Istanbul erhoffen durfte, war die Schlusspointe überlassen worden – eine Pointe nach Erdoğans Geschmack. Der Gastgeber war damals noch ein Fan des sich rührig und unternehmerfreundlich gebenden Bürgermeisters. Heute liegt Erdoğan im Clinch mit dem Industrie- und Unternehmerverband und fast allen seinen Mitgliedern. Er unterstellt dem TÜSIAD eine «Verleumdungskampagne gegen die Türkei», seit dieser vor dem «völligen Versiegen ausländischer Investitionen» warnt, sollte die Regierung weiterhin die «Abbrucharbeiten am Rechtsstaat fortsetzen» und unliebsame Unternehmer und Manager weiter mit «willkürlichen Steuerprüfungen und Boykotts» drangsalieren.

☪

Lange noch musste ich an diese Begegnung denken: Ich hatte die «Nummer eins» dieser türkischen Mega-City erlebt (aus heutiger Sicht die Nummer eins der Türkei in ihren Startlöchern). Der Mann, der für glitzernde Shoppingmalls und immer neue Moscheen stand, für Turbo-Kapitalismus pur und Re-Islamisierung der Gesellschaft einschließlich ihrer Führung und ihrer Gesetze, für ordentliche Müllabfuhr, gläserne Wolkenkratzer und pünktlichen Busverkehr, träumte schon damals öffentlich von einem künstlichen Bosporus-Kanal, dem größten Airport der Welt, der größten Moschee der Welt, einer dritten Bosporus-Brücke und einem Tunnel von Europa nach Asien. Drei Jahre später verwarf er diese Pläne erst einmal wieder – wegen des großen Erdbebens, das damals die Westtürkei traf – um sie dann später teilweise tatsächlich umzusetzen. Auf einem Cocktailempfang, umgeben von Vertretern der coolen, säkularen, europafreundlichen, multilingualen Elite, der er schon damals misstraute, von der er sich nicht ernst genommen fühlte, Apfelsaft trank, wo Champagner, Wein und Bier ausgeschenkt wurden, hatte er mir in ein paar Kernsätzen seine alternativen Wahrheiten dargetan, und am Schluss noch ein bisschen den Paten gegeben: «Möglicherweise kann ich Sie eines Tages mal brauchen.»

Was hätte ein in Deutschland lebender Enkel des «Dardanellen-Helden» Cevat Paşa und Sohn eines Vertreters der «alten Eliten» ihm mitgeben können? Vermutlich nur Anregungen, die er nicht hätte hören wollen. Etwa die Rede, die Atatürk, der *Gazi* – der Kriegsheld von Gallipoli, Befreier,

Reformer und Staatsgründer an die Witwen und Kinder der britischen und ANZAC-Soldaten richtete, die 1915 sein Land überfallen hatten und unter seinem und dem Küstenkommando meines Großvaters abgewehrt worden waren? *«Diese Helden, die ihr Blut vergossen und ihr Leben ließen … nun liegt ihr unter der Erde eines freundlichen Landes. Darum ruhet in Frieden. Da gibt es keinen Unterschied zwischen den Johnnies und den Mehmets, dort wo sie Seite an Seite in unserem Land begraben liegen … Ihr, die Mütter, die ihre Söhne aus weit entlegenen Ländern schicktet, trocknet eure Tränen. Eure Söhne liegen nun an unserer Brust und sind in Frieden. Ihr Leben in diesem Land verloren zu haben, machte sie auch zu unseren Söhnen.»*

Sollte ich dem Präsidenten Erdoğan heute, da er Kriege entfacht, Bürgerkriege führt, in alle Richtungen Hass predigt, von meinem Großvater erzählen? Oder von meinem Vater, der mir als Junge im Garten in Nişantaşı erklärt hatte, wie sich Staatspräsident Kemal Atatürk einst mit den Angreifern versöhnt hatte, und sein Land später als NATO-Mitglied der ersten Stunde sogar in ein Dauerbündnis mit den ehemaligen Gegnern eintrat? Oder ihn daran erinnern, wie eine seiner Vorgängerregierungen rund zehn Jahre vor unserem Gespräch unter Turgut Özal beschloss, eine Bucht in Gallipoli in «ANZAC-Bucht» umzubenennen? Also nach dem «*Australian and New Zealand Army Corps*», das just in dieser Bucht anzulanden versuchte und bei der Verteidigung durch die Türken schreckliche Verluste erlitt? In dieser Bucht liegt seitdem einer der größten Soldatenfriedhöfe der Türkei zu Ehren auch der damals feindlichen Entente-Soldaten. Die Australier antworteten auf diese Geste ihrerseits, indem sie der Türkei, dem ehemaligen Feind, auf der sogenannten *ANZAC-Parade* in Canberra, die eigentlich den australischen und alliierten Nationen gewidmet ist, ein eigenes Denkmal setzten. Dort ist der berühmte Satz aus Atatürks versöhnlicher Rede an die Hinterbliebenen der gefallenen Invasoren zu finden und eine dort versenkte Kapsel mit Erde von den Schlachtfeldern aus Gallipoli. «So funktioniert Völkerverständigung auf allerhöchster Ebene», hatte mein Vater mir erklärt, und sein Vater, General Cevat Çobanli Paşa, der die Abwehrschlacht als Küstenkommandant befehligt hatte, ihm. Hätte diese Geschichte, die wir beide, Erdoğan und ich, auch aus den Geschichtsbüchern in der Schule kannten, den späteren Amtsnachfolger Atatürks beschämt oder berührt?

Versöhnliche Gesten sind und waren nie sein Stil. Etwa 18 Jahre nach meiner Unterhaltung mit dem Bürgermeister reiste der Noch-Premier Erdoğan in seinem Wahlkampf, in dem er sich zum Präsidenten küren lassen wollte – erfolgreich, wie wir heute wissen –, die Orte ab, von denen 1919 Kemal Atatürks Feldzug gegen die westlichen Alliierten, bekannt als der *kurtuluş* (Befreiungskrieg), ausgegangen war und der dann zur Gründung der modernen, säkularen *Türkiye Cumhuriyeti* geführt hatte. Doch seine Töne klangen anders: «Wir werden nicht zulassen, dass fremde Kräfte unserem Land schaden», dröhnte er, und meinte nicht ausländische Feinde, sondern die *çapulcular*, die ihm 2013 vom Gezi-Park aus ihr «Nein!» zugerufen hatten, die Journalisten, die ihn kritisierten, die säkulare Opposition, unabhängige Staatsanwälte, die ihn wegen nachgewiesener Bestechlichkeit und Vorteilsannahme zu verklagen drohten, und, auch schon zwei Jahre bevor er sie als angebliche Putschisten allesamt einlochen lassen konnte, die Anhänger seines ehemaligen Verbündeten und Steigbügelhalters Fetullah Gülen.

Aber konnte ich das damals auf der Housewarming-Party am Bosporus Mitte der 1990er Jahre wissen? Auch seine Frage nach meiner Religionszugehörigkeit war mir vertraut. Ich war unter dem islamistischen Menderes-Regime Erstklässler in einer Istanbuler Grundschule. Damals wurde ich von kleinen

Receps und Tayyips verhauen, weil ich der blonde *«zengin gâur»* – der reiche Ungläubige aus Nişantaşı war, der sich naseweis über den Imam und seine *«Islam-Bol»*-Legende mokierte. Hätten wir beide fast gleich alt, der Machtmensch und einstige Rowdy aus Kasımpaşa damals auf dem Weg nach ganz oben, und der ihm vorgestellte Gast aus Almanya und Nişantaşı mit von Haus aus weit besseren Chancen und einer erziehungs- und ideologiebedingt anderen Sicht auf die (türkische) Geschichte als er, an diesem Abend ahnen können, dass seine Polizei keine 20 Jahre später mit Wasserwerfern, Schlagstöcken und Pfefferspray auf einige der damals anwesenden Partygäste losgehen würden und ihre Kinder und mich? Natürlich nicht.

Bürgermeister Erdoğan hatte mir noch durch einen seiner Leute seine Visitenkarte zustecken lassen und sich im Gehen beim Gastgeber, über mich erkundigt. «Wer ist der Kerl», soll er gefragt haben, als mein Freund ihn zum Auto geleitete, «solche Leute können wir brauchen! Deutscher mit türkischem Namen und aus so einer Familie! Die bringen uns nach Europa! Aber er könnte mal sein Türkisch aufpolieren. Und – steht er als *gâur* auf unserer Seite?»

☪

Der Karriere des Diktators, die Biografie des Privatmannes und politischen Menschen Erdoğan wird ständig neu erzählt, erfunden, beschönigt, mythisiert. Je näher man an Erdoğan und sein Umfeld heranrückt, umso mehr entfernen sich die Informationen von der Realität. Keiner, der ihn wirklich kennt oder etwas über ihn weiß, würde sich trauen, mit kritischen Biografen zu reden (und wer doch redet, weiß gewöhnlich nichts Neues). Am unergiebigsten wäre es demnach, heute mit Erdoğan über Erdoğan und seinen Werdegang zu reden – der längst ein Opfer seiner eigenen monumentalen

Selbstbespiegelung ist. Würde er – echt oder geheuchelt – kleinlaut eingestehen, das Regieren sei doch schwieriger als angenommen, à la Donald Trump? Nein, und sei es aus Furcht, bei seinen verklärten und beglückten Anhängern das Gesicht zu verlieren. Eher passt da, was er schon als Bürgermeister im Kreise seiner Berater gesagt haben soll: «Ich bin tief berührt von der Größe meiner Pläne. *Wallahi* – bei Allah, ich mache aus dieser Stadt ein Jahrtausendwerk! Und wer sich meinem Werk widersetzt, der wird auf der Strecke bleiben!»

«Westliche Dienste», heißt es, attestieren dem Präsidenten, der im April 2017 das Referendum zu seinem persönlichen Ermächtigungsgesetz 2.0 nur um Haaresbreite gewonnen hat und sich doch als großer Sieger fühlt, «wachsenden Realitätsverlust» und bezeichnen ihn übereinstimmend als «selbstverliebten Autokraten». Nun sind Autokraten immer selbstverliebt und kontrollieren akribisch, was über sie verbreitet wird. Dass der Realitätsverlust bei Recep Tayyip Erdoğan «wachsend» ist, also mit zunehmender Machtfülle größer wird, kann man täglich seinen Reden entnehmen. Dieses Referendum hat er nach übereinstimmender Meinung aller Beobachter nicht gewonnen, sondern jämmerlich verloren – jedenfalls haben die Großstädte und die Jugend mehrheitlich mit *Hayır* (Nein) gestimmt. Dass ein herrschsüchtiger Staatsmann Wahrnehmungsstörungen hat und das Herausposaunen von *alternative facts* spätestens von da an benötigt, wo er seine Herrschsucht vor dem Volk verschleiern muss, um es weiter mitzureißen, da sich dem Volk der Nutzen seines Regimes nicht mehr erschließt, erzählt schon Shakespeare in «Julius Caesar».

Am aufschlussreichsten ist es daher, sich die Einschätzungen der Zeitzeugen, die fundierten Vermutungen türkischer Politologen und Journalisten anzuhören, die nah dran sind oder es waren, sich eine kritische Distanz erhalten haben und das *Making of* einer Diktatur dokumentieren. Journalisten wie Can Dündar zum Beispiel, einer der besten. «Je mehr Macht Erdoğan anhäuft, umso giftiger wirkt sie auf ihn», hat er festgestellt, «und dieses Gift hat nicht nur von ihm Besitz ergriffen, sondern von der ganzen Türkei.»

Was charakterisiert Erdoğan, welche Stationen seiner Karriere machen ihn transparent und lassen am besten erahnen, welchen Gang die Geschichte um den Einsamen herum noch nehmen könnte, dem ein deutsch-türkischer Unternehmer, der ihn seit 30 Jahren kennt, «Cesaren-Wahn» attestiert? Macht der Realitätsverlust Erdoğan selbst «zu einem einzigen großen Fake, der selber eigentlich nur noch von konstruierten Freundschaften umgeben ist», wie Can Dündar feststellt? Ist der selbst ernannte «Sieger» seines Referendums vom 16. April 2017 trotz haufenweise angekarrter Jubeltürken in Wirklichkeit «nur noch ein einsamer Autokrat auf dem Weg nach unten»? Stützt sich der Jubel grölender, um sich schlagender Fanatiker in Anatolien und ihrer Ableger in den Straßen von Köln, Berlin, Oberhausen, Stuttgart nur noch auf Mythen und nicht mal mehr auf wirtschaftlichen Fortschritt, Gemeinwohl, realistisch nachhaltige Zukunftsperspektiven?

Da ist sein deutlicher und für die «andere» Hälfte der Türken widerlicher Hang zum Sultanat, zum grotesk luxuriösen Lebensstil, der allenfalls den Traum eines Mafioso vom Luxus repräsentiert. Was sagt uns das, wenn er damit bei der einen Hälfte schiere Bewunderung auslöst und bei der anderen allenfalls Kopfschütteln und beißenden Spott? Hat sein privater Prunkbau – mit 1200 Zimmern, 40 000 m^2 Wohnfläche, mitten in ein Naturschutzgebiet geklotzt, mit Bunkern gesichert gegen atomare biologische und chemische Angriffe, gerüstet gegen nachrichtendienstliche Zugriffe, ausgestattet mit einem Labor, in dem alle seine Speisen auf Giftstoffe untersucht werden –, hat all das etwa die Wirkung, die früher prunkvolle

Kathedralen und Moscheen auf arme Sünder hatten oder Albert Speers «Germania» auf die Deutschen? Oder Nicolae Ceausescus *Palatul Poporului* auf das darbende Volk Rumäniens, dem es offiziell «gehörte», so wie Erdoğans «Palast der türkischen Nation» auch? In einem Interview mit dem Sender «A Haber» rechtfertigte der Haus- und Bauherr allen Ernstes die umgerechnet 500 Millionen Euro teure Investition damit, dass in seinem bisherigen Büro *karafatma* (Kakerlaken) herumgekrabbelt seien.

In einem der Säle des Palasts, etwa von der Größe eines halben Fußballfelds, nimmt der Staatspräsident auch gelegentlich seine Ehrendoktortitel entgegen – etwa 40 hat er bisher angesammelt. Sein eigener Hochschulabschluss soll ein Fake sein. Die Fakultät, die das Diplom datiert 1981 ausstellte, gibt es erst seit 1982. Hat der unterfertigte Prof. Dr. Vasall, der das Diplom für den *reis* fälschte, wegen des kleinen, peinlichen Fehlers mit dem Datum Ärger mit dem hohen Diplomanden bekommen? «Wenn es nach Erdoğan ginge, würde deshalb morgen zur Strafe die gesamte Fakultät mit dem Hinweis auf Gülen-Anhänger unter den Professoren geschlossen», scherzte ein Journalist, als der Schmu öffentlich wurde, «aber davon haben ihm seine Berater abgeraten – solche Blamagen kann der *reis* im Moment gar nicht brauchen». Der Scherzbold, mir von Namen bekannt, wurde nach der frechen Bemerkung von einem Tischnachbarn denunziert und saß dafür eine Woche in Untersuchungshaft. Dass der Präsident dennoch weiter behauptet, er habe ein Universitätsdiplom, und bereits mehrere Journalisten wegen Beleidigung verklagt hat, die ihn deshalb mit Ironie überschütten, sagt etwas über seine Persönlichkeit. «Er wäre eben gerne ein Intellektueller mit einem schönen Diplom zum Vorzeigen», erzählt ein früherer Erdoğan-Berater aus dessen Zeit als Bürgermeister, «und die Tatsache, dass er keines hat, ärgert ihn.»

Seinen Wählern ist das natürlich egal. Überhaupt ist Bildung eher hinderlich bei der Ausübung der Macht alla turca – sie könnte nachdenklich machen, lästige Skrupel erzeugen, zu falschen Rücksichten verführen. Und da, wo der Diktator Fachwissen braucht, kauft er es sich. Bei den Wählern punktet Erdoğan anders. Etwa mit geschickt dosierten Bildern aus seinem Familienleben. «Ehefrau Emine *Hanım* trägt sogar im Palast Kopftuch», plaudert der ehemalige Berater aus, «in Erdoğans Umfeld goutiert man die sittsame Zurückhaltung der First Lady.» Zwei Söhne und zwei Töchter hat sie großgezogen und hält sich meist im Hintergrund. Nur für ihren Hang zum Luxus erntet sie bisweilen Spott bei den Untertanen des Ehegatten. «Erdoğans streng-islamische Eltern wünschten sich für ihren Tayyip eine voll verschleierte Braut», sagt der Freund, «das weiß in der Türkei mittlerweile jedes Kind». Da das aber zu der damaligen Zeit Tayyips politische Karriere behindert hätte, sei Emine doch die bessere Wahl gewesen.

Aus seinem Umfeld ist zu erfahren, Emine Erdoğan mische sich nie in Staats- oder sonstige Geschäfte ein. Auch in Sachen Gleichberechtigung sei die First Lady auf der Linie ihres Gatten und derjenigen früherer Herrscher in der Türkei. So machte sie sich 2016 bei westlich orientierten Türkinnen der «anderen Hälfte» zum Gespött, als sie bei einer Rede vor Frauen von der osmanischen Vergangenheit und dem Harem als «Schule für junge Mädchen» schwelgte: «Diejenigen unserer Mütter, die sich die Haremsmütter zum Vorbild nahmen, sind die besseren Mütter!» Ihre vier Kinder, die Söhne Burak und Necmettin-Bilal sowie die Töchter Esra und Sümeyye, hat Haremsmutter Erdoğan ebenfalls zu frommen Moslems erzogen. Den Rest der Erziehung besorgten die neuen Verhältnisse, als mit zunehmender Macht auch der Wohlstand über die Familie hereinbrach (mittlerweile sollen es mehrere Milliarden Dollar sein, gebunkert auf Schweizer und arabischen Konten).

Burak, Jahrgang 1979, der Erstgeborene, gilt als der «Problem-Prinz» des Sultans, der im Gegensatz zum Zweitgeborenen auch zu Familienfesten selten gebeten ist. Dass der Vater ihn ungern vorzeigt, liegt, so erzählt man sich auf Istanbuler Partys ebenso wie in den Teehäusern auf dem Lande, daran, dass Burak ihm während seiner Zeit als Bürgermeister «auf die Nerven gegangen» sei. Am 11. Mai 1998 hatte Burak Erdoğan die Musikerin Sevim Tanürek mit dem Auto überfahren, zudem Fahrerflucht begangen und war nur im Besitz eines gefälschten Führerscheins. «Es musste also ein Verkehrsgutachter gefunden werden, der den Sohn des Bürgermeisters vor Gericht entlastete, wo dieser wegen fahrlässiger Tötung angeklagt war», dies zudem in Abwesenheit, denn Burak war wegen des «dringenden Besuchs eines Sprachkursus in London leider am Erscheinen vor Gericht verhindert». Ein williger Sachverständiger wurde beschafft, sein Gutachten fiel zur Zufriedenheit des Bürgermeisters aus, indem es den prominenten Todesfahrer entlastete und kurzerhand die Fußgängerin, die an ihren Verletzungen verstorben war, für «schuldig an dem Unfall» erklärte. Nachdem Gras über «die dumme Sache» gewachsen war, zeigte sich Erdoğan erkenntlich und sorgte später als Ministerpräsident persönlich dafür, dass der Gutachter ein Pöstchen als zweiter Geschäftsführer der staatlichen türkischen Schifffahrtsgesellschaft erhielt. Burak Erdoğan wurde nie verurteilt. Später stieg er groß ins Seefrachtgeschäft ein. An seiner Seite stand zunächst noch Großreeder Mecit Çetinkaya. Inzwischen sollen Burak Erdoğan 99 Prozent der MB-Reederei gehören. Bis heute gilt er als «abgetaucht», sein Vermögen wird indes auf 80 Millionen Dollar geschätzt.

Überhaupt gehören sein eigenes und das Privatvermögen seiner Söhne und Schwiegersöhne zu Erdoğans bestgehüteten

Geheimnissen. Korruptionsvorwürfe und Berichte über anfangs lukrative Beteiligungen an Firmen – vor allem den sogenannten anatolisch-muslimischen Tigern – begleiten ihn schon lange. Nachgewiesen wurde ihm und seiner Familie die Annahme von Bestechungsmillionen bisher nur deshalb nicht, weil zahlreiche diesbezügliche Ermittlungen der Behörden jeweils rechtzeitig durch Entlassung oder Versetzung der Polizisten und Staatsanwälte in die Provinz oder deren Entfernung aus dem Staatsdienst niedergeschlagen wurden. Wie die Familie Erdoğan an ihr immenses privates Vermögen gelangte, ist ein Staatsgeheimnis der Türkei, das, wenn überhaupt je, wohl erst gelüftet werden wird, wenn seine Ära zu Ende geht, wie die der Ben Alis, Mubaraks und anderer korrupter Despoten der neueren Geschichte.

Die Geschäfte, zumeist Staatsaufträge im boomenden Bausektor gegen Cash in die Hand, liefen diskret ab und waren so lange nur hinter vorgehaltener Hand Gesprächsthema, bis im Dezember 2013, ein halbes Jahr nach Gezi, plötzlich eine Reihe kompromittierender Telefonmitschnitte auf Youtube hochgeladen wurden, die Erdoğan, seine Familie, einige seiner Minister nebst Familien, Unternehmer und die Partei schwer belasteten. In mehreren dieser Mitschnitte ist Erdoğan zu hören, wie er seinen Sohn, einmal morgens um acht mit noch verschlafen klingender Stimme, dann nochmal mittags und ein drittes Mal nachmittags, anweist, große Summen Bargeld aus dem Haus zu schaffen, und dieser nach teilweise vollbrachter Arbeit dem Vater später am Tag meldet, jetzt seien nur noch 30 Millionen Euro im Safe, die er lieber nach Einbruch der Dunkelheit wegschaffen wolle.

Erdoğan beharrt darauf, die Mitschnitte («*Salam Aleikum,* mein Sohn, hör mir jetzt gut zu … Da läuft eine Operation wegen Bestechungsgeldern … Lass das heute noch verschwinden … hast du verstanden …sind beide Seiten geleert? …du weißt schon …») seien Fälschungen, montiert von «Kreisen paralleler Strukturen» im Land – so bezeichnet er die Phalanx der Gülen-Bewegung, vor der er noch mehr Angst hat als vor allen Kurden und allen Gezi-Park-Demonstranten zusammen. Aber selbst wenn die minutenlangen Gespräche zwischen ihm und seinem Sohn Bilal nichts als höchstprofessionelle Tonmontagen wären, so sind da immer noch zahlreiche weitere veröffentlichte Mitschnitte, an deren Echtheit kein Zweifel besteht, deren Echtheit Erdoğan auch selber zugibt – auch die kompromittierenden Hinweise darauf, dass die AKP im Stil einer Mafia alla turca ihre Bauprojekte nur an Loyalisten und nur gegen Cash erteilt.

Die Hochzeitsparty für den heute ebenfalls durch Korruptionsgerüchte schwer angeschlagenen Sohn Bilal geriet zur protzigsten Inszenierung von Neureichtum, die *Islam Bol* jemals gesehen hat, und könnte inklusive ihrer Zutaten aus einem modernen Remake alla turca des «Paten» stammen: 7000 geladene Gäste, ein «Ehrentrauzeuge» in Gestalt von *good fella* Silvio Berlusconi, der sich prompt danebenbenimmt, indem er der verschreckten Braut Reyyan, 17, versucht, die Hand zu küssen. Galant daneben – jedenfalls in der Türkei, wo der Handkuss, bei dem die Hand an Mund und Stirn geführt wird, Eltern und Großeltern vorbehalten ist. Dass ein Mann einer Frau, oder, schlimmer, ein Ungläubiger einer jungen streng-moslemischen Braut die Hand küsst, wie ein europäischer Aristokrat oder Großbürger, gilt als *ayip* – ein No-go in der Türkei.

Während die Hochzeitsgesellschaft tafelte und – streng nach Geschlechtern getrennt – tanzte, soll Pate Tayyip ein Stockwerk drüber dankend Huldigungen und Bargeldgeschenke von Geschäftsleuten und Unternehmern aus dem anatolischen Kayseri in Empfang genommen und einem bis dahin nicht durch besondere Leistungen hervorgetretenen

Bauunternehmer empfohlen haben, sich schleunigst um einen Auftrag für den Bau eines Kraftwerks zu bewerben, weil er es nicht gerne sähe, dass die Firma, die sich bereits qualifiziert habe, diesen erhalte, «denn diese Firma ist nicht loyal».

Erdoğans Sprösslinge kamen immer wieder mal durch «dumme Geschichten» ins Gerede, doch über fehlende Protektion seitens des mächtigen *baba* brauchten sie sich ebenso wenig beklagen wie über die Ausbildung, die dieser ihnen angedeihen ließ. Alle vier sind deshalb erheblich gebildeter als der Baba. Necmettin Bilal etwa, der Zweitgeborene, durfte in Harvard Wirtschaft studieren und bei der Weltbank in Washington Erfahrungen sammeln. Heute spielt er in der Heimat eine ebenso wichtige wie dubiose Rolle als Vorsitzender einer islamisch-konservativen «Stiftung für Erziehung und Jugend». Unternehmer, die gern einen der milliardenschweren Staatsaufträge ergattern wollen, die Erdoğan den «nicht loyalen Firmen» entzieht, tun gut daran, ihre Spenden in ebendiese Stiftung fließen zu lassen.

Auch Tochter Sümeyye verheiratete der Vater mit einem gewinnbringenden jungen Mann – Selçuk Bayraktar ist Unternehmer in der Rüstungsbranche, sein Familienunternehmen «Baykar» erhielt kürzlich den Zuschlag, Drohnen für die türkischen Streitkräfte zu produzieren. Aber nicht nur für diese. Auch für die Ausrüstung einer paramilitärischen AKP-Schutzstaffel mit dem Namen «Türken, Bleibt Brüder!», die auf persönliche Anordnung des Präsidenten ein Netz speziell trainierter Parteimitglieder (offiziell gegen eventuelle erneute Putschversuche) bewaffnet, soll Baykar den Zuschlag für die Lieferung von Drohnen erhalten haben. Den Auftrag, die geheimnisvolle Miliz aufzubauen, erhielt, was Wunder, «ein Verwandter Erdoğans», wie die Zeitung «Cumhuriyet» im Februar 2017 meldete.

Wie der Präsident eines Nato-Partners, stets unter dem

Deckmäntelchen des koranfesten Moslems und Staatsmannes, im Stil eines Mafia-Paten sich und seinen Clan durch krumme, stets irgendwie legalisierte Arrangements vor den Augen der Welt mit Geld und Macht eingedeckt hat, ist Gesprächsstoff in den Vorstandsetagen internationaler Investoren und den Ausschuss-Sitzungen ausländischer Regierungen ebenso wie hinter vorgehaltener Hand in den Caféhäusern und *hamams* der Türkei. Stören tut sich daran etwa die Hälfte seines Volks. Die andere Hälfte ignoriert die kriminellen Machenschaften ihres Führer-Clans entweder oder sanktioniert diese bisher mit Achselzucken. Erst seit dem Putschversuch von 2016 und den darauf folgenden Übergriffen der Regierung, die die Wirtschaftskraft der Türkei dramatisch einbrechen ließen, machen sich auch in den Kreisen der Investoren weltweit Sorge und Unwille bemerkbar.

Über die aus rechtsstaatlicher Sicht grenzenlose Unverfrorenheit einer Clique, die sich in dem Maße selber bereichert wie sie ihre Umgebung herunterwirtschaftet, zu lesen, zu hören und sie zu erleben, verlangt immer wieder danach, sich den Aufstieg des *Süper-Kickers* aus Kasımpaşa zum bis an die Zähne bewaffneten *Süper Sultan* im Palast zu vergegenwärtigen. Ja, man kann die Geschichte wie eine Mafia-Story erzählen oder eben wie ein modernes Cäsarendrama.

Noch im Jahr unseres Gesprächs am Rande der Bosporus-Party nahm der Bürgermeister Erdoğan, ein Fundi, der erfolgreich den Realo gab, zum ersten Mal am Weltwirtschaftsforum in Davos teil. Begleitet wurde er von einem anderen Fundi, der sich ebenfalls als Realo ausgab: Abdullah Gül, damals Mitglied des Auswärtigen Ausschusses in Ankara. Gül hatte in England studiert, weshalb er im Gegensatz zum Bürgermeister Englisch konnte.

Heute nicht mehr vorstellbar, dass damals beide, jeder an seinem Platz, für eine durchaus als fortschrittlich empfundene

Politik standen. Ihr wichtigstes Nahziel: die Macht der als reaktionär und elitär empfundenen kemalistischen Generäle in den Kasernen zu brechen, die dreimal – 1960, 1971 und 1980 durch Staatsstreich – eine Regierung zu Fall gebracht hatten, die knurrend und murrend aus ihren Kasernen heraus misstrauisch die islamistischen Untertöne bei den neuen Machthabern, den Refah-Leuten, vernahmen. Zum letzten Mal, 1997, kurz nach unserem Kennenlernen und unserer Tour d'horizon der unterschiedlichen Ansichten am Bosporus, hatten die Offiziere die Regierung des Islamisten Erbakan durch warnendes Knurren zum Aufgeben gezwungen. Statt offen zu putschen wie ihre Vorgänger, zogen die Generäle in ihren olivgrünen Uniformen, den Sonnenbrillen und goldbetressten Mützen, die Fäden diskreter und zwangen Erbakans damalige Koalitionpartnerin Tansu Çiller durch bloßes Androhen eines Coup d'État, die Koalition aufzukündigen. Danach setzten sie ein Verbotsverfahren gegen die Refah-Partei und ein Politikverbot für Erbakan durch. Nie wieder sollte es zu einem neuen Menderes kommen. Religion, so die felsenfeste Überzeugung des traditionell kemalistischen Militärs, ist als gesellschaftlicher Kitt ungeeignet, gestrig, soll allenfalls Privatsache bleiben, hat jedenfalls nichts in der Führung zu suchen, und ist deshalb abzulehnen und zu verhindern.

Daraufhin überschlugen sich die Ereignisse auch für den durch seine bisherige Fortüne vor Selbstbewusstsein strotzenden, offen islamistischen Bürgermeister. Der hatte im Dezember 1997 auf einer Wahlveranstaltung eine inzwischen berühmte Rede gehalten, in der er einen religiösen Vers von Ziya Gökalp deklamierte und damit verdeutlichte, dass er gegen das Militär und für eine Islamisierung des Staates stand. 1998 musste er deshalb seinen Posten räumen und wurde zu 10 Monaten Gefängnis verurteilt.

Bevor Erdoğan ein Jahr nach dem Urteil in die Haftanstalt

einrückte, präsentierte er sich noch einmal als kämpferischer Märtyrer, empörte sich über die Militärjustiz, die «verkrusteten Eliten», gegen die er auch in Istanbul nichts hatte ausrichten können und – ausgerechnet – über die «staatlich befohlene Justiz»: «In einer Stadt, in der High-Society-Gehabe herrscht», polterte er, «werde ich verurteilt, weil ich ein Gedicht zitiert habe. Ich stelle fest: Die Justiz in diesem Land ist nicht unabhängig!»

Ich hatte ihm damals selber mit gemischten Gefühlen zugehört. Erdoğan war in vielerlei Hinsicht ein erfolgreicher Bürgermeister, ja, nach Ansicht vieler der effizienteste, den die Stadt je gehabt hatte. High-Society-Gehabe? *Evet* – ja. Da hatte der Parvenü-Bürgermeister gar nicht so unrecht, so war Istanbul durchaus. Augenzwinkernd, hinter der Hand geflüsterte Überheblichkeiten hatte er nicht wegfegen können wie den Müll in den Gassen, die Huren in Karaköy und die Paria-Hunde in den Parks. Aber die inkriminierte Dezember-Rede, der Gökalp-Vers und die darin enthaltene überdeutliche politische Willensäußerung hatten mich ebenso erschreckt wie viele Istanbuler, mit denen ich zu tun hatte, ob High-Society in ihren 10-Zimmer-Appartemens in Nişantaşı, den Parkvillen in Ortaköy und Yeniköy oder Künstler in ihren Ateliers in Cihangir – und wohl auch die Richter des Staatssicherheitsgerichts, die ihn daraufhin wegen «religiöser Volksverhetzung» verurteilten: «Die Moscheen sind unsere Kasernen, die Minarette unsere Bajonette, die Kuppeln unsere Helme und die Gläubigen unsere Soldaten!» Erdoğan habe damit «gegen die säkulare Staatsordnung, die Trennung von Staat und Religion, verstoßen», so das Gericht, das in Erdoğan die «Speerspitze einer radikalen, islamischen Bewegung in der türkischen Politik» sah. Adnan Menderes ließ grüßen ...

Hatte 1960 eine sehr ähnlich lautende Anklage zu unerbittlichen Konsequenzen für den Ministerpräsidenten und seine Entourage geführt, setzte es 1998 nur ein paar Monate Gefängnis unter erleichterten Bedingungen und ein Politikverbot, das später wieder rückgängig gemacht wurde.

Freunde in Istanbul und in anderen Großstädten fragten sich damals: «War die Militärjustiz 1960 progressiver? Sah sie Gefahren klarer und schneller und schlug deshalb effizienter zu? Oder lag es 1998 an der Gesamtstimmung im Lande außerhalb der Großstädte, möglicherweise flankiert von anderslautenden Willenserklärungen verbündeter Geheimdienste, dass Erdoğan nicht schon damals gestoppt wurde? War das verglichen mit dem Todesurteil gegen Menderes milde Verdikt gegen Erdoğan nur ein frühes Zeichen für das schleichende Resignieren der Geschichte vor dem Unabwendbaren? Sind die Islamisierung der Türkei und der große Sprung zurück zu alter prä-kemalistischer Sultansherrlichkeit nicht mehr aufzuhalten? Hätte sich das Rad auch ohne einen Erdoğan zurück ins Zeitalter islamisch-türkischer Großmacht gedreht? Macht ein Erdoğan Geschichte, oder brauchte die Geschichte einen Erdoğan? Berechtigte Fragen – aus heutiger Sicht. Aber die Geschichte brauchte noch einige Jahre, bis es so kam.

☪

In der Haftanstalt, so glauben heute viele, die ihn aus der Zeit kennen, muss sich die Wandlung Erdoğans «von einem kompetenten Bürgermeister in eine nationale Führungsfigur vollzogen» haben. Von seinen Anhängern als Märtyrer gesehen, und im Status eines privilegierten Häftlings, durfte er dort nämlich islamistische türkische Gesinnungsgenossen empfangen, die er in seiner Zeit als Bürgermeister um sich geschart hatte. Diese Zusammenkünfte rund um einen schlichten Tisch im Besuchsraum des Knastes nutzte er, um ein Programm für eine neue Partei zu entwerfen und festzuklopfen, die *Adalet ve Kalkınma Partisi* (AKP) – «Partei für Gerechtigkeit und Aufschwung (oder »Entwicklung» bzw. «Fortschritt») heißen sollte und wenig später das Land und die Region erst verändern, dann ins Unglück stürzen sollte. Die Agenda enthielt – oh Wunder – plötzlich keine Spur mehr von Scharia, dafür so vertrauenerweckende Punkte wie Stärkung der Gewerkschaften, Aussöhnung mit den Kurden sowie die Heranführung der Türkei an die Europäische Union.

Als es dann im August 2001 so weit war, stellte sich der Ex-Häftling Erdoğan, der seinem lebenslangen Politikverbot nur durch eine fragwürdige Gesetzesänderung entgangen war, als Gründer und Chef einer Partei vor, die offiziell aller bisherigen religiösen Programmatik abschwor und sich stattdessen nur mehr als eine rechtskonservative Bewegung definierte. Diese Agenda entsprach weder seinen eigenen noch den Überzeugungen seiner Besucher im Knast und späteren Verbündeten – sie war zumindest in dieser Hinsicht eine Finte, gleichzeitig eine Vorsichtsmaßnahme und eine Reaktion auf die Niederlage der Erbakan-Regierung. Das Militär, der traditionelle und damals noch mächtige Hüter der säkularen Republik, sollte nicht erneut zum Einschreiten provoziert werden.

In den ersten Jahren an der Regierung hielten sich Erdoğan und Gül auch an diesen Vorsatz und setzten tatsächlich ehrgeizige Reformen um, seit sie Anfang der 2000er Jahre, der eine als Ministerpräsident, der andere als Staatspräsident, die Geschicke der Türkei zu lenken begannen. Sogar mit dem inhaftierten PKK-Anführer Abdullah Öcalan führten sie Gespräche und gestatteten kurz darauf – ein Novum in der türkischen Geschichte seit Atatürk – sogar den kurdischstämmigen Türken den Gebrauch ihrer Sprache in der Öffentlichkeit. Die bis dahin landauf landab in den türkischen Polizeistationen übliche Folter und schließlich, 2004, sogar die Todesstrafe schafften sie ab. Nachdem sie sich auch grundsätzlich bereit erklärten, der Teilung Zyperns ein Ende zu setzen, schien der Aufnahme von Beitrittsverhandlungen zur Europäischen Union 2005 nichts mehr im Wege zu stehen.

Vor allem aber gelang Erdoğan in diesen Jahren ein nie zuvor gekanntes wirtschaftliches Wachstum, dessen atemberaubendes Tempo bei den nahöstlichen Nachbarn Neid und Bewunderung erregte und in Europa eine trügerische Zuversicht zur Folge hatte, dazu eine Art *Obama-Care* alla turca, die allen Bürgern gleichermaßen Zugang zu Krankenversicherung und -versorgung garantierte, sowie ein soziales Wohnungsbauprogramm, das Arbeits- und Mittellosen ein Dach überm Kopf garantierte und diese unter bestimmten Umständen sogar für niedrige Monatsraten zu Eigentümern ihrer Wohnungen in den Trabantenstädten machte.

Das waren Jahre, in denen man auch in den fernsten Winkeln der Türkei ein Aufatmen und die tiefe Dankbarkeit der «kleinen Leute» verspürte, die plötzlich glaubten, auf eine Zukunft hoffen zu dürfen – und auch die gebildeten und wohlhabenderen Schichten witterten Morgenluft und spekulierten auf eine für alle Seiten gewinnbringende Annäherung an Europa. Erdoğan schien sich gemausert zu haben – vom wehrhaften Straßenverkäufer und frommen Koranschüler zum pragmatischen City-Manager, vom Märtyrer im Gefängnis zum progressiven Reformer.

Aber die Geschichte hatte mehr vor mit Recep Tayyip Erdoğan. Ich flog in dieser Zeit mehrmals im Jahr nach Istanbul, drehte dort Künstler- und Unternehmerporträts und bereiste auch die Schwarzmeerküste, die türkische Riviera und Städte Zentralanatoliens. Ich begab mich auf manche Zeitreise in meine Kindheit, indem ich alte Freunde wiederfand und aufsuchte, und ihnen abends zuhörte, wenn sie über türkische Innen- und Außenpolitik räsonierten.

Ich sah Freunden wie Esat Edin dabei zu, wie sie mit günstigen Krediten und der Unterstützung von ausländischen Investoren, die sich plötzlich um die Türkei rissen, ganze neue Stadtteile schufen, berichtete darüber, wie Firmen aus der Provinz plötzlich große Staatsaufträge erhielten, wie zentral- und ostanatolische Provinznester quasi über Nacht ihren eigenen Flughafen bekamen. Die wurden dann mit Personal besetzt, das mangels Qualifikation zu früheren Zeiten keine Stelle im Management, oder als Controller, bei *Operations* oder der Flugwetterwarte bekommen hätten. Auch an nagelneuen Schreibtischen nagelneuer Landratsämter und Provinzbehörden nahmen plötzlich schlecht oder gar nicht geschulte Beamte Platz, die sich eher durch Loyalität qualifiziert hatten als durch Ausbildung und Professionalität. Dass diese Leute der AKP bedingungslos loyal blieben, verstand sich von selbst – hätten sie doch ihre Posten unter einer anderen Regierung wieder räumen müssen, erst recht unter EU-Aufsicht. Wenn Erdoğan fällt, so die Angst auch kritischer Wähler, dann zerreist auch das Netz und dann stünde ihr Einkommen auf dem Spiel.

Auf die Dauer kann das Loyalitätssystem da, wo berufliche Qualifikation gefordert ist, nicht funktionieren. Die Administration des neuen Sultanats Erdoğanistan muss schon deshalb irgendwann kollabieren – erst recht, weil durch die «Säuberungen» seit 2016 noch einmal knapp hunderttausend dieser Posten eilig neu besetzt werden mussten oder eben mangels Personal nicht besetzt werden können. Das alles sah die Welt Anfang der 2000er Jahre nicht kommen. Bundeskanzler Schröder würdigte seinen türkischen Kollegen 2004 «für herausragende staatsmännische Leistungen als Europäer des Jahres» und nannte ihn «mein Freund Erdoğan» – eine Geste, die ich damals als lange nicht so deplatziert empfand wie das Prädikat «lupenreiner Demokrat», mit dem der SPD-Kanzler im selben Jahr Wladimir Putin ehrte.

«Unser Land macht gerade einen Wandel durch, den keiner von uns erwartet hätte», schwärmte die Architektin Barbra, eine Freundin aus Kindheitstagen, ebenso wie ich mit deutscher Mutter und türkischem Vater in Istanbul aufgewachsen. «Gestern lebte ich noch in einem Krisenland, morgen sind wir Regionalmacht!»

«Dieser Erdoğan scheint gar nicht mehr so religiös-fundamentalistisch zu denken wie vor und während seiner Zeit als unser Bürgermeister, der uns sogenannte ‹Eliten› hasste. Jetzt ist er doch ein durchaus demokratischer Reformer, der unsere Schulden wegputzt. Und die Armut der «schwarzen Türken» in Anatolien scheint er auch im Griff zu haben – pass auf, morgen habt ihr keine Gastarbeiter mehr in Deutschland, die kommen alle zurück!» Erdoğan der Wirtschaftswundermann, der Friedensstifter mit den Kurden, der es mit allen Nachbarstaaten irgendwie hinbekommt. Auch dass seine AKP in den ersten Jahren die Macht der Offiziere bändigte, war aus den Augen weltoffener, nach Europa gerichteter Türken zunächst durchaus begrüßt worden, wenn auch die Methoden im Folgenden eher einem Mafia-Krieg ähneln sollten als einem fairen politischen Prozess.

Dass sich die inneren Auseinandersetzungen in der Türkei verschärften, hatte indirekt aber auch mit der «privilegierten Partnerschaft» zu tun, mit der die Nachfolgerin des Männerfreundes Gerhard Schröder, die Christdemokratin Angela Merkel, die Türkei abzuspeisen gedachte, so wie zuvor schon Helmut Kohl, statt ihren EU-Beitritt weiter zu unterstützen wie der Vorgänger Schröder. Ja, Erdoğan wollte durchaus in die EU. Und ab 2005 fühlte er sich düpiert von der erneuten immer wieder kühl und unbeirrbar wiederholten Ablehnung. Offensichtlich aber war, dass er und seine Berater sich Illusionen darüber machten, mit welchen Bedingungen, Regeln und Konsequenzen es verbunden sein würde, Mitglied der Europäischen Union zu sein. Als er begriff, dass sich Brüssel dann auch in seine Innenpolitik einmischen, auf die Einhaltung der Kopenhagener Kriterien bestehen, Normen und Regularien durchsetzen würde, die für einen autokratischen Moslem nicht akzeptabel sein können, entschloss sich Erdoğan zum Rückzieher – nicht ohne den Beleidigten zu markieren.

«Er war hinter Europa her gewesen wie ein verschmähter Freier hinter der begehrten Braut», so sah das der Freund, bei dem ich Erdoğan begegnet war. «Er war ganz verrückt nach Europa, was wohl auch damit zu tun hatte, dass er selber als Parvenu von den europäisierten Türken im eigenen Land, in der Stadt, die er saniert hatte, partout nicht ernst genommen wurde – so wenig wie sein Land von den Europäern». Fühlte sich da also eine ganze Nation beleidigt, zurückgestoßen? Schrien da 75 Millionen Muslime nach Anerkennung? Vielleicht um Hilfe? Oder eben doch nur die eine Hälfte? War das nicht die Hälfte, die Europa nicht wollte, weil die andere Europa gar nicht brauchte, im Gegenteil selber imstande war, ein Europa am Bosporus zu bilden? Aber eben nur am Bosporus, der Stadt, die schon in grauer Vorzeit europäischer war als große Teile Europas? Wie weit reichte die vermeintliche Demütigung durch Ablehnung? «Nun», so erklärte es mir 2007 der Freund, «die eine Hälfte ist gefühlt schon längst in Europa, benimmt sich so, redet, isst und trinkt so. Die andere Hälfte nicht. Und diese gehört – pardon – auch nicht nach Europa, heute weniger denn je, und daraus wird auch nichts mehr …»

2017, zehn Jahre nach diesem Gespräch, über zwanzig Jahre nachdem er mich dem Bürgermeister vorgestellt hatte, ergänzt der Freund seinen Satz von damals: «… und das hat mit Islamisierung zu tun, mit Stallgeruch, und neuerdings leider auch mit Empfänglichkeit der Islamisierten für Faschismus und Diktatur. Diese Hälfte repräsentiert Erdoğan nicht nur – er hat sie mitgeschaffen. Und diese Hälfte ist unter den Türkischstämmigen bei euch in Deutschland derzeit überrepräsentiert. Die Frage der Akzeptanz des Freiers Türkei bei der Braut Europa gleicht also einer Quadratur des Kreises. Sie ist ein sich ständig um sich selbst drehender Antagonismus. Unlösbar.»

Mit den Jahren musste Erdoğan zusehen, wie nach und nach Rumänien, Bulgarien, Ungarn, Polen in die EU aufgenommen wurden, «und er war düpiert, als ihm vor allem die deutschen und französischen Regierungschefs deutlich machten, dass er nicht erwünscht sei, jedenfalls nicht so wie sein Land dastand. «Mit der real existierenden EU und ihren Anforderungen wäre Erdoğan nie und nimmer zurechtgekommen. Unser vermeintlicher Hoffnungsträger mit allen seinen Schattenseiten in der EU – das wäre schief gegangen. Der Mann ist machthungrig und hegt tiefes Misstrauen gegenüber anderen. Es war also nicht so sehr das Land, das für die Braut Europa unattraktiv war, sondern eher sein Repräsentant und dessen Entourage!»

Misstrauen hegte Erdoğans Entourage in jener Zeit vor allem gegenüber dem Militär, das bis dahin irgendwie doch immer ein, wenn auch in seinem Stil anachronistischer Garant einer Nähe zu Europa und Nato gewesen war, strikt gegen Islamisierung und Wegdriften des Schiffs *Türkiye* Richtung Osten. Dessen Generalstab drohte 2007 erneut mit einem Putsch, weil der Ministerpräsident auf dem Weg sei, die Türkei zu islamisieren. Das Verfassungsgericht, forderten die Generäle, solle seine Partei endgültig verbieten. Aber das Verbotsverfahren scheiterte knapp, Erdoğan blieb an der Macht. Das Militär hatte stillgehalten, statt zu putschen – und damit das ewige türkische Machtspiel endgültig verloren.

Erdoğan reagierte wie ein Büffel, der erkennt, dass die Jäger ihr Pulver verschossen haben: Rasend vor Wut, zielstrebig und mit den fiesesten Methoden ging er zum Gegenangriff über. Die alte Angst aller bisherigen Regierungen vor einem

Eingreifen des Militärs war plötzlich Vergangenheit. Jetzt war seine Chance da, seine Macht festzuklopfen. Er griff unerbittlich durch und ließ Hunderte politische Gegner kaltstellen oder verhaften – so wie es früher die Militärs gehalten hatten, wenn sie eingriffen. Der Öffentlichkeit gegenüber rechtfertigte er sein Vorgehen, indem er das Misstrauen der Menschen gegenüber einem erneuten Regime aus den Kasernen, den Erinnerungen an die unangenehmen Folgen vergangener Putsche instrumentalisierte.

Die sogenannten Ergenecon-Prozesse, absurde Verfahren mit manipulierten Putschvorwürfen und Schauprozessen gegen die Generalität, in denen Beweise fingiert und massenhaft Personal aus mittleren und höchsten Rängen vom Dienst suspendiert wurde, zogen sich über Jahre hin. Schon ließ die Regierung in der Türkei rechtsstaatliche Prinzipien aushebeln. Die Reformphase, die so viele Hoffnungen gesät hatte, der kurze «türkische Frühling», begann zu kollabieren.

Mit jedem Wahlsieg wurde der Mann, der die Beitrittskandidatur der Türkei auch dazu eingesetzt hatte, mit der Sympathie der EU die Macht des Militärs – immerhin bis dahin Garant des säkularen Staats – zu brechen, autoritärer, ließ bürgerliche Proteste niederknüppeln und damals schon Kritiker aus den Universitäten, Redaktionen, Verlagen, Ämtern und aus dem Parlament verhaften, ohne sie kompetent ersetzen zu können. Gleichzeitig begann er längst überkommen geglaubte islamistische Lebensregeln durchzusetzen. Eben noch als neuer Reformer gelobt, wurde Erdoğan, nachdem er in den Ergenecon-Prozessen das militärische Korrektiv erfolgreich ausgeschaltet hatte, zum Diktator, eben noch als Hoffnungsträger geehrt, zum Risiko für die gesamte Region.

Wie er die Türkei, beflügelt durch die Begeisterung der «kleinen Leute», islamisierte, die Meinungsfreiheit noch radikaler unterdrückte, als es sich die Militärs nach ihren Putschen getraut hatten, das Verfassungsgericht missachtete und die Opposition ausschaltete, etwa indem er die Immunität eines Viertels der Abgeordneten aufhob, erinnerte mich und meine älteren Freunde zunehmend an Adnan Menderes und läutete schon damals den Absturz ein, dem die Türken heute zusehen müssen.

Ich war dabei, als Erdoğan sich nach einer Rede von 15 000 Jubeltürken verabschiedete und dabei – wie es hieß zum ersten Mal – die Hand zum Vier-Finger-Gruß, dem Geheimzeichen der Muslimbrüder, hob und dazu ins Mikrophon brüllte: «Wartet! Unsere Mission beginnt erst!» Hatte Erdoğan alle getäuscht? Hatte er nicht schon als Bürgermeister, die EU einen «Christenverein, in der wir nichts verloren haben», genannt? Und nicht lange nach unserem Gespräch, 1998, immer noch Bürgermeister von Istanbul, jenen mittlerweile legendären Satz deklamiert, der sein Programm vorzeichnen sollte: «Die Demokratie ist nur der Zug, auf den wir aufspringen, bis wir am Ziel sind.» War er jetzt «am Ziel», seine Endstation Sehnsucht erreicht, war jetzt, da die Bajonette in den Kasernen des Militärs entschärft waren, die Zeit der Minarette angebrochen?

Bei meinen beruflichen und privaten Besuchen in meiner Heimatstadt zwischen 1996 und 2013 habe ich den Menschen zugehört, die Erdoğans Werdegang und seine Wandlung hautnah verfolgten oder zu spüren bekamen. Erdoğan, der Populist, selbstgerecht und dominant, zugleich ständig beleidigt und nachtragend, der den Menschenschlag, der in der Türkei – wie in jedem Land der Welt – die große Mehrheit bildet, für sich einnehmen konnte: Die sogenannten kleinen Leute, oder «schwarzen Türken» identifizierten sich mit ihm wie mit keinem Politiker zuvor – schon gar nicht ihre Väter mit dem nicht weniger draufgängerischen aber im Gegensatz zu Erdoğan eleganten, gebildeten Mustafa Kemal Atatürk, der weder korrupt noch humorlos war, dafür aber den Frauen und dem Alkohol nicht abgeneigt und allein dadurch schon dem gemeinen Volk entrückt.

Der Revolutionär aus Saloniki prägte die Stimmung in dem Land, das er mal hart verhandelnd, mal mit der Waffe in der Hand von allen nur denkbaren inneren und äußeren Feinden befreit, das er buchstäblich vor der Bedeutungslosigkeit bewahrt hatte, wie ein Showmaster, der das Publikum mit seiner Flamboyanz ansteckt. Ein Meister der Dramaturgie, der das Tempo seiner Reformen variieren, die Langzeitwirkung seiner Lehren schließlich aber nicht mehr kontrollieren oder garantieren konnte, als sein Ende nahte. Die Nachfolger waren Bewunderer, aber keiner reichte an Überzeugungskraft und Charisma an ihn heran, keiner konnte sein Werk fortsetzen, trotz jahrzehntelanger Vergötterung, keiner etwa den Säkularismus wirklich in der Seele des anatolischen Volkes implementieren. Als Atatürk am 10. November 1938, gerade mal 57 Jahre alt, starb, hinterließ er ein unfertiges, nur in seinen Eliten und im Offizierscorps säkular und westlich geprägtes Land, zudem am Rande eines Kontinents, der ein knappes Jahr später in den Zweiten Weltkrieg stürzen sollte.

Mein Vater, Sohn eines der engsten Weggefährten Atatürks, selber Kemalist vom Scheitel bis zur Sohle, dessen Diplomaten-Karriere Atatürk persönlich protegiert und bisweilen sogar von langer Hand leicht korrigierend beeinflusst hatte, erinnerte sich an einen «Kemal Pascha, der aussah, als passe er in jede nur erdenkliche Heldenrolle eines Hollywoodfilms. Überall hätte der eine gute Figur gemacht – ob als wilder Reiter, abgeklärter Aristokrat oder strenger Guru. Immer tadellos gekleidet, gepflegte Hände, grüngraue Katzenaugen unter buschigen Augenbrauen, gern ein Gläschen in der Hand und bis zum letzten Tag, als er sich schon das Gesicht pudern lassen musste, um das Gelb seiner schleichenden Hepatitis zu verbergen, eine atemberaubende Frau an jedem Finger. Ich kehrte als junger Offizier mit 20 aus dem verlorenen Ersten Weltkrieg nach Istanbul heim und dachte mir, wenn du es schaffst, unter diesem launenhaften, blitzgescheiten Revolutionär zu arbeiten, dann schaffst du später alles!»

Der Mann, der ein Dreivierteljahrhundert später mir, dem Sohn des von Atatürk protegierten jungen Weltkriegsheimkehrers von 1919, auf einer Bosporus-Party zuraunte, er könne mich vielleicht mal brauchen, ist gewiss auch ein Autokrat – aber eher von Herrschsucht getrieben und alles andere als blitzgescheit. Erdoğan wird von Menschen, die ihn kennen, erstaunlich übereinstimmend als humorlos, ständig beleidigt, cholerisch und rachsüchtig wahrgenommen. Sein Auftreten «erinnert eher an einen gewaltbereiten Mafiaboss denn an einen Staatsmann oder gar eine Vaterfigur, als die er sich vor den Türken bei euch in Deutschland geriert und auch tatsächlich von vielen gesehen wird», sagte mir ein türkischer Ex-Diplomat und Freund aus Izmir. «Dass er im Gegensatz zu Kemal Atatürk keinen guten oder gar keinen Schneider zu haben scheint, ist zwar verwunderlich,– hat er doch heute schon mehr Privatvermögen gescheffelt als alle bisherigen türkischen Politiker zusammen – macht ihn ja noch nicht zu einem schlechten Menschen. Aber dass ihm jegliches Talent abgeht, seine Ansichten in internationalen Foren zivilisiert zu äußern, geschweige denn seine Ziele durch Geschick zu erreichen wie sein Vorbild, wird unser Land à la longue ruinieren.»

Beim Weltwirtschaftsforum 2009 in Davos fiel Erdoğan aus der Rolle, als er zunächst *«Wan minit, wan minit»* rief und dann zur Überraschung aller Anwesenden gegen seinen Vorredner Schimon Peres lospolterte: «Mit dem Töten kennt ihr euch aus. Wir wissen, wie ihr Kinder am Strand erschossen habt... Sie lassen mich nicht aussprechen ... Ich komme nie wieder hierher...», rief er schließlich und verließ wutschnaubend das Podium, auf dem neben Schimon Peres auch UNO-Generalsekretär Ban Ki Moon und der Generalsekretär der Arabischen Liga, Amir Mussa, saßen und sich wunderten. Er hatte sich darüber geärgert, dass Peres für seine Ausführungen mehr Redezeit zugebilligt worden war als ihm.

Für die eine Hälfte der Türken war dieser Auftritt so peinlich wie seine immer und immer wiedergekäuten Nazi-Vergleiche im Frühjahr und Sommer 2017 – die andere Hälfte, seine anatolischen Wähler, aber liebten und lieben ihn genau dafür. Dort, wo er auf Wahlkampftour war, wurde er frenetisch dafür gefeiert, dass er der ganzen Welt «zeigt, wo der Hammer hängt». Seine Wähler halten Poltern, Drohen und das wütende Behaupten alternativer Fakten für selbstbewusst und geben ihm schon allein deshalb ihre Stimme. Die Menschen in Anatolien unterstützen ihn und seine AKP aber auch, weil er ihnen und den Unternehmern aus den bis dahin unterprivilegierten Landesteilen Märkte öffnete, weil er große staatliche Unternehmen wie Türk Telecom, fast die gesamte Gas- und Ölindustrie, Häfen und Flughäfen privatisierte, den Arbeitsmarkt liberalisierte, den Banken- und Kreditsektor reformierte und dadurch ausländische Investoren ins Land lockte. Die pumpten in den Jahren 2003 bis 2012 insgesamt knapp 500 Milliarden Dollar in den türkischen Wirtschaftskreislauf – 12-mal so viel wie in den 20 Jahren zuvor, rechnete mir ein Freund vor, der als Banker der HypoVereinsbank (später Unicredit) in jenen Jahren alle paar Wochen im Istanbuler «Swiss Hotel» über Kredite für und Zusammenschlüsse mit der Iş-Bankası, der Yapı Kredi und anderen türkischen Großbanken verhandelte, und mich bisweilen mitnahm.

Seine Anhänger feierten Erdoğan bei seinen Reden beglückt und verklärt zugleich als Heilsbringer und Garanten für den neuen Wohlstand, er selber nutzte seine Beliebtheit, um sich als religiöser Hardliner zu präsentieren. «Abtreibung ist Mord!», predigte er immer wieder, »ob eine Mutter ihr Kind im Mutterleib oder danach tötet, macht keinen Unterschied.» Auch Erdoğans Geschichten aus der glorreichen Osmanenzeit mit ihren westwärts segelnden *müslüman kaptanlar* erfüllten die Wähler in Anatolien mit Stolz und Wehmut: «Schon im Jahre 1178, 300 Jahre vor Columbus, sind muslimische Seefahrer nach Amerika gelangt! Columbus selbst spricht von einer Moschee an der Küste Kubas – also?» Kritischen oder beißende ironischen Komentatoren dieser Sichtweise unterstellt er in Interviews und bei Reden gern ein «psychisches Problem». «Ich habe ein durch wissenschaftliche Forschung belegtes Faktum erwähnt, und werde von westlichen Medien und Fremden unter uns angegriffen, die an einem Ego-Komplex leiden», rief Erdoğan während eines Treffens der Organisation für Islamische Zusammenarbeit in Istanbul. Mit «Fremden» meint er gewöhnlich gebildete, westlich orientierte Türken: «Die wollen einfach nicht, dass wir Dinge hinterfragen».

Weder die ihm ständig diskret durch Mitarbeiter zugeraunten Korrekturen seiner «Hinterfragungen» fechten den Dauerwahlkämpfer an noch der Spott aus der Gesellschaft oder in den ausländischen Medien. Die heimischen hat er mittlerweile ebenso lahmgelegt wie alle anderen Kontrollmechanismen. «Interviews mit Journalisten, die jemals etwas Ironisches oder Kritisches über ihn geschrieben haben, mied Erdoğan schon damals und ignorierte sie, wenn er ihnen begegnete. Solche Journalisten durften fortan weder an seinen Reisen noch an Pressekonferenzen teilnehmen», weiß der Journalist Can Dündar. «Damals war die Strafe für kritische Berichterstattung der Ausschluss, heute ist es Gefängnis.» Dündar hat das als Chefredakteur der renommiertesten Tageszeitung des Landes «Cumhuriyet» am eigenen Leib erlebt, jahrelang, bis er inhaftiert wurde, wie – Stand Frühsommer 2017 – 160 Kollegen vor und nach ihm auch.

☪

Heute ist die Entfremdung zwischen den Nişantaşıs und Kasımpaşas, zwischen den Bewohnern der europa-orientierten, freiheitsliebenden, mutigen und den der fundamentalistisch geduckten Kopftuch- und Ohrfeigen-Viertel aggressiver als damals. Die Gegensätze zwischen den Religiösen und den Säkularen, den Autoritären und den Demokratischen haben sich verschärft. Das wechselseitige Tolerieren, das coole Nebeneinander der Istanbuler im großstädtischen Alltag ist Vergangenheit. Eine nie da gewesene politisch motivierte Aversion hat die gute Nachbarschaft vergiftet, fast schon in Gestalt einer Art Rassismus, wobei sie weder eine Frage von Rasse noch von Klasse ist, sondern eine Folge der Angst und des Misstrauens.

Istanbul, früher Konstantinopel, Byzanz, eigentlich ein Jahrtausende alter Schmelztiegel, in dem alles irgendwie klappte, weil alle wollten, dass es klappt, hat mit dem coolen, respektvollen Nebeneinander aber auch seinen frischen demokratischen Widerspruchsgeist verloren: den ersten, trügerischen Aufbruch, den man durchaus auch den Reformen des frühen Erdoğan zu verdanken hatte, vor allem aber den echten Aufbruch, den ihre große Bürgerinitiative gegen den späteren Erdoğan 2013 der Welt demonstriert hatte – für ein paar Tage der Hoffnung auf Wandel durch Solidarität.

Die Menschen, die 2013 noch zum Gezi-Park zogen und Protest, Party und Kunst zu einem klassenübergreifenden savoir-vivre machten, deren Mut und Inspiration auch die Zivilgesellschaft anderer türkischer Großstädte mitriss – sie sind nicht mehr da. Die aufmüpfigen Kinder der säkularen Ober- und Mittelschichten, die sich, motiviert vom Gezi-Park-Protest im Frühsommer 2013 zu Hunderttausenden überall im Land formiert hatten, sind heute noch in Haft oder eingeschüchtert. Die Hoffnungsträger haben verloren. In mehreren Gewaltorgien vertrieben, nicht nur von Erdoğans Polizei, sondern auch durch Massen fanatisierter, gewaltbereiter Jubeltürken und bezahlter Schlägertrupps aus Kasımpaşa & Co., bewaffnet mit Knüppeln und Döner-Messern.

Mit der Hoffnung auf eine demokratische, weltoffene Türkei blieb das auf der Strecke, wovon Schriftsteller und Reisende schwärmen, und was der französische Romancier, Offizier und Gentleman Pierre Loti Ende des 19. und Anfang des 20. Jahrhunderts mit «*Savoir-Vivre alla turca*» umschrieb, mit dem auch ich aufgewachsen bin, und das ich später in Spuren selbst noch unter den Türkischstämmigen in Deutschland vorfand. Menschen aus unterschiedlichen Milieus waren gut miteinander ausgekommen – auch und vor allem, weil die Menschen aus der Oberschicht sowohl Sprechweisen als auch Elemente aus den alten Bräuchen der Landbevölkerung annahmen und verwendeten, was in der türkischen Gesellschaft mit einem charmanten, klassenübergreifenden Respekt von «oben» nach «unten» zu tun hatte.

Der Großgrundbesitzer, der seinen älteren Landarbeiter *Abi* – «Großer Bruder» nennt, die Villenbesitzerin am Bosporusufer, die zu ihrer Köchin *Teyze* – «Tante» oder *Abla* – «Große Schwester» sagt, der *Beyefendi* (Gentleman) im feinen Zwirn, der den älteren Straßenarbeiter mit *Amca* oder *Baba* anspricht, der Student, der den Gendarm *Abi* nennt… Perdu – wie weggebügelt. Wie konnte sich diese entspannte, aus den Dörfern der fernen Bergwelt Anatoliens tradierte Bruder-, *Abla-, Amca-, Teyze*-Beziehung aller Türken untereinander, der auch ich mich von Herzen nie entziehen konnte, das unverstellte *Kan kanı çeker* (dem Sinne nach: irgendwie sind wir alle verwandt), das die Türken vom Küstendorf am Schwarzen Meer im Eselskarren an den Bosporus mitnahmen, das über Ideologie, Herkunft, Dialekt, Position hinweg das Leben auch mit den «Eliten» einfacher machte, in Hass, Misstrauen, Denunziation und Gewalt verwandeln? Kann ein einzelner Wutbürger-Präsident aus einem grotesken Sultanspalast heraus das alles von oben herab kaputt machen? War die solidarische Lebensart, die meine Türkei ausmachte, und aus dem *köy*, dem dörflichen Leben, irgendwann auch in Pappkoffern und Stoffbündeln nach Köln, Berlin und München mitgebracht worden war, so brüchig?

Hatte der vergleichsweise entrückte Offizier und Gentleman Kemal Atatürk die Türken vielleicht nie wirklich verstanden? Hatten seine Lehren und Leistungen, seine Reformen und die neue säkulare, für ihre Zeit ungeheuer progressive Verfassung diese affektiven Bande nicht stark genug gefestigt – etwa mit seinem berühmtesten Spruch «*Ne mutlu türküm diyene*: wie glücklich der, der sagen kann ich bin ein Türke»? Vielleicht hat der Kemalismus die Religion und ihre Dogmen, und damit den Kitt, der das riesige, multi-ethnische Türkenvolk vor seiner Zeit irgendwie zusammengehalten hatte, allzu radikal aufzulösen versucht – indem er die neue Türkei von der Scharia befreite, den Islam, der in der osmanischen Zeit noch so mächtig mit der Führung des Riesenreichs verhaftet war, zur Privatsache herabstufte und seine Ausübung gleichzeitig streng der Regierungskontrolle unterordnete. Möglicherweise hat sein Laizismus damit ungewollt die innerhalb der türkischen Klassengesellschaft ebenfalls verwurzelten sozialen Barrieren zementiert und zu Zeitbomben werden lassen.

Mussten sich die Spannungen der sozialen Milieus und ethnischen Gruppen untereinander, deren Friktion immer wieder durch das Militär unterdrückt wurde, nachdem die Staatsreligion als Kitt abgeschafft war, irgendwann entladen, wie ein *zelzele* – wie *das* große Erdbeben, das die Metropole Istanbul mit jedem Jahr ernsthafter bedroht? In naher oder fernerer Zukunft wird es – *Allah korusun*, Gott bewahre – große Zerstörung anrichten, weil sich unter Istanbuls dicht besiedelter Oberfläche unaufhaltsam wandernde Kontinentalplatten so lange ineinander verhaken, bis die Macht ihrer Bewegung eines Tages schlagartig die gesamte Gegend rund um den Bosporus in die Katastrophe reißt.

Haben also der Laizismus, der Kemalismus, welcher der Türkei eine säkulare, prowestliche Identität vorschrieb, erst den Weg für die AKP als «Partei der Opfer» geebnet? Trägt der lange Zeit vergötterte «gute» Diktator Atatürk Schuld an der Abkehr der Türkei von westlichen Werten knapp hundert Jahre später?

Atatürk hat die Türkei zwar – auch von äußeren Feinden – befreit und gerettet, sie aber – teils aus vernünftiger Weitsicht, teils durch die Auflagen der Siegermächte nach dem Ersten Weltkrieg genötigt – kleiner gehalten, als sie jahrhundertelang gewesen war. Seine alte imperiale Größe und Macht hatte das Osmanische Reich bereits im 19. Jahrhundert verloren. Geblieben ist aber wohl der Mythos, die vernebelte, verklärte Volkserinnerung an Größe und Macht der Religion und ihrer Scharia.

Es musste also nur einer kommen und diese Sehnsucht in großen Reden gespickt mit alternativen Fakten wieder wachrütteln. Nicht ohne die Macht der Generäle, welche die «vernünftige» Verfassung des Staatsgründers garantierte, zuvor zu brechen. Und diese Energie freizusetzen, gelang dem Streetfighter und Parvenu aus Kasımpaşa mit der Legitimation durch die gläubigen, ungebildeten Massen, die sich bis dahin durch «die alten Eliten» stets als Bürger zweiter Klasse diskriminiert sahen – und nicht zu vergessen dank der Komplizenschaft eines Fetullah Gülen, der ihm die für die Mehrheit nötigen Anhänger aus der gelehrigeren Mittelschicht zuführte. Das war ihm gelungen. Und nun ist er dabei, alles wieder zu verspielen – schäumend, lügend, drohend, wütend vor Angst, die eigene, persönliche Macht zu verlieren.

«Denn mit dem Kollaps seiner Wirtschaft wird auch die

Begeisterung für den Wirtschaftswundermann von gestern schlagartig abflauen», sagt ein Istanbuler Wirtschaftsprofessor voraus. «Wir sehen, wie ein Einzelner, der – gleichgültig, ob vom Schicksal, vom Zeitgeist oder der Sehnsucht und Naivität seiner Follower – alle Chancen hatte, dem steinernen Geist des eleganten Vorfahren im Maßanzug etwas entgegenzusetzen, als neuer Atatürk oder Richelieu oder Metternich alla turca in die Geschichte einzugehen, diese wieder verspielt. Er hat den Bogen überspannt, wie ein besessener Spielsüchtiger, der nicht aufhören kann, wenn es am schönsten ist, der kopflos weitermacht, bis alles Gewonnene wieder verloren ist. Im Casino macht das nur den Spieler arm – im politischen Leben einer Diktatur geht eine ganze Nation mit unter, wenn die Mächtigen sich verzocken.»

Was den Zocker Erdoğan zu einer der umstrittensten politischen Gestalten unserer Zeit macht, ist sein zum Zwang ausgewachsenes Talent, seine Anhänger und sich selbst in Gekränktheit, Zorn und Geifer hineinzusteigern, und dies als moralische Entrüstung zu maskieren. Haben die derart kontaminierten *Evet*-Sager 2017 den wirtschaftlichen Kollaps ihres Landes also selbst verdient? Und dazu den moralischen, durch den es so weit gekommen ist, dass ich in diesem Buch kaum mehr einen Namen eines zitierten Gesprächspartners nennen darf, ohne diesen in der Türkei und mittlerweile selbst in Deutschland zu gefährden? Soll ein ganzes Volk mit abstürzen, wenn sein Führer, den nur die eine Hälfte wollte, aber die andere partout nicht verhindern konnte, abstürzt, weil er der Sonne zu nah kam? Ist es ein historisches Gesetz, dass so einer dann alle mit sich reißt, weil ein Teil, in seiner Sehnsucht nach eben dem starken Führer, dessen Macht erst ermöglicht hat, und ihm – «wir töten für dich, wir sterben für dich» – gefolgt ist? Wenn ein Absturz als Katharsis möglich wäre – vielleicht. Wenn es keine Nato, keine Globalisierung, keine Handelsbeziehungen und keine Türken in Deutschland und sonst wo in der Welt gäbe – vielleicht. Aber dann müsste man auch Amerika einen Absturz als Katharsis wünschen, wo die eine Hälfte einen Donald Trump gewählt hat, und ihn die andere Hälfte ebenfalls partout nicht verhindern konnte.

Hat der Revolutionär Atatürk, der Staatsmann mit dem Ladykiller-Appeal und den tadellosen Manieren, der die Türken 1923 von ihrem korrupten alten Sultanat befreite und den Frauen das Kopftuch wegnahm, haben seine demokratischen Enkel, die andere Hälfte der Türken, den Kollaps ihres Landes 2017 verdient? Die am allerwenigsten, denn sie sind gegen den korrupten neuen Sultan mit den schlechten Manieren aufgestanden, haben die Gefahr gesehen, gegen sie angeschrieben – ja, auch im Schatten von Atatürks Bildnis zwischen den Bäumen des Gezi-Parks –, gesungen, gedichtet, musiziert, getanzt, den Kopf hingehalten. Und dafür mit Enteignung gebüßt und sind dafür ins Gefängnis gegangen – von Mitbürgern denunziert und verleumdet als «*çapulcu*» («Marodeure») oder «Terroristen-Helfer».

Sind sie, die einstweilen gescheiterten Demokraten, die eingeschüchterten Studenten, die eingekerkerten Künstler, Schriftsteller, Wissenschaftler, Ärzte, Richter, Journalisten, Abgeordneten, die zwangsenteigneten Unternehmer und Mäzene stark genug, sich selber ihrer Diktatur der Schlägertrupps, der Kopftücher, der *Allahu-Akbar*-Rufe und der tolerierten Schmiergelder zu entledigen, nachdem ihre noch wahlberechtigten Gesinnungsgenossen am 16. April 2017 beinahe mit ihrem «*Hayır*» (Nein) in der Mehrheit gewesenen wären – trotz aller mittlerweile nachgewiesenen Wahlmanipulationen? Nicht ohne die Solidarität und das Engagement aus Europa, aus Deutschland.

Ist Erdoğanistan «die Türkei»? Nein! Erdoğanistan ist eine dilettantisch geführte Diktatur, die das Regime Erdoğan aus der eigentlich schon immer brüchigen Demokratie *Türkiye Cumhuriyeti* gemacht hat, noch bejubelt von der einen Hälfte der Nation. Am 2. Mai 2017 hat sich ihr Präsident wieder als Mitglied der Regierungspartei AKP eintragen lassen – «Heimgekehrt ins Nest», wie sein soeben obsolet gewordener Ministerpräsident Yıldırım vor dem Parlament frohlockte, das nicht nur entmachtet, sondern auch um einige Köpfe geschrumpft war: Stunden zuvor meldeten türkische Medien nämlich, dass Enis Berberoğlu, dem Abgeordneten der größten Oppositionspartei CHP, die Immunität aberkannt und dieser zu 25 Jahren Gefängnis verurteilt worden war. Berberoğlu, der vor seiner Karriere als Politiker Chefredakteur der Zeitung «Hürriyet» war, soll als Journalist Informationen über geheime Waffenlieferungen des türkischen Geheimdienstes an syrische Dschihadisten öffentlich gemacht haben. Der Artikel über den Skandal erschien in der «Cumhuriyet», versetzte Erdoğan in Raserei und trieb Can Dündar ins deutsche Exil. Das ist Erdoğanistan.

Aber die Nation ist gespalten. Da existiert noch eine andere Hälfte. Und die hat sich zuletzt beim Verfassungsreferendum über Erdoğans Ermächtigungsgesetz alla turca standhaft und furchtlos zu Wort gemeldet, mag sie derzeit auch noch so eingeschüchtert sein oder verzweifelt. Und sie ist von Ankara nach Istanbul marschiert, in einer gigantischen «Koalition der Menschlichkeit», von den einen mit Steinen beworfen, von den anderen mit Blumen. Diese andere Hälfte darf die Welt, Europa, Deutschland nicht fallenlassen. Vielleicht sogar um den Preis, auf den eigentlich längst fälligen Abbruch der EU-Beitrittsverhandlungen mit Erdoğanistan zu verzichten. Denn, wenn überhaupt eine Kraft, wird nur diese andere Hälfte dem Phönix *Türkiye* aus der Asche Erdoğanistan helfen können, wenn es eines Tages so weit ist.

Nach Diktat abgestürzt

«Hoş geldiniz Beyefendi!» – *«Welcome to the flightdeck, Sir.»* Der Captain griff zur Eau-de-Cologne-Flasche und schüttete mir ein paar Spritzer in die geöffneten Hände: *«Buyrun!* – Bitte sehr!» Das ist so, wenn man bei Türken zu Gast ist, und sei es im Cockpit eines Passagierjets. Ich nahm hinter ihm auf dem *Jump-Seat* Platz und sah den Piloten und dem Flugingenieur bei ihren Flugvorbereitungen zu. Es war ein Sommermorgen Anfang der 1990er Jahre. Ich reiste als Passagier mit *Cockpit-Okay* in einem türkischen Airliner von Hamburg nach Antalya, dieses Mal eine Boeing 727-200 der «Sultan Air».

Auf diesen Flügen nach Istanbul oder für ein paar Tage Ferien in die Südtürkei saß ich gern als Gast im Cockpit. Ich kannte den Reiseveranstalter und hatte immer auch meine eigene Lizenz dabei, die mich der Crew gegenüber als deutschen Piloten mit türkischem Namen auswies, der keine dummen Fragen stellt und mit dem man auch auf Türkisch fachsimpeln kann. Mit der Zeit kannte ich die Crews dieser Chartergesellschaften persönlich, die mich dann beim Eintreten ins Cockpit vor dem Anlassen der Triebwerke eben mit der traditionellen Geste begrüßten, mit der bis heute der Hausherr seine Gäste begrüßt. Das Ritual war mir von Besuchen in türkischen Häusern seit meiner Kindheit vertraut – ein Spritzer *kolonya* muss sein, gehört zum *Hoş geldiniz,* zum Willkommen. Es duftet bekanntlich noch genauso süßlich-herb, wie es schon im 18. Jahrhundert geduftet hat, als es in Köln erfunden wurde und sich von dort aus über die Paschavillen und feudalen Botschaftsresidenzen in Konstantinopel am Bosporus im Osmanischen Reich verbreitete – Zitrone, Orange, Bergamotte, Mandarine, Limette, Zeder. Der Name der Fluglinie, Sultan Air, war Programm. Das sollte ich wenig später aufs Unangenehmste zu spüren bekommen…

Der Funkverkehr auf den Radarfrequenzen über Deutschland, Österreich und dem Balkan klang bisweilen etwas holprig, weil der Kapitän, des Englischen nicht so mächtig wie sein junger Copilot, immer wieder etwas falsch verstand und dann gereizt auf Türkisch nachfragte, was die gerade abgehörte und bestätigte *Clearance* bedeute.

«Dürfen wir auf 39 000?»

«Nein, noch nicht. Erst 19 000.»

«Verdammt, ich will aber gleich auf 390! Frag nochmal nach!»

Ferruh Kaptan war einer von der alten Sorte – intuitiver Flieger, dem das moderne, international übliche *Crew Resource Management* nicht geheuer war. Er orderte *Take-Off-Power*, knurrte ein *bismillah* (mit Gott) – womit für den frommen Moslem, neben der professionellen Arbeit, für die Sicherheit des Fluges das Nötigste getan war, und zog seine nur halbbesetzte Boeing steil in den norddeutschen Himmel.

Für den Gast, mit türkischem und internationalem Cockpitgeschehen vertraut, in einem türkischen Boeing-Cockpit, umwölkt von süßlich-osmanischem *Kolonya*-Duft, war das Airline-Flair alla turca ein Erlebnis – mal zum Schmunzeln, manchmal aber auch unverhofft zum Fürchten. Hier hatten sich alt-türkische Sitten wie Duftwasserverspritzen und Stoßgebet bis ins Jetzeitalter herübertradiert, hier wurde Çay serviert wie im Bazar, und *börek* wie beim Bäcker auf der Istiklâl, hier wurden filterlose *Turkish tobacco*-Zigaretten gereicht und gequalmt. Nach knapp drei Stunden Flug zwickte der *kaptan* die Stewardess launig in die Wange und trällerte: «*Hadi koş, koş – yakında iniyoruz ...*» – «Los Mädel, beeil dich mit dem Service, gleich mach' ich den Anflug, und heute fliege ich einen Streckenrekord!»

Und dann brach das Gewitter los. Kein *thunderstorm* draußen in der umgebenden Troposphäre entlud sich hier, sondern internes Donnerwetter im Cockpit. So plötzlich und unverhofft wie eine *clear air* Turbulenz am blauen Himmel – und nicht weniger gefährlich. Es hatte sich angekündigt mit einer harmlosen Meinungsverschiedenheit zwischen dem *kaptan* und seinem Copiloten, in den sich dann auch noch der Flugingenieur einmischte. Kurz vor dem Anflug auf Antalya aber brach sich dann der Zorn des älteren *Pilot in Command* auf seinen untergeordneten *First Officer* Bahn, der zudem besser Englisch konnte – türkischer Zorn: «*Sus, lan* – Halt den Mund, Junge», polterte der Mann auf dem linken Sitz, «ich brauche keine *approach-checklist* und auch keinen Widerspruch! Ich kann diesen Vogel alleine fliegen – mit einer Hand in der Hosentasche!»

Es ging um nichts Geringeres als die Fluggeschwindigkeit, ab der die Landeklappen gefahren werden dürfen. Der Kapitän, der wie angesagt seinen Streckenrekord fliegen und deshalb den Sinkflug beschleunigen wollte, um ein anderes Flugzeug, das ebenfalls im Anflug auf Antalya war, zu überholen, hatte «*flaps 2*» geordert, Landeklappen auf zwei Grad; sein Co hatte widersprochen: das Flugzeug sei dafür noch zu schnell – «*Not flaps two speed yet, Sir.*» Er hatte recht, die Geschwindigkeitsmesser zeigten noch weit über den geforderten 230 Knoten *indicated airspeed* an; der Flugingenieur bestätigte. Und das kränkte den Kaptan in seiner Piloten- oder Türken- oder Kapitänsehre.

«Ihr Grünschnäbel», rief er, die Zigarette im Mundwinkel, «wenn ich eine Ansage mache, dann wird die nicht diskutiert, sondern ausgeführt! Und ab jetzt fasst keiner von euch mehr die Gashebel oder die Flap-Lever an, ich zeig euch, wie man Streckenrekord fliegt und zwar *single handed* – allein! Das habe ich bei der türkischen Luftwaffe *Hava Kuvvetleri* gelernt, ihr Esel! Auf einer Phantom! So was lernt man natürlich nicht auf euren zivilen amerikanischen Flugschulen!» Und dann spöttisch zum Copiloten: «Auf was hast du gelernt? Auf Cessna?»

Dann zog er, ebenfalls nicht üblich in dieser Fluglage, den *Speedbrake*-Hebel und machte anschließend zum Copiloten, als der die drei Triebwerke drosseln wollte, eine drohende Handbewegung, die ich noch aus der türkischen Volksschule erinnerte – bevor Ohrfeigen verboten wurden.

«Du fasst nichts an bis zur Landung, sonst …!»

Waren wir hier im Cockpit eines modernen Düsenverkehrsflugzeugs oder auf der Kommandobrücke einer osmanischen Kriegsgaleere? Wir waren bei der Sultan Air. Ich erlebte also eine Miniatur des Dramas, das sich heute vor den Augen der Welt in der Türkei abspielt, deren Führung sich ebenfalls wie ein Sultan und osmanisch geriert.

Der Copilot starrte jetzt still auf seine Instrumente und wagte kaum mehr, einen Handgriff zu machen, bis Ferruh Kaptan schließlich selber, und auf Türkisch, den Funk mit *Antalya Approach-Control* übernahm, die *descent-checklist* verlangte und von da an nur noch Kommandos gab.

Draußen bot sich derweil eine Szenerie, die die Passagiere an den Fenstern hinten in der Kabine vielleicht gerade ins Träumen brachte, als die Boeing, gesäumt von imposanten Wolkenstatuen, gesteuert von einem cholerischen Kapitän, über dem Taurus in steilen Sinkflug überging: Cumulonimbus-Wolken segelten vorbei wie versteinerte Galeeren und verwitterte Sphinxe, Reste einer vorübergezogenen Kaltfront kurz vor Erreichen der Mittelmeerküste – strahlend weiß, hier und da mit drohend grauen Unterseiten. Wahrscheinlich hätte der eingeschüchterte Erste Offizier nicht mal dann einen Mucks gemacht, wenn der Kaptan das Gewölk mit seiner Boeing in einer Fassrolle durchstoßen hätte wie einst mit seinem türkischen Kampfjet. Es herrschte jetzt beklemmende Stille im Cockpit, unterbrochen nur vom monotonen Lesen und Abarbeiten der Checklisten. Kurz vor dem Aufsetzen drehte sich Ferruh Kaptan zu mir um und präzisierte grinsend seine Ansage, diesmal unterstrichen mit einer eindeutigen Geste: «*Gördünüzmü*? Haben Sie's gesehen? Mit einer Hand in der Hosentasche fliege ich diesen Vogel!»

Der Flug endete glimpflich, auch wenn die Landung etwas heftiger und lauter ausfiel als bei einer entspannten Crew und einem Anflug nach *procedure*. Und als ob er das nochmal gebraucht hätte, zog der Kapitän nach deutlich spürbarem Aufsetzen die Gegenschub-Hebel auf *full reverse* und bremste die Boeing unnötig heftig bis auf 60 Knoten ab, was auch so nicht im Handbuch steht – üblich wäre bei den Bedingungen allenfalls der sogenannte *idle reverse*, der das Flugzeug, wenn die verbleibende Landebahn lang genug ist, sanfter abbremst, aber die Triebwerke nicht so mächtig donnernd aufheulen lässt –, Sultan Air-Style eben: Wer das Sagen hat, dem wird nicht widersprochen, wenn es auch geboten ist; wer besser Englisch kann und widerspricht, nervt nur; wer die Hand gegen den untergeordneten Kollegen erhebt, ist im Recht – und lässt nochmal richtig schrill seine Düsen aufheulen. Wer kann, der kann. War das eine Lektion in dem, was die Türken gerne «unsere Mentalität» nennen?

Dass der Sultan Air wenig später, im November 1993, aufgrund von «Sicherheitsbedenken» die Betriebserlaubnis entzogen wurde, hat, so kommentierte damals die Fachpresse, wahrscheinlich ein weiteres Unglück in der türkischen Luftfahrtgeschichte verhindert. Die Gesellschaft wurde noch im selben Jahr liquidiert. Zwölf Jahre später, im Mai 2005, wurde einer weiteren von europäischen Touristen häufig frequentierten türkischen Fluggesellschaft, zunächst durch das deutsche Luftfahrtbundesamt, einen Tag später auch durch die niederländischen, französischen und schweizerischen Behörden, wegen «gravierender Mängel» die Einflugerlaubnis entzogen. Die Onur Air (deutsch: «Ehren»-Airline) wurde übereinstimmend als «zu unsicher für den europäischen Luftraum» eingestuft. Statt sich aber daraufhin eilig um die Behebung der festgestellten Mängel zu bemühen, reagierten die Türken mit einer türkischen Retourkutsche: Sie sprachen ihrerseits erst einmal ein Landeverbot für deutsche Flugzeuge aus. Erst nach gutem Zureden durch Diplomaten des Auswärtigen Amtes hoben die türkischen Behörden ihr pauschales Verbot wieder auf und sorgten dafür, dass die «Ehren-Airline» wieder auf Vordermann gebracht wurde. Onur Air wurde später wieder rehabilitiert und operiert bisher, ohne dass größere Zwischenfälle oder Mängel ruchbar geworden wären.

Was ich über mein Erlebnis Sultan Air und den Flugbetrieb «Ehren-Air» berichte, sind keine Ausnahmefälle. Vielmehr steht das, was sich auch bis heute in manchen Cockpits türkischer Flugzeuge abspielt, für ein Phänomen, das alarmierend ist, aber auch bezeichnend für einen gefährlichen Mix aus Uneinsichtigkeit und Arroganz – der Mix, der Erdoğanistan möglich macht.

In der Tat weist die Luftfahrt in der Türkei wesentlich mehr fatale Unfälle auf als die anderer Länder in Europa. Anders als in der EU gibt es in der Türkei keine Flugsicherheitsbehörde, die etwa mit dem deutschen Luftfahrtbundesamt, dem NTSB in den USA oder der EASA (*European Aviation Safety Agency*) in Köln vergleichbar wäre. Ob Sicherheitsanordnungen überhaupt umgesetzt werden, bleibt in der Türkei meist im Dunkeln, klagen Piloten, die dort angestellt waren, in einem britischen Fachforum für Flugsicherheit.

Die öffentlich am deutlichsten geäußerte Sorge indes stammt nicht etwa von europäischen Piloten, die sich über das Können oder «die Mentalität» von türkischen Airlinern mokieren, sondern von Nuri Sakarya, dem ehemaligen Generalsekretär der türkischen Linienpilotenvereinigung TALPA, als langjähriger Turkish-Airlines-Kapitän und späterer Sicherheitsberater ein Insider und Kenner der Verhältnisse: «Es ist nur eine Frage der Zeit, wann demnächst wieder ein türkisches Flugzeug verunglückt.»

«Im Vergleich zu anderen Fluggesellschaften passieren bei Turkish Airlines (THY) noch immer zu viele Beinahe-Unfälle und leider auch Crashes mit tödlichem Ausgang», bestätigte mir ein noch aktiver THY-Pilot, «und das nicht etwa, weil unser Fluggerät mangelhaft gewartet ist oder die Piloten schlechter ausgebildet sind, sondern vor allem, weil es im Cockpit noch immer zu oft an professioneller Zusammenarbeit zwischen dem ersten und dem zweiten Mann hapert. Und das ist schlimmer geworden, seit es in unseren modernen Airbus- und Boeing-Flugzeugen keinen dritten Mann mehr gibt, den Flugingenieur, der früher im Cockpit hinter uns saß und manchen hierarchiebedingten Disput schlichten konnte, weil er die Systeme eben noch viel besser kannte als der polternde Kapitän.» Dass zu viele türkische Kapitäne immer noch gern poltern, «liegt oft daran, dass sie von der Luftwaffe kommen und oft eher durch gute Beziehungen zum ehemaligen Wing-Man, der jetzt vielleicht in einer Behörde oder der Zulassungskommission sitzt, angenommen werden als wegen ihrer Qualifikation bei der Umschulung auf Linienflugzeuge – geschweige denn ihrer menschlichen Eignung als Teamworker.» «Bei uns, einer weltweit operierenden Fluggesellschaft, vergiften Nepotismus, autoritäres Verhalten und die Angst, den Job zu verlieren, den Betrieb», stellt der Pilot fest, «und das ist ein gefährlicher Mix.»

Gehört das zu «unserer türkischen Mentalität»? Ist anerzogener männlicher Chauvinismus ein orientalisch-islamisches Verhaltensmuster? «Das kann ich als Insider eindeutig mit Ja beantworten», sagt mein Interviewpartner aus dem Cockpit eines türkischen Großraumjets. So unterließen es ehemalige Luftwaffenkameraden gern, autoritäres Verhalten oder riskante Flugmanöver wie etwa einen Anflug unterhalb der zugelassenen Sichtverhältnisse zu melden, weshalb «eine gewisse Unsicherheitskultur entstanden» sei: Wenn sich etwa ein zivil in Europa oder den USA ausgebildeter Copilot über ein waghalsiges Manöver seines bei der Luftwaffe ausgebildeten Captains beschwere, werde der oftmals gar nicht ernst genommen, was «für diese Old-School-Bordkommandanten dann eben einen Freipass» darstelle.

Beim CRM (*Crew Resource Management*) geht es neben Führungsverhalten, Entscheidungsfindung und Kommunikation vor allem um Kooperation im Cockpit, darum, wer im Flug welche Aufgaben übernimmt. «Ein Besatzungsmitglied kümmert sich um die Lösung eines plötzlich auftauchenden technischen Problems, während der andere Pilot das Flugzeug weiter steuert. Das muss cool und harmonisch ablaufen. Befehlsgehabe und Drohgebärden sind da völlig fehl am Platz und nachweislich lebensgefährlich.»

Vor der Einführung des CRM-Konzeptes stellten Unfalluntersucher immer wieder fest, dass türkische, ägyptische und tunesische Piloten zwar ausreichende fliegerische Fähigkeiten besäßen, aber die Zusammenarbeit zwischen dem Kapitän und dem rangniedrigeren Ersten Offizier von veralteten Befehlsstrukturen gestört wäre. «Mit Verweis auf mehr Dienstjahre und Flugstunden und seine Autorität durch den vierten goldenen Streifen am Ärmel bügelt der *kaptan pilot* schnell die Bedenken des Ersten Offiziers ab, und besteht auf seinen Entscheidungen», so der THY-Pilot. «Und dass CRM vielen älteren Kollegen vielfach lästig ist, hat dazu geführt, dass wir eben keinen guten *safety record* haben. Viele Aufzeichnungen von *Cockpit Voice Recordern* brachten dies zutage.»

Ein anderer Insider, beschäftigt bei dem deutsch-türkischen Joint Venture «Sun Express», sieht das Problem nicht nur bei Turkish Airlines. «Es ist ein kulturelles Problem», sagt der türkische Pilot, der einige Jahre für Turkish Airlines geflogen ist. «Türkische Männer sind besonders stolz und tragen ihr osmanisches Hierarchiedenken auch ins Cockpit eines modernen Airbus.» Dass das einem sicheren Flugbetrieb nicht gerade zuträglich ist, wird auch in Pilotenfachforen immer wieder deutlich diskutiert.

Das «Jet Airliner Crash Data Evaluation Center» (Jacdec) listete die türkische Fluggesellschaft in einem Sicherheitsranking der 60 größten Fluggesellschaften auf einem der hintersten Plätze (2017: Platz 50). Laut Branchendienst «Destination Travel Info» rangiert der wegen seiner niedrigen Preise beliebte türkische Carrier in Sachen Sicherheit sehr weit unten als «die Linie mit einer der schlechtesten Sicherheitsbilanzen in Europa».

Seit einigen Jahren vollzieht sich bei der ehemals staatlichen Fluglinie ein rasanter Wechsel hin zu einem internationalen Premium-Carrier. Die Flotte der *Türk Hava Yollari* – Turkish Airlines – ist binnen weniger Jahre auf knapp 300 zum Teil fabrikneue Flugzeuge angewachsen. Ständig werden neue Routen eingeführt (und erst seit dem Putschversuch von 2016 aus Gründen stark sinkender Nachfrage wieder eingestellt).

☪

Am 16. Januar 2017 morgens um 7:18 Uhr Lokalzeit kam eine Boeing 747-400 der türkischen Frachtfluggesellschaft My-

Cargo Airlines, die den Flug TK 6491 im Auftrag von Turkish Airlines Cargo durchführte, bei Temperaturen um minus 10 Grad aus Hongkong und sollte nach einem technischen Zwischenstopp zum Auftanken in Bishkek, Kirgistan, weiter nach Istanbul fliegen. Nach rund sechs Stunden Flugzeit befand sich der Jumbojet mit dem Kennzeichen TC-MCL bei dichtem Nebel im Anflug auf die Piste 26 des Flughafens und musste wegen der Sichtverhältnisse durchstarten. Das Manöver misslang der Crew, die Boeing schlug knapp einen Kilometer hinter dem Ende der Piste in dem Dorf Dacha-Suu auf, zerschellte und ging, ebenso wie fast das ganze Dorf, in Flammen auf. Neben der vierköpfigen Besatzung kamen dabei auch 35 Menschen in den zerstörten Gebäuden ums Leben.

«Wir bedauern, den Tod von Captain Ibrahim Gürcan Diranci, First Officer Kazim Öndül, Loadmaster Melih Aslan und Techniker Ihsan Koca bekannt geben zu müssen. Unsere Gedanken sind auch bei den Hinterbliebenen der Opfer am Boden. Wir drücken ihnen allen unser tiefstes Mitgefühl aus», teilten MyCargo Airlines und Turkish Airlines Cargo tags darauf in einer Presseerklärung mit.

Beide Piloten hatten ihre Ausbildung beim Militär erhalten – bis heute nichts Ungewöhnliches im zivilen türkischen Flugbetrieb. Was die türkischen Zeitungen indes wochenlang beschäftigte, war eine Besonderheit: Der Kapitän des verunglückten Jumbos, ein Oberstleutnant der Luftwaffe (*Kurmay Yarbay*), stand rangmäßig weit unter seinem Copiloten, einem Brigadegeneral a.D. (*Tuğgeneral*). Wer, so fragten sich die Kollegen anfangs hinter vorgehaltener Hand, hatte also das Kommando im Cockpit – der Verantwortliche Flugzeugführer (*Pilot in Command*) auf dem linken Sitz, wie es sein sollte, oder doch vielleicht der militärisch ranghöhere Copilot auf dem rechten Sitz?

Die genaue Unglücksursache war bei Drucklegung dieses

Buchs noch unklar, allerdings deutet der Zeitpunkt des Absturzes in Verbindung mit miserablen Sichtverhältnissen und dem Fehlen eines Notrufs durch die Besatzung für Experten des Fachmagazins «Air Cargo World» auf «menschliches Versagen» hin. Den amerikanischen, türkischen und kirgisischen Untersuchungsberichten ist zu entnehmen, dass der zu dem Zeitpunkt herrschende dichte Nebel einen Anflug auf diesen Flughafen entweder gar nicht zugelassen hätte oder dieser zumindest grenzwertig (CAT II oder CAT III) gewesen war. Ob der bei dem Unfall tödlich verletzte Flugkapitän Diranci seinen vierstrahligen Boeing-Jumbo mit über 93 Tonnen Fracht an Bord auch «mit einer Hand in der Hosentasche» fliegen konnte, ist ebenso wenig bekannt, wie, ob der im Cockpit untergeordnete Brigadegeneral dem Oberstleutnant auf dem linken Sitz vielleicht im falschen Moment den falschen Befehl erteilt hat.

Der bei dem Crash stark beschädigte *Cockpit Voice Recorder* war zwar schon ausgelesen, aber die letzten Bord- und Funkgespräche vor dem Crash noch nicht verfügbar, als ich mit einem Piloten und Bekannten Dirancis darüber sprach. «Gürcan Kaptan hatte knapp 11 000 Stunden Flugerfahrung und galt als fröhlicher, ruhiger Zeitgenosse», erzählte mir der Kapitänskollege bei einem Glas Tee an einem Flughafen, den er mich bat zu verschweigen. Aber auch das sagte mir der Pilot, der soeben seinen halbjährlichen Simulator-Check auf Boeing 747 absolviert hatte: «Dass die bei der türkischen Luftwaffe ausgebildeten Jungs gern mal Sichtminima unterschreiten, dabei im dichten Nebel zu landen versuchen, und sei es, weil sie keine Lust auf ein Durchstartmanöver (*Missed Approach Procedure*) haben, oder einfach, weil sie sich bei einer Null-Sicht-Landung per Hand ein bisschen wie tollkühne *askerler* (Soldaten) fühlen, kommt leider immer wieder vor.» Die Mutmaßung, dass bei diesem tragischen Crash theoretisch auch das Rangproblem im Spiel gewesen sein könnte, sei jedenfalls Hauptgesprächsthema in türkischen Pilotenkreisen gewesen.

Allerdings hatte auch schon der Crash des Linienflugs TK 726 Anfang März 2015 zu ähnlichen Mutmaßungen geführt. Auch in diesem Fall hatten die Piloten – beide ebenfalls ausgebildet bei der türkischen Luftwaffe – gegen die Regeln praktisch bei Null-Sicht in Kathmandu, Nepal, zu landen versucht und waren dabei mit dem linken Hauptfahrwerk auf die Grasnarbe geraten, was zum Totalverlust des Airbus A 330-300 mit dem Kennzeichen TC-JOC führte. Wie durch ein Wunder kamen trotz der Fehlentscheidung der Piloten, ohne Sicht die Landung zu wagen, alle 235 Insassen lebend davon. Später teilte die international zusammengesetzte Untersuchungskommission in ihrem offiziellen Unfallbericht mit, auf dem *Cockpit Voice Recorder* sei die Stimme eines «Mitglieds der *cabin crew*» zu hören gewesen, das kurz nach dem ersten abgebrochenen Landeversuch (*Go around*) im Nebel den Kapitän beschworen habe, es doch noch einmal zu versuchen, denn ein Ausweichen nach Delhi sei ja «eine große Belastung».

Ich fragte den türkischen Piloten, worauf er die vergleichsweise hohe Unfallrate bei türkischen Fluggesellschaften zurückführe. «Wir haben in der Türkei natürlich auch sehr gute Leute, aber meiner Erfahrung nach immer noch in zu vielen Cockpits Personal, das aus seiner militärischen Flugausbildung auch eine bestimmte *attitude* mitbringt. Manche dieser Kollegen, die zum Teil Tausende Flugstunden im Single-Hand-Fighter-Betrieb hinter sich haben, halten sich für Könige der Lüfte.» Darüber hinaus, so äußerte ein deutsch-türkischer Airline-Pilot, der seine Ausbildung schon vor über zwanzig Jahren bei der Lufthansa-Verkehrsfliegerschule absolviert hat, gegenüber dem renommierten österreichischen Fachmagazin «Austrian Wings», würden «in der türkischen Kultur Fehler gerne tabuisiert», dazu gäbe es «noch immer starre Hierarchien.

Viele meiner türkischen Landsleute sind testosterongesteuerte Machos mit einem archaischen Weltbild, auch wenn sie das natürlich nicht gerne hören. Sie halten sich für die Größten, die Besten. Fehler zugeben gilt als unmännlich. Auch in unserer Branche gibt es leider nicht wenige mit einer solchen Einstellung. So eine *attitude* hat im Cockpit aber nichts zu suchen, weil sie extrem gefährlich ist. Wenn man mit solchen Kollegen fliegen muss, ist es manchmal zum Verzweifeln.»

Solange die Pressefreiheit in der Türkei «auf dem Niveau von Bananenrepubliken» sei, und türkische Anwälte Zensuraufforderungen versendeten, wenn über (Beinahe-)Unfälle oder Missstände in der Flugsicherheit berichtet würde, solange selbst in Europa lebende Türken aus übersteigertem Nationalstolz in jedem kritischen Bericht gleich eine «Beleidigung des Türkentums» sähen, stünde auch zu befürchten, dass es «bei der Flugsicherheit in der Türkei keine Veränderungen zum Positiven geben» werde, kommentierte das international angesehene Piloten-Magazin seinen Report. Der Grund des Kommentars war, dass der sachliche Unfallbericht in «Austrian Wings» über den Absturz des türkischen Boeing-747-Frachters das Management von Turkish Airlines wenige Tage nach dem Unglück im Januar 2017 veranlasst hatte, einen Rechtsanwalt mit einem Zensurbegehren zu beauftragen. Der in Wien ansässige Advokat hatte das Fachmagazin namens seiner Mandantschaft aufgefordert, den Bericht über den Absturz der Boeing 747 in Bishkek so zu korrigieren, «dass keine Assoziationen mehr zu Turkish Airlines hergestellt werden können». «Austrian Wings», so der Anwalt in seinem Schriftsatz, berichte, dass die verunglückte Boeing 747 im Auftrag von Turkish Airlines Cargo unterwegs gewesen sei. Diese Erwähnung sei «geeignet den sehr guten wirtschaftlichen Ruf meiner Mandantin zu beeinträchtigen». «Zudem widerstrebt es Turkish Airlines offensichtlich, dass wir auf die vergleichsweise schlechte Sicherheitsstatistik der Airline hingewiesen haben», notierte das Luftfahrtmagazin.

Sind also diktatorisch durchgesetzte Fehlentscheidungen, Selbstüberschätzung mit Todesfolge, kategorisches, beleidigtes Abstreiten von objektiv vorhandenen Missständen mit «so ist nun mal unsere türkische Mentalität» hinreichend begründet? Ist es ein Zufall, dass die Türkei 2017 bei den Rankings zur Flugsicherheit etwa da rangiert, wo sie in den Kategorien Pressefreiheit, Meinungsfreiheit und Unabhängigkeit der Justiz angekommen ist? Natürlich nicht. Der Verweis auf «unsere Mentalität» ist nicht selten bloß eine Ausflucht, um sich berechtigter Kritik zu entziehen. Dennoch: Es offenbaren sich hier Tendenzen, die nicht nur Abstürze von Flugzeugen, sondern auch den gegenwärtigen Absturz der Türkei in die Diktatur erklären: Größen- und Verfolgungswahn, Maßlosigkeit, Hochmut, Prahlerei, Zorn, Untertanengeist, die Bereitschaft, andere zu beleidigen und – irgendwie logisch – sich ständig beleidigt oder benachteiligt zu fühlen. Alles alte Bekannte vom Istanbuler Schulhof und aus dem Klassenzimmer. Und wie mir schon meine Mutter zu erklären versuchte, mitnichten «angeboren», sondern anerzogen.

Wenige Wochen nach meinem ersten Militärputsch, der im Mai 1960 das neo-islamistische Regime um Adnan Menderes abgelöst hatte, führte eine Lehrerin mit der Klasse ein Experiment durch: Sie schrieb eine für uns Erstklässler komplizierte Addition aus mehreren Summanden an die Tafel und setzte ein falsches Ergebnis hinter die Istgleich-Zeichen. Dann ließ sie uns laut die Summanden nachsprechen und die – falsche – Summe. Ein Mädchen, es hieß Zeynep und war eine der Kleinsten, wagte, sich zu melden und die Lehrerin zu korrigieren. Die blickte ärgerlich schweigend in die Runde, dann beorderte sie die Schülerin nach vorn, holte zum Schein bedrohlich mit der Hand aus und befahl ihr, das, was an der Tafel stand, laut vorzulesen. Zeynep aber weigerte sich, und schrieb stattdessen das korrekte Ergebnis an die Tafel. Noch einmal drohte die Lehrerin: «Wenn du nicht sofort dieses Ergebnis vorliest, ohne Widerspruch, fängst du eine, und alle anderen müssen nachsitzen!» Die Klasse murrte: «So mach schon! Sie hat's befohlen! Sonst kriegen wir noch alle Ärger …»

Die Pausenglocke schrillte. «Ihr bleibt hier!», schrie die Lehrerin, «bis Zeynep dieses Ergebnis an der Tafel vorgelesen hat!» Das Mädchen zitterte am ganzen Leib, aber es blieb bei seiner Antwort – gegen den Befehl der Lehrerin, das falsche Ergebnis anzuerkennen und gegen die ganze Klasse, die lieber in die Pause wollte. Nach quälenden zehn Sekunden reichte die Lehrerin dem Mädchen die eben noch zur Ohrfeige erhobene Hand und gratulierte ihm: «*Aferim, kızım* – Bravo, Kleine! Du hast natürlich recht und – noch wichtiger: Du hast dich nicht einschüchtern lassen!» Dann fuhr sie zur Klasse gewandt fort: «Und ihr habt hoffentlich aus dieser Lektion gelernt! Nicht wer das Sagen hat und droht, hat recht, sondern wer nachdenkt und Mut hat! Und das war heute nur eine Einzige von euch! Ich sage nicht, dass ihr euch schämen sollt. Aber nehmt euch ein Beispiel an Zeynep! Mutige Menschen wie sie, die auch noch gut rechnen können, wird unser Land in Zukunft am allerdringendsten brauchen!»

Die Lehrerin, sie hieß Hikmet Bulat, wurde später als erste Frau zur Direktorin meiner Schule in Istanbul ernannt. 57 Jahre ist das jetzt her, so viele Jahre, wie Kemal Atatürks ganzes Leben währte, des ersten Putschisten, den Frau Bulat glühend verehrte. 57 Jahre, in denen die Türkei noch oft am Boden lag und durch Putschisten im Namen Atatürks immer wieder mal durchstartete oder verschlimmbessert wurde – bis heute, wo die Zeyneps wieder im Gefängnis landen und ein Flugzeug im Nebel verunglückt – und jetzt womöglich ein ganzes Land.

Land der Putsche

Über die Nacht vom 15. auf den 16. Juli 2016 ist viel geschrieben worden. Protokolle, die sich größtenteils auf möglicherweise unter Folter entstandene Aussagen stützen, Kommentare, Bücher. Die entscheidenden Fragen aus der Nacht sind auch bei Drucklegung dieses Buchs noch unbeantwortet: Warum hat die Regierung ihn nicht verhindert, wo sie doch nachweislich vorab informiert war? Täglich erzählen sich meine Landsleute davon, wo sie gerade waren, als sie davon hörten, als sie «es erst krachen und donnern hörten und es sich dann schnell herumsprach», wie sie hektisch überlegten, ob sie auf die Straße eilen sollten oder abwarten, sich einmischen oder raushalten oder die Flucht ergreifen, irgendwohin. Was würde der nächste Tag bringen? Würde es in ein paar Stunden schlimmer werden, wenn das einträte, womit man schon so manches Mal zu rechnen hatte, wenn nachts in der Stadt Panzer auffuhren – nämlich ein Staatsstreich, die Machtübernahme des Militärs? Oder konnte es nur besser werden? Ob man «gegen Erdoğan» sein kann und doch auch gegen einen Militärputsch, mit dem sich, zumal für die Älteren, auch teilweise sehr unangenehme Erinnerungen verbinden? Oder erst mal jeden unterstützen müsse, der diesen Diktator entmachtet – egal wer es sei und was dann käme. Konnte es schlimmer kommen in der Türkei, als es vor dem 15. Juli 2016 schon war?

Andererseits hatten die Türkei und ihre Menschen durchaus schon ähnlich schlimme, ja noch aussichtslosere Situationen durchgestanden als die, in der sie sich gerade befanden. Würde es, so rasten die Gedanken, Chats und Tweets anfangs geschockt, dann sorgenvoll hin und her, dem Land also schaden oder nutzen, wenn das undefinierbare Krachen und Donnern da draußen das Regime jetzt beenden würde? Wenn Präsident Erdoğan morgen abgeführt würde wie einst Adnan Menderes – mitsamt seinem immer brutaler und dilettantischer handelnden Machtapparat, der gerade so ziemlich alles falsch machte, was man falsch machen kann? Das wäre nur dann mit Ja zu beantworten gewesen, wenn es sich bei den prospektiven Putschisten um eine starke, europäisch ausgebildete und orientierte Kraft innerhalb des Militärapparates gehandelt hätte und diese sowohl auf breite Unterstützung des Volkes und der staatlichen Organe als auch auf internationale Hilfe hätte zählen können. Beides erschien damals zweifelhaft, war zunächst aber auch nicht komplett auszuschließen.

Ankara war damals schon dabei – und ist es seit dem Referendum vom April 2017 erst recht –, sich als Partner des Westens zu disqualifizieren, ja zu verabschieden. Von dem Verhältnis zu Europa, insbesondere zu Deutschland sind nur noch die Rudimente eines Zweckbündnisses übrig – etwa in Bezug auf die Flüchtlingsfrage oder den Kampf gegen den IS von türkischem Boden aus – und selbst die bröckeln, seit die Deutschen mit erstaunlich schneller Konsequenz entschieden, ihre Soldaten, Tanker- und Aufklärer-Crews vom Nato-Fliegerhorst Incirlik abzuziehen und nach Jordanien zu verlegen.

Ob ein erfolgreicher Militärputsch wieder zu einer funktionierenden «strategischen Partnerschaft» zwischen Ankara und dem Westen geführt hätte, hängt auch davon ab, welche Maßnahmen die Putschisten nach der Machtübernahme ergriffen, vor allem, ob sie Menschenrechte, Gewaltenteilung und Pressefreiheit wieder eingeführt und zügig eine Generalamnestie für die politischen Häftlinge des Regimes ausgesprochen hätten, die zum größten Teil noch nicht einmal ahnen, was ihnen eigentlich zur Last gelegt wird.

Wenn ich mich der früheren Putsche in diesem Land erinnere, auf deren Agenda die Menschenrechte nicht gerade ganz oben standen, erscheint dies sehr zweifelhaft. Undenkbar aber wäre es nicht gewesen – zumindest, wenn man davon ausgeht, dass tatsächlich westlich-säkular orientierte Kreise des Militärs hinter dem Putsch standen und nicht, wie die türkische Regierung behauptet, Generäle, die der weltweit aktiven, undurchsichtigen Sekte namens «Hizmet», also der sogenannten Gülen-Bewegung, nahestanden – der Bewegung des langjährigen Verbündeten der AKP, zumindest, was das Ziel, die Islamisierung der türkischen Nation betrifft, und Steigbügelhalter Erdoğans.

Ausländische Beobachter wie etwa der Chef des Bundesnachrichtendienstes, Bruno Kahl, glauben nicht, dass die Hizmet-Bewegung Fetullah Gülens für den Putschversuch in der Türkei verantwortlich ist. Er sehe keine Anzeichen dafür, dass der Prediger oder von ihm gelenkte Kräfte hinter dem gescheiterten Aufstand stecke, sagte Kahl dem «Spiegel» im Frühjahr 2017. «Die türkische Regierung hat auf den unterschiedlichsten Ebenen versucht, uns davon zu überzeugen. Das ist ihr aber bislang nicht gelungen.» Bereits vor dem 15. Juli habe eine große Säuberungswelle in der Türkei begonnen. «Deshalb», so die Erkenntnis des Geheimdienstchefs, «dachten Teile des Militärs, sie sollten schnell putschen, bevor es auch sie erwischt. Aber es war zu spät und so sind auch sie eben mit weggesäubert worden.»

Die Frage, ob ein echter Militärputsch, so wie ihn die Türken mehrmals über sich ergehen lassen mussten, im Volk begrüßt worden wäre, ist eher aus psychologischen denn aus pragmatischen Gründen zu verneinen: Die zahlreichen Militärputsche sind der Mehrheit der Türken nämlich heute eher als diffuser Alptraum im Volksgedächtnis denn als Rettung aus Chaos und Not, selbst wenn Letzteres mindestens bei zwei Putschen durchaus der Fall war. Nur waren die Rettungsputsche für viele zu schmerzhaft und à la longue zu erfolglos, sodass die damit verbundene Repression doch im kollektiven Gedächtnis die Not und das Chaos des Vorher übertüncht. Zudem hat der gute Ruf der Militärs seit den Zeiten, da sich die Älteren noch an sie als maßgebende Schutzmacht und ruhmreiche Identifikationskraft der Türkischen Republik erinnerten, gelitten. Noch zu meinen Kindheitstagen in Istanbul legitimierte sich die Armee als Retterin der Türkei aus ihrer Rolle im Befreiungskrieg, der von 1919 bis 1922 tobte, als Elite, die im Verteidigungskrieg Anatoliens gegen die Aufteilung des Landes nach dem Ersten Weltkrieg siegte, den letzten Kalifen-Sultan zur Flucht bewegte und die noch von den alliierten Siegermächten besetzte Stadt Istanbul einnahm. Aber das ist lange her. Der Schatten ihres Gründers und legendären Oberbefehlshabers Gazi Mustafa Kemal Atatürk ist für viele gegenüber neuen trügerischen Irrlichtern verblasst.

Schon sehr früh an jenem Abend des 15. Juli 2016 twitterten Freunde aus Istanbul diese Gedanken: Wer putscht hier wirklich? Wer steckt dahinter? Welchen Kreisen wird dieser Putsch nützen, wenn er gelingt? Wird es nur einen Machtwechsel geben, während das Chaos erhalten bleibt? Wird lediglich eine Kleptokratie auf die andere folgen? Werden die Putschisten die Macht und ihren Missbrauch nur neu verteilen? Diese Gedanken und Befürchtungen hatten sowohl mit den eigenen Interessen und politischen Standpunkten zu tun als auch mit persönlichen Erfahrungen.

Wer sich an 1960, 1971 oder 1980 erinnern konnte, dachte anders als die jüngere Generation; wer durch einen Wandel etwas zu verlieren hatte oder zu verlieren zu haben glaubte, dachte und handelte anders als diejenigen, die sich schon als

Verlierer der Erdoğan-Diktatur fühlen mussten. In der Nacht auf den 16. Juli erlebten die Türken nicht ihren ersten Putsch, aber ihren ersten misslungenen, möglicherweise ihren ersten Scheinputsch, einen Putsch von oben, einen «Reichstagsbrand alla turca», eine Brandstiftung, die denen, gegen die sie gerichtet war oder gerichtet zu sein schien, nutzte, statt ihnen zu schaden, was diese folglich in den Verdacht brachte, selber die Brandstifter zu sein. Die Umstände und vor allem die Täterschaft konnten oder sollten nicht geklärt werden und bleiben weiter Gegenstand einer Kontroverse – auch das keine Premiere in der Geschichte der Staatsstreiche, wohl aber in der türkischen Putschgeschichte.

Schon vor dieser Nacht befand sich die Türkei unter Erdoğan in einem Ausnahmezustand. Er musste nur noch offiziell erklärt werden, wofür ein Anlass willkommen war. Viele Türken aus Intellektuellenkreisen trauen der Regierung Erdoğan hinter vorgehaltener Hand zu, diesen Putsch unter Inkaufnahme eventueller Opfer entweder inszeniert oder, in Kenntnis um gewisse Umsturzvorbereitungen, zumindest nicht verhindert zu haben. Auch ausländische Geschäftsleute und Unternehmer in der Türkei deuten in Gesprächen an, dass das Regime zur Vorbereitung des Griffs nach noch mehr Macht und Alleinherrschaft ein knappes Jahr später keinen besseren Anlass hätte inszenieren können als diesen Putsch.

Hunderte von Schilderungen und Diskussionen später glauben das vor allem Großstadttürken, die jene Nacht und die folgenden Tage entweder zu Hause oder auf der Straße miterlebten: weil ihnen die anschließenden «Säuberungen» allzu reibungslos vonstatten gingen und deshalb weniger wie Reaktionen als eher wie von langer Hand vorbereitete Aktionen erschienen. Für sie ist ein «Putsch von oben» zwar die zynischste aller Varianten, sie erscheint ihnen aber im Angesicht der Folgen und der Geschichte anderer Coups d'Etat durchaus nicht undenkbar. Was selbst hochgebildete Türken ihrer eigenen Regierung zutrauen, zeigt, welcher Grad an deprimierendem Misstrauen inzwischen erreicht ist.

Das Land und seine Menschen waren schon vor jener mysteriösen Sommernacht am Abgrund. Der Putschversuch hat die Verhältnisse lediglich geklärt, dazu die Hilflosigkeit der Demokraten in der Türkei gegenüber dem Mythos, dass der Diktator «ja nur auf Volkes Stimme» höre, offensichtlich gemacht und den Kollaps beschleunigt, indem er nur die Macht des Regimes festigte, ohne greifbare Vorteile für die Gesellschaft. Er hat den Präsidenten gestärkt und seinen ständig wiederholten Behauptungen von der «Verschwörung gegen die türkische Nation» in den Augen eines Teils des Volkes, nämlich seinen Wählern und Anhängern aus den bildungsfernen Schichten und den unmittelbaren Profiteuren und Trittbrettfahrern der Macht, zusätzliche Glaubwürdigkeit verschafft. Erdoğan ist der Regel Nummer eins für alle Despoten gefolgt: Willst du die absolute Macht, nutze einen historischen Moment oder führe ihn herbei, um deinen Kritikern und Rivalen jegliches Handeln unmöglich zu machen und spiele dich deinen Anhängern gegenüber als Retter auf.

Der Ablauf dieser Nacht und die Blitzsäuberungen der folgenden Tage erscheinen aus der zeitlichen Distanz also wie eine Choreographie, wie die Inszenierung eines Propagandafilms mit der Botschaft: «Niemand kann dem *liderimiz* etwas anhaben, weder politisch noch militärisch.» Der Putschversuch war für den Staatspräsidenten, der sich folgerichtig ein knappes Jahr später per Ermächtigungsgesetz zu einem neuen Sultan krönte, ein Vorwand, die für den Griff nach der Macht notwendigen und geheimdienstlich akribisch vorbereiteten Säuberungslisten abzuarbeiten. Erdoğan selber nannte die Nacht deshalb bei einem Dutzend Gelegenheiten ganz offen «ein Geschenk Allahs». Das Geschenk war der erste Akt, das

Referendum zur Verfassungsänderung, Erdoğans Ermächtigungsgesetz, der zweite. Es erweitert die Machtbefugnisse des Präsidenten erheblich und macht ihn künftig praktisch zum Alleinherrscher. Die blutige Julinacht 2016 und die ungestempelten Wahlzettel des 16. April 2017 gehören zusammen – ohne Putsch hätte Erdoğan sein Referendum wohl haushoch verloren, wenn er es überhaupt hätte stattfinden lassen.

☪

Ich saß in jener Nacht, als Allah seinen Auserwählten beschenkte, zwar in Deutschland, war aber dank sozialer Netzwerke doch ab der ersten Eilmeldung gegen 22 Uhr mitten drin in Istanbul und Ankara. In einem Videoblog auf Facebook versuchte ich die privaten Meldungen von Freunden und Bekannten über das, was sie gerade erlebten und fühlten, zu bündeln und meine Follower auf dem Laufenden zu halten. «Es hat eben mehrmals geknallt», twitterte etwa eine befreundete deutsch-türkische Schauspielerin, die gerade in einem Istanbuler Restaurant mit Freunden beim Essen saß, «habe gerade gefragt, ob das Bomben sind. Jemand sagt, es war ein Kampfflugzeug, es hat die Schallmauer durchbrochen über Beyoğlu. Hier sind gerade zwei riesige Fensterscheiben geborsten und die Alarmanlage geht los. Einige der Gäste um mich herum haben sich unter den Tischen versteckt, alle Kellner sind verschwunden …»

Kurz darauf wurde auf Facebook ein erster wackeliger Handyfilm hochgeladen, auf dem man sah, wie etwa hundert Zivilisten und fast ebenso viele uniformierte Polizisten am Atatürk-Denkmal mitten auf dem Taksim-Platz eine kleine Gruppe verdatterter junger Soldaten eingekesselt hatten und diese wüst beschimpften. «Diese Nacht zum 16. Juli wird in die türkische Geschichte eingehen als eine Nacht, in der sich wohl zum allerletzten Mal die Armee oder Teile des Militärapparates mit einer amtierenden Regierung angelegt haben», sagte kurz darauf ein Kommentator des «Deutschlandfunk» voraus. Todesmutig und dilettantisch zugleich handelten die Offiziere, als sie es wagten: Ob vom treuen Glauben beflügelt, Atatürks westliche Werte gegen einen zweiten Adnan Menderes zurückzuerobern, der – mehr als ein islamistischer Präsident – gar ein neuer Sultan sein will, oder ob von dem mysteriösen ebenfalls islamistischen Sektenführer und ehemaligen Weggefährten Fetullah Gülen aus Amerika angestiftet – oder ganz anders: von einigen Generälen befehligt, die ihrerseits Befehle aus Ankara befolgten.

Erdoğan hatte bereits am 31. Mai, also rund sechs Wochen vor dem Putschversuch, erklärt, er wolle mit sofortiger Wirkung die religiöse Bewegung seines Widersachers Fetullah Gülen zur terroristischen Gruppierung erklären lassen. Das Kabinett habe die Entscheidung gebilligt, die Anhänger des Geistlichen als «gülenistische Terrorgruppe» einzustufen. Damit stellte er die Anhänger Gülens auf eine Stufe mit kurdischen Extremisten, die von der türkischen Armee im Südosten des Landes bekämpft werden. «Sie werden zur Verantwortung gezogen werden», tönte Erdoğan vor seinen Anhängern, ohne einen Beweis für die Wahrheit seiner Anschuldigungen vorzulegen – und ohne dass ihm ein solcher abverlangt worden wäre. «Manche sind geflohen, manche sind im Gefängnis, manchen wird der Prozess gemacht. Dieses Vorgehen wird fortgesetzt.» Das alles ging dem Putschversuch voraus. Ob sich mutmaßliche Aufständische innerhalb des Militärapparates dadurch zum Handeln gezwungen sahen oder die Regierung selbst, darin sind sich die Diplomaten und Geheimdienste uneinig.

Todesmutig und zukunftsblind zugleich war das Volk, das, einem im Fernsehen gesendeten Handyaufruf des Präsidenten folgend, gegen die Soldateska auf die Straße zog, im treuen Glauben, seinen geliebten *liderimiz* zu schützen. Auch Erdoğan-Gegner strömten auf die Straßen und stemmten sich in T-Shirt und Hauspantoffeln gegen Panzer und MGs – um gegen eine Machtübernahme des Militärs zu sein, muss man kein Anhänger des gegenwärtigen Diktators sein. Die Stimmung der Massen in ihrem Run auf die Straßen, Plätze und die gesperrte Bosporusbrücke schwankte zwischen Patriotismus, Übermut, Neugier und einem «Wir-sind-das-Volk»-Gefühl. Ein Gegendemonstrant twitterte: «Ach, Papa Erdoğan, begreife doch! Geh auf deine Gegner zu, beende deinen Krieg gegen die Kurden, lass die verhafteten Richter, die eingekerkerten Journalisten frei, wage den Versuch eines demokratischen Neustarts!» Zweimal 140 Zeichen auf Türkisch. Ein Beispiel nur von Tausenden: Die Verlierer des Putsches waren und sind nicht nur die Putschisten und ihre angeblichen Hintermänner und Anhänger. Es sind die Andersdenkenden, die schon vor dem Putsch auf Listen standen, ob sie nun links oder liberal oder kemalistisch oder säkular oder nur demokratisch im westlichen Sinne denken und sich auf ihren Rechtsstaat verlassen. Die Opfer der folgenden Verfassungsänderung ein knappes Jahr später sind die «anderen Türken», der widerstandsbereite Teil, die türkischen Eliten, die freiheitlich denken.

Wären diese auch Opfer eines gelungenen Putsches gewesen? Nur dann, wenn es tatsächlich ein von Gülen-Anhängern oder Gülen selbst gelenkter Putsch gewesen wäre. Denn Gülen ist Islamist wie Erdoğan auch und verfolgt dasselbe Ziel, einen islamischen Staat – unterschiedlich sind nur die Methoden und der moralische Überbau. Und auch das ist fraglich. Denn das Zerwürfnis zwischen den unterschiedlichen Islamisten, dem Prediger und Sektenguru Gülen und dem rücksichtslosen Machtsüchtling Erdoğan, entstand 2013 vermutlich aus der Kritik Gülens an der offenen Bestechlichkeit des Verbündeten und seinem rüden Umgang mit den Menschenrechten. Ob Gülen diese seinerseits wahren würde, hätten er und seine Anhänger die Macht im Staat erlangt, halten viele Türken für fraglich – auch jene, die Erdoğans Pogrome gegen angebliche Gülen-Anhänger verurteilen.

Der Erscheinungsform nach, die sich ja nicht selten von der Wirklichkeit unterscheidet und sich in der Folge der Ereignisse auch verändern kann, versuchte in jener Nacht das türkische Militär zum ersten Mal seit 1980 eine amtierende Regierung der Türkei gewaltsam zu stürzen. Die Lage schien durchaus dramatisch. Es wurde «das Kriegsrecht» ausgerufen, wie schon in früheren Jahren in solchen Momenten, in Istanbul der Atatürk-Flughafen und eine der Bosporusbrücken besetzt, in Ankara das Parlamentsgebäude von einigen Militärjets angegriffen. Infanteriesoldaten stürmten das Studio des staatlichen Fernsehsenders TRT und zwangen die Nachrichtensprecherin Tijen Karaş, wie sie selber später berichtete, «mit vorgehaltener Waffe», einen vorbereiteten Text zu verlesen: «Die verfassungsmäßige Ordnung, basierend auf Gewaltenteilung, ist nicht mehr vorhanden. Sämtliche Institutionen, darunter auch die Armee, könnten ihre Pflichten nicht mehr erfüllen. Wir haben die Kontrolle übernommen: für den Frieden im Land und den Frieden in der Welt.» In einer weiteren, von der Nachrichtenagentur DHA verbreiteten Verlautbarung der Armee hieß es, das Militär wolle «die verfassungsmäßige Ordnung, Demokratie, Menschenrechte und Freiheiten wiederherstellen. Der Präsident hat immer autokratischer geherrscht, der Terrorismus sich immer weiter ausgebreitet. Nun sollten wieder Rechtsstaatlichkeit und Ordnung gelten.»

Ein neuerlicher Coup d'Etat des Militärs in der Türkei? Das schien mir und allen, mit denen ich darüber sprach, bis zu dieser Nacht völlig undenkbar – eher wie ein Szenario aus der fernen Vergangenheit dieses geprüften Landes, mir noch im

Gedächtnis aus Kindheits- und Jugenderinnerungen. Soldaten, die mit Panzern, Infanterieeinheiten und Helikoptern ausrücken, Regierungsgebäude und öffentliche Einrichtungen besetzen, Straßensperren errichten, Generäle und Obristen, die Ausgangssperren verhängen, Regierungsmitglieder verhaften, zivile Posten der Administration in allen Lebensbereichen übernehmen – das passte nicht mehr, das hatten die Älteren unter uns, zu denen ich selber zähle, schon dreimal erlebt – zum letzten Mal 1980. «Unser Land hat schon schlimmere, aussichtslosere Situationen durchgestanden», diktierte damals der türkische Premier Süleyman Demirel, gefragt, wie er die Situation einschätze, italienischen Reportern in die Notizblöcke. «Wir können heute ein Eingreifen der Armee ausschließen.» Die Situation im Herbst 1980 beschrieb die Zeitung deutlich: «Bürgerkriegsartige Kämpfe, Wirtschaftsflaute, Inflation – unser Nato-Partner Türkei besitzt *effettivamente* kein funktionierendes Staatswesen mehr.»

Dieser Meinung war auch die türkische Armee. Am Tag, an dem die verharmlosende Lagebeschreibung des türkischen Premiers auch in türkischen Zeitungen abgedruckt wurde, rollten nachts ab 23.55 Uhr Ortszeit die ersten Panzer und besetzten Kreuzungen und Fernstraßen, wurden die ersten Straßensperren und Kontrollposten errichtet. Vier Stunden später wurde die Bevölkerung, begleitet von martialischer Marschmusik über alle großen Radiostationen informiert: «Ein nationaler Sicherheitsrat hat sich soeben konstituiert. Ihm gehören die Kommandanten aller Waffengattungen sowie der Kommandant der ‹Jandarma› an …» Später präzisierte der Sprecher – ich höre noch seine schneidende Stimme, sie klang eher agitatorisch als nachrichtlich, etwa so wie heute noch im nordkoreanischen Radio, wenn neue Dekrete des Präsidenten hinausgebellt werden –, der Rat habe alle Parteien und alle Abgeordneten des Parlamentes suspendiert, deren Immunität aufgehoben. Außerdem seien mit sofortiger Wirkung auch die linke Gewerkschaft «Disk» sowie die rechtsradikale «Misk», dazu jegliche Form von Versammlungen verboten und ab sofort gelte ein Ausgangsverbot. «Das türkische Volk», so das Kommuniqué der Putschisten am Tag nach dem Putsch, «hat keine Geduld mehr mit jenen, die die Rückkehr zum islamischen Staat und zum Neofaschismus propagieren.»

Die Türkei war in der Tat zuvor von einem Ausmaß an Anarchie geschüttelt worden, das mit der Lage im Juli 2016 nicht vergleichbar ist – gewiss auch, weil solche Zustände spätestens seit 2007 durch ein dichtmaschiges Netz aus Verboten und Dekreten unterbunden wurden. Es fehlte also 2016 an dem typischen Argument zu putschen: «die Anarchie im Lande». Aber es gab ein anderes gutes Argument, und das wiederum erinnert an einen anderen Putsch, nämlich den von 1960: Dem türkischen Militär war es – und das galt bis vor rund zehn Jahren – per Verfassung aufgegeben, den Staat, wie ihn dessen Gründer Kemal Atatürk konzipiert hat, «zu retten, wenn seine Grundlagen – Trennung von der Vormundschaft der Religion, pro-westliche Orientierung, Demokratie – in Gefahr geraten».

Der Putschist von 1980, Generalstabschef Kenan Evren, galt international als moderat, prowestlich, als zuverlässiger Vertreter einer parlamentarischen Demokratie und genoss zudem das Vertrauen des eher sozialdemokratisch orientierten Flügels der kemalistischen CHP, damals wie heute in der Opposition. In einer Rede, die auch von der ARD übertragen wurde, erklärte Evren: «Die Regierung unter Ministerpräsident Demirel ist nicht mehr in der Lage, das Land vor einer Katastrophe zu bewahren.» Alle Beobachter und vor allem die Mehrheit im türkischen Volk gaben ihm darin recht. «Im Nato-Land Türkei», schrieb damals die «New York Times», «herrschen Terror und Chaos.» Aus den Koalitionen wurden

Parlamentarier weggekauft. Angewidert von den Kuhhändeln rund um die ständig wechselnden Regierungskoalitionen hatte vor allem die Jugend das Vertrauen in die Demokratie verloren.

Als General Evren und seine Offiziere am 12. September 1980 gegen das Chaos putschten, in welchem sich unterschiedliche linksradikale Gruppen, kurdische Freiheitskämpfer und Vertreter der Arbeiterbewegung mit rechtsradikalen Gruppen wie den *Bozkurt* (Grauen Wölfen) und ihren jeweiligen Anhängern im ganzen Land zerfleischten, ließ sich sogar Amnesty International zu dem Zugeständnis hinreißen: «Dieser Putsch wird wohl von der gesamten Nation als Erlösung angesehen werden.»

Der Bürgerkrieg in der Türkei kostete an manchen Tagen bis zu hundert Todesopfer. Linke Historiker und Analysten in Europa sahen darin allerdings eine «Strategie der Spannungen, gezielt aus Teilen des Militärs und vom ‹Amt für besondere Kriegsführung› betrieben.» Nicht zufällig sei der Chef dieses Amtes General Evren gewesen, der spätere Putschisten-Anführer. Also auch damals ein künstlich von oben herbei-terrorisierter Putsch – nur eben von der Generalität, die damals noch die Macht Nummer eins in der Türkei war?

Eine Szene, typisch für die Türkei in den späten 1970er Jahren, schilderte mir ein Freund damals – er hatte das tags zuvor selber so erlebt, ich war gerade als junger Reporter in Istanbul: «Heute Morgen in meinem kleinen Brotladen stürmte ein zivil gekleideter Mann zur Kasse: ‹Eine Spende, Bruder, für die gute Sache der Rechten!› ‹Aber die Kasse ist leer, Bruder! Eben war schon ein anderer Bruder da und verlangte eine Spende für die Linke! Entschuldige …!› Da hatte der Brotverkäufer schon eine Kugel im Kopf. Auf diese Weise fallen dem Volkszwist aus *devrimci*, (revolutionären) Kommunisten und Neofaschisten, täglich im Durchschnitt um die 25 Zivilisten zum Opfer.»

Pogrome an Aleviten, aber auch Massaker – etwa, als am 1. Mai 1977 Einheiten der Konter-Guerilla, ein auch als «tiefer Staat» bezeichneter mafiöser Geheimbund aus Mitgliedern des Geheimdienstes, der Armee, Rechtsextremer und Killerkommandos, der sich *Özel Harp Dairesi* (Amt für besondere Kriegsführung) nannte, auf Hunderttausende auf dem Taksim-Platz in Istanbul versammelte Gewerkschafter und linke Studenten das Feuer eröffneten – verängstigten die Bevölkerung dermaßen, dass General Kenan Evrens Staatsstreich erst einmal begrüßt wurde, weil er scheinbar für Sicherheit und Ordnung sorgte.

In den Telefonaten der Julinacht 2016 und den hektisch ausgetauschten Nachrichten auf Twitter, Facebook, per SMS und What's App ging es nicht zuletzt auch um historische Reminiszenzen, um Fragen, die darum kreisten, was eigentlich die Türkei zu einem Putschland par excellence macht. Ist es das Schicksal des Landes, immer wieder in von oben inszenierte Katastrophen zu schlittern, und sich von «Rettern» blenden zu lassen, die alles nur noch schlimmer machen, weil sie im Eigeninteresse «retten»? Waren und sind diese Katastrophen gar immer provoziert und inszeniert? Ist jetzt, im zweiten Jahrzehnt des 21. Jahrhunderts, erneut die Zeit einer Katastrophe gekommen – jetzt, wo es keine Militärmacht mehr gibt? Ist es das Schicksal der Türkei, zu einem Erdoğanistan zu werden, etwa so, wie es das Schicksal Deutschlands war, zwei Menschengenerationen zuvor aus der ungeliebten Demokratie der Weimarer Republik in die Diktatur des Dritten Reichs abzustürzen? Passt Demokratie einfach (noch) nicht zu diesem Land, so wie sie (noch) nicht zu Deutschland passte, wie Winston Churchill seinerzeit überzeugt war?

Was hat Atatürk, der doch die Demokratie in der Türkei einführte oder besser: sie ihr diktatorisch verordnete, mit der Nacht auf den 16. Juli 2016 zu tun? Schafft sich die Türkei selber ab, indem sie die Errungenschaften des Staatsgründers abschafft? Oder gehen der politische Selbstmord und das jetzt nach kurzer Blüte wieder drohende Wirtschaftselend der «modernen Türkei» zurück auf eine à la longue misslungene Großtat in der eigenen Geschichte, einen missratenen Quantensprung aus dem Mittelalter in die Neuzeit, einen nie mehr korrigierbaren Webfehler? Hat das türkische Volk die Revolution bis heute nicht verkraftet, die Mustafa Kemal, der spätere Atatürk, der Restnation verordnet hatte, die vom einst ruhmreichen, später zerfallenden und nach 1918 endgültig besiegten Osmanischen Reich übrig geblieben war?

Ist seine Abkehr vom klerikalen Staat wieder obsolet – heute, da sich der Islam weltweit komplexbeladener und infolgedessen der Islamismus aggressiver und destruktiver denn je wie ein Rachefeldzug gegen jahrzehntelang missratene westliche Politik zurückmeldet? Hat Mustafa Kemal die Demokratie 1923, zu Zeiten, da drei Viertel der Welt noch kolonial und diktatorisch geführt und ausgebeutet waren, da es eigentlich kaum ein Vorbild gab, einfach zu früh eingeführt? War die Türkei längst noch nicht reif, um zu einem modernen Industriestaat umgebaut zu werden? Schleicht sich die von Atatürk rationalistisch bekämpfte Islamhörigkeit der Türken wie durch eine Hintertür immer wieder ein? Heute unter Erdoğan, so sehr wie sie sich auch nach Atatürks Tod bald wieder Bahn brach, wie ein Strom, der sich zwar kanalisieren und stauen, aber nicht zum Versiegen bringen lässt? War der Offizier und Gentleman Mustafa Kemal einfach zu elegant, zu abgeklärt, zu elitär, zu gebildet, zu kosmopolitisch um «türkisch» zu sein? Ist Recep Tayyip einfach viel «türkischer»?

Solche Gedanken tauschten die Menschen aus, mit denen ich in dieser Nacht und in den Tagen, Wochen und Monaten danach korrespondierte, die ich auf der Durchreise auf Flughäfen traf, die mich nach Lesungen und Fernsehauftritten ansprachen. Die Gedanken gingen weit zurück. Der fortschrittliche Dreisatz «Adieu, Mohamed und Sultan, Bonjour, Demokratie» ist nicht aufgegangen im anatolischen Hinterland, er konnte es vielleicht gar nicht. Die Abkehr von der Vergötterung des Propheten M., den der kämpferische Laizist Mustafa Kemal als «unmoralischen Beduinen» bezeichnete, dessen Lehre «allenfalls etwas für verweichlichte Araber, aber nichts für tapfere Türken» sei, wurde zum Bruch mit der eigenen, im Gedächtnis der Nation immer noch als glorios empfundenen Vergangenheit.

Der Militärstaat des späteren Kemal Atatürk verdrängte nicht nur islamische Würdenträger aus Staatsämtern, sondern ließ darüber hinaus einen großen Teil dessen, was man bis dahin als türkische Kultur bezeichnete, gleich mit ausmerzen. Weil es keine «türkische Kultur» gab, als die Seldschuk-Türken im elften Jahrhundert aus Zentralasien kommend in Kleinasien einwanderten und das Gebiet, das bis heute Anatolien heißt, als Erste den islamischen Missionaren öffneten – und damit türkisches kulturelles Selbstverständnis früh dem Islam überließen. Das ging so lange gut, bis das multi-ethnische, über Jahrhunderte effizient verwaltete, gigantische *Empire Ottoman* ab Anfang des 19. Jahrhunderts, verspottet als «kranker Mann am Bosporus», zu zerfallen begann, um schließlich im Ersten Weltkrieg von einer alliierten Übermacht endgültig besiegt, in den Verträgen von Sèvres gedemütigt und beinahe gänzlich von der Landkarte getilgt zu werden.

In dieser Situation machte Mustafa Kemal, der weitsichtige Einzelgänger und, verglichen mit den Führern vor und nach ihm, die große Lichtgestalt der gesamten nahöstlichen Region, Tabula rasa. Erdoğans heutige Vorbilder, die Jungtürken, unter deren Regime – als kriegsbedingte Maßnahmen getarnt und gerechtfertigt – die Deportation und der bis heute geleugnete Völkermord an den Armeniern geschah, wollten den

Traum von einem Großtürkischen Reich wiederbeleben. Und das sollte in einem konstitutionellen Sultanat alle turksprachigen Völker Asiens umfassen. Mustafa Kemal dagegen setzte schon früh etwas um, das, immer wieder von Rückschlägen gestört, nun Anfang des 21. Jahrhunderts allmählich gefestigt schien: den Verzicht auf Expansion und alte Großmachtsherrlichkeit, dafür die Abwendung seines modernen, republikanischen Nationalstaats *Türkiye Cumhuriyeti* von der östlichen und die Hinwendung zur westlichen Zivilisation.

Indem er die aus arabischen Zeichen bestehende osmanische Schrift per Dekret abschaffen ließ («denn das ist die Schrift des *Qur-ans*»), trennte Atatürk sein Volk aber auch von Teilen seiner Geistesgeschichte. Studenten und Professoren konnten spätestens ab Mitte der 1930er Jahre die alten Archive und Nachschlagewerke der einst reichhaltigen osmanisch-türkischen Bibliotheken nicht mehr nutzen – zum einen, weil sie sie nicht mehr lesen konnten, zum anderen, weil sie als «überholt» verboten wurden. Angewiesen auf passend gemachte Neuausgaben in lateinischer Schrift waren etwa Geschichts-, Literatur- und Religionswissenschaft über Nacht «gleichsam aus einem lebendigen Marktplatz aus Jahrhunderte alten Quellen in ein steriles Vakuum verpflanzt, wie aus einem alten Palazzo mit Winkeln und Türmchen und Kellern und Speichern in einen leeren Plattenbau umgesiedelt».

So sah das die berühmte Orientalistin Annemarie Schimmel. In den 1950er Jahren, als sie in Ankara lehrte, war sie bisweilen Gast im Hause meiner Eltern. Später habe ich sie bis zu ihrem Tod immer wieder besucht, um von ihr über die Dichtung des mittelalterlichen Persien, etwa das Rubayat von Omar Khayam, das sie übersetzt hatte, osmanische Dichtung oder die mystischen Dimensionen des *Qur-ans* zu lernen – und über die alte und neue Türkei zu diskutieren.

Als ich sie als kleiner Junge kennenlernte, war Annemarie

Schimmel gerade als erste Frau, zumal Deutsche und Protestantin, zur Professorin und Dekanin an der Islamistik-Fakultät der Universität Ankara berufen worden. In späteren Jahren erzählte mir die zierliche Islamwissenschaftlerin, Autorin von über 75 Büchern, die auch 25 Jahre in Harvard unterrichtet hatte, manchmal davon, wie die Lehrkörper an Schulen und Universitäten damals unter Atatürk plötzlich im ganzen Land angehalten gewesen waren, ein neues Geschichtsbild zu vermitteln, «und das hatte, so wollte es der Staatsgründer, gefälligst die vorhandenen Bezugspunkte zum Islam wo irgend möglich zu ignorieren». «So musste ich mit meinen Studenten manche Daten zur türkischen Philosophiegeschichte neu erarbeiten und ihnen die benötigten Quellen aus dem Westen besorgen.» Sie sei ja in vielerlei Hinsicht eine Bewunderin Atatürks gewesen, habe aber auch feststellen müssen, dass «die Art und Weise, wie er die Beziehungen seines Volks zur eigenen Vergangenheit gekappt» habe, «auch etwas Grausames hatte. Vergleichbar, wenn man will, sogar mit den Zwangs-Kulturrevolutionen unter Stalin und Mao – nur nicht todbringend ...»

«Die alten Werte wurden gelöscht», erzählte mir die profunde Kennerin des Islam und frühe Kritikerin des kemalistischen Wissenschaftsbetriebs. Später, wenn ich sie dann und wann auf einen *Çay* in ihrer Wohnung in einer Gründerzeit-Villa am Bonner Hofgarten besuchte, zitierte sie in ihrem altmodischen Professorentürkisch stundenlang aus den Reden Atatürks und dann wieder aus dem *Qur-an.* «Im Grunde», erzählte sie, «waren auch die Militärputsche irgendwie immer Richtung Westen orientiert. Westen ist Abendland, Abendland aber ist Christentum. Ich komme selber da her, ich bin eine Protestantin aus Thüringen und durfte bei den soeben zwangs-säkularisierten, zwangs-verwestlichten Türken Islamwissenschaften und Osmanische Geschichte lehren, während sich das Rad wieder zurück zu drehen begann. Ich konnte also hautnah erspüren, wie den Türken um mich herum dieser Sprung Richtung Abendland misslungen, wie er sie zu überfordern schien. Sie konnten ihn nicht verkraften, denn er war ja nicht aus ihnen heraus entstanden. Er war weder selbsterkämpft noch -erarbeitet. So erschien selbst den eingefleischten Kemalisten unter meinen Freunden und Studenten alles Christliche wie etwa die Kreuzzüge, ja sogar das Glockengeläut der Kathedralen bedrohlich. Sie sprachen mich, die Christin aus Almanya, die mit ihnen islamwissenschaftliche Seminare abhielt, oft darauf an. ‹Was hatten wir denn eigentlich davon, dass den Männern der Hut verordnet und den Frauen der Schleier verboten wurde?›, fragten sie.»

Nach diesen Teestunden in ihren letzten Lebensjahren verließ ich Annemarie Schimmel stets mit dem Gefühl, einer liebenswürdigen Vermittlerin zwischen islamischer und westlicher Welt gelauscht zu haben, einer, die damals schon und heute erst recht gebraucht würde. Manchmal frage ich mich, wie die Friedenspreisträgerin von 1995 und Freundin des Islam die Situation heute deuten und erklären würde, was sie wohl dem Islamisten Erdoğan erzählen, mit welchen Koran-Zitaten ihn zur Räson rufen würde. Ob ihr ein Brückenbau gelänge?

☪

Gebrüllt, skandiert, gehorcht, sich geduckt und denunziert wird vor – und von den anderen nach – jedem Staatsstreich in der Türkei. Ich habe das teilweise unmittelbar miterlebt. Den ersten großen Putsch des Jahrhunderts, sozusagen die Mutter aller Putsche in der Türkei, hat indes mein Großvater Cevat Paşa in stürmischen Jahren nach dem Ersten Weltkrieg mitgetragen und nach seiner Entlassung aus britischer Kriegsgefangenschaft auf Malta in unterschiedlichen Rollen mitgestaltet, um anschließend dem neuen Regime als Generalstabschef, Chef des Militärrats und Delegationschef bei diversen für die Türkei schicksalhaften internationalen Verhandlungen zu dienen. Als früher Weggefährte des Kommandanten, Putschisten und Republikgründers Mustafa Kemal half er in vorderster Linie dabei, die Herrschaft seines vormaligen Dienstherrn, des korrupten Kalifen-Sultans Abdülmecid II., hinwegzufegen und eine fast tausendjährige Ära zu beenden, in der das Osmanische Reich die Geschicke auf drei Kontinenten gelenkt hatte.

Großvater Cevats Kriegskamerad Mustafa Kemal und späterer Dienstherr Kemal Atatürk, dessen Vermächtnis Erdoğan heute aus dem Volksgedächtnis löschen möchte und dessen moderne Anhänger er ebenso wie sein Vorbild Adnan Menderes fürchtet und hasst, führte die parlamentarische Republik ein. Im Hau-Ruck-Tempo schuf er ein Rechtssystem nach westlichem Vorbild, führte an westlichen Idealen orientierte Gesetze und Werte ein, trennte den Islam von der Staatsgewalt, indem er die Religion zur Privatsache machte sowie ihre Gesetze unter die Aufsicht des Staates stellte («...ab sofort sollen statt der unsinnigen islamischen Traditionen für die Türkei nur noch weltliche Verfahren gelten...»). Dazu entfernte er die Imame aus dem staatlichen Bildungssystem, zog als selbsternannter Lehrer seiner Nation buchstäblich mit der Schiefertafel durchs Land, um den Türken das lateinische Alphabet einzupauken, wälzte mit einer gigantischen Gesetzesserie alle politischen Institutionen um, setzte statt der Scharia bürgerliches Recht nach dem Vorbild europäischer Verfassungen durch, stellte die Frauen gesetzlich den Männern gleich. Mit nichts anderem im Sinn, als die althergebrachte Lebensweise der türkischen Bevölkerung mit Stumpf und Stiel auszurotten und sie Richtung Europa zu bugsieren, griff er massiv ins Alltagsleben der Türken ein. Immerhin trugen Kemals Reformen die Türkei aus dem Mittelalter in die Neuzeit, seine Prinzipien und die darauf basierende Verfassung machten die Türkei zur modernsten, fortschrittlichsten und demokratischsten aller 57 Staaten der islamischen Zivilisation. Jedenfalls aus der Sicht derer, die davon profitierten, der sogenannten Eliten im Land und aus der Sicht des Westens, der die Türkei später als Brücke und Alliierten dankbar aufnahm und päppelte.

Die wichtigsten dieser Prinzipien schafft der neue Alleinherrscher jetzt wieder ab. Und erhält dafür – wie Anfang der 1950er Jahre der Islamist Adnan Menderes – brüllende, skandierende Unterstützung von seinem Wahlvolk, dessen Großväter mit Atatürk in den Befreiungskrieg gezogen waren, dessen Väter Atatürk noch verehrten wie einen Gott. Seine Prinzipien, die alten «*altı ok* – sechs Pfeile des Kemalismus», konnten wir Kinder schon in der ersten Klasse runterbeten, ohne sie so recht zu verstehen: Republikanismus als Souveränität des Volks, Laizismus als Kontrolle des Staates über die Religionsangelegenheiten und Trennung der Religion von der Führung, Populismus im Sinne einer Politik für das ganze Volk und nicht mehr nur für die herrschenden Klassen, Revolutionismus als permanente, institutionalisierte Fortführung von gesellschaftlichen Reformen, Nationalismus statt des multi-ethnischen und religiösen Staatsgefüges osmanischen Zuschnitts und Etatismus, der für eine staatlich gelenkte Wirtschaft in Staatsbesitz steht.

Diese blockieren indes die heutige Nachfolgepartei CHP in ihrer schwachen Opposition eher, als dass sie diese beflügeln, weil sie nicht erneuert und der sich ändernden Weltlage angepasst wurden. Heute müsste das Programm vereinfacht, umgeschrieben und auf die Bedürfnisse einer neuen Zeit und neuer Bündnisse zugeschnitten werden in: Säkularismus, Sozialstaat, Parlamentarismus, Rechtsstaat. Von allen diesen Idealen entfernt sich die Türkei gerade unter Erdoğan. Er polarisiert, facht gesellschaftliche Konflikte an, statt sie zu managen, lässt alte, überkommen geglaubte ethnische Spannungen wieder aufbrechen, verstrickt sich in Syrien und Katar in chaotischen, unsinnigen Bündnissen und verliert schon aus reiner Machtfülle und Selbstüberschätzung innen- und außenpolitisch die Übersicht.

Die Übersicht verlieren – das hat seit meiner Kindheit Tradition in der Türkei. Meine Kindheit war geprägt von verunsicherten Lehrerinnen, die ahnten, dass das, was sie uns Schülern heute vermitteln sollten, morgen schon wieder verboten sein würde, von irgendwie politisierten Mitschülern, die dennoch nicht so recht wussten, für wen oder gegen wen zu sein gerade opportun war, von Traurigkeit über während der Pogrome der 1950er Jahre verprügelte, verjagte getötete griechische Freunde meiner Eltern, von folgenschweren Missverständnissen, von Lügen, Mythen und plötzlichen Neuanfängen. Und von Gedichten und Liedern, die bis heute in Istanbul jeder singen kann. Und damals waren immer wieder mal welche plötzlich verboten.

Erwünscht waren bis 1960 die Spottlieder auf Amerika und religiöser Kitsch, der sich gegen alles Unsittliche und Unislamische richtete. Ab 1960 die frechen Schlager aus Italien und Amerika – und Militärmärsche. Bis 1960 besangen die Texte, die jeder Steppke auswendig konnte, etwa die alte osmanische Janitscharen-Herrlichkeit, oder den Eroberer-General Osman Paşa, den Kommandanten des Sultans auf dem Feldzug nach Europa, dem die Donau zuflüstert, sie wolle nicht mehr fließen und ihre Gestade einbrechen lassen, sollte er Plevne je wieder verlassen *(tuna nehri akmam diyor, etrafını yıkmam diyor, adı büyük Osman Paşa, Plevne'de çıkmam diyor …»).* Ab 1960 bejubelten die Lieder in Marschform wieder die «Mutter Demokratie, der schönsten Sache Freiheit» und Kemal, den Gazi und Vater aller Türken, «der dir – durch Arbeit und Müh' das alles geschenkt hat (*«Cumhuriyet Cumhuriyet, en güzel şey hürriyet, Nice zahmet nice emek, verdi sana bu millet…»*)

Die Junta unter General Cemal Gürsel versuchte ab 1960 der Verwirrung im anatolischen Volk, das zehn Jahre lang mit frommen Sprüchen und nicht eingehaltenen Versprechungen abgespeist worden war, durch einen Rückgriff auf die westlichen Werte des Kemalismus beizukommen, was ihr in den Großstädten nicht schwerfiel. Dort gefiel den «Eliten» ein westlicher Lifestyle, dort konnte sich die Oberschicht, die Intelligenzija und ein prosperierendes junges Unternehmertum mit den Prinzipien des radikalen Rationalisten identifizieren. Aber die überwiegende Mehrheit der Bevölkerung, die Anatolier, auch genannt «schwarze Türken», fühlten sich nicht repräsentiert und wieder mal alleingelassen. Angesichts ihres niedrigen Bildungsstandes und aufgrund nicht überwundener religiöser Traditionen konnten sich auch in der Folgezeit parlamentarische Strukturen in den ländlichen Gegenden nicht durchsetzen, ohne immer wieder in eine Diktatur der kemalistischen Generäle zu münden.

Heute sind vor allem die Spottlieder auf den Anführer verboten, über die sich zuletzt auf den Veranstaltungen im Gezi-Park alle amüsierten. Diese werden umso mehr, je stärker sich das tägliche Leben und seine Restriktionen wieder so anfühlen wie 1955. Für die Bestrafung sorgen heute wie damals die Denunzianten. Neu sind nur die Petz-Hotlines, die staatlicherseits angeboten werden, um ganz unkompliziert jemanden zu «melden», der ein verbotenes Lied singt, einen verbotenen Witz erzählt – früher ging es abwechselnd gegen links- oder rechtsradikal, heute gegen angebliche oder tatsächliche Gülen-Anhänger, prokurdische, säkulare oder prowestliche Stimmen.

Auch die Jungs aus den *Gecekondu*-Slums (deutsch: «über Nacht gebaut»), weiter unten, jenseits der Mauer unseres Grundstücks sangen verbotene Lieder, damals in den 1950er und 1960er Jahren und grölten verbotene Parolen, die eben noch erlaubt waren. Ihr aus schierer Not und in der Hoffnung auf eine bessere Zukunft ertrotzter Lebensraum, mit dem Ausdruck *gecekondu* noch respektvoll und positiv besetzt, wurde später mit dem Begriff *varoş* als eine gefährliche No-go-area stigmatisiert. Ich prügelte mich auf dem Schulhof mit einigen Kindern, die meiner Schule auch aus dem Armenviertel Kasımpaşa zugewiesen worden waren, weil ihre Väter im großbürgerlichen Nişantaşı Arbeit gefunden hatten und von ihren Arbeitgebern dort angemeldet wurden. Gemeinsam standen wir montagmorgens zum Fahnenappell stramm, Hand in Hand, und schmetterten die Nationalhymne. Bis 1960 streng nach Geschlecht getrennt, ab 1960 gemischt.

Seit der Einführung des Mehrparteiensystems in der Türkei nach Atatürks Tod war erstmals eine Oppositionspartei aus erbitterten Anti-Kemalisten durch Wahlen an die Macht gekommen, die sich «Demokratische Partei» nannte. Diese Leute waren fest entschlossen, nach ihrer Regierungsübernahme das Rad der säkularen Revolution durch Atatürks Kemalisten wieder zurückzudrehen und die Macht der Generäle zu brechen. Dass Atatürks Nachfolger Ismet Inönü, um dem Oppositionsführer Adnan Menderes ideologisch das Wasser abzugraben, wie dieser zum Schein plötzlich auf die Religiösen setzte und beispielsweise statt des türkischen den abgeschafften arabischen Gebetsruf wieder zuließ, war aufgeklärten Demokraten in der jungen Türkischen Republik als Menetekel erschienen. «Das Volk verlangt Brot und bekommt Koranverse», titelte die kemalistische Tageszeitung «Cumhuriyet», damals wie heute die seriöseste Tageszeitung der Türkei – die inzwischen praktisch täglich abgestraft und zensiert wird.

Meine Kindheit in der Türkei ist sicher auch geprägt gewesen von privilegierter Abgeschiedenheit hinter den Mauern meines Elternhauses im Stadtteil Nişantaşı von den Rufen der

Straßenhändler und Pferdekutschenfahrer mit grünen Wassermelonen auf der Ladefläche, von westlich gekleideten Frauen auf der Istiklâl Caddesi, von streng protestantischer Erziehung durch meine deutsche Mutter und eher entspanntem ‹Savoir-Vivre› meines europäisch denkenden und fühlenden Vaters, der bis 1938 vom Präsidenten Atatürk persönlich protegiert in stürmischen Zeiten als türkischer Diplomat die Welt kennengelernt hatte. Die Vorkommnisse draußen, das Getöse einer sich zunehmend chauvinistisch und religiös gebärdenden Umgebung erlebte mein Vater, nachdem er aus Ärger über das Menderes-Regime seinen Dienst quittiert und sich unpolitischen Aufgaben zugewandt hatte, eher aus der Grundhaltung gepflegter Libertinage eines abgeklärten Beobachters heraus denn als unmittelbar Betroffener. Weder die einen noch die anderen konnten ihm etwas anhaben.

Mein Vater war einer, der sich drei Stunden Zeit nahm, um sich die Sorgen seines Gärtners anzuhören, dann erst empfing er «wichtige Herren», die beim Paschasohn Cobanli ein- und ausgingen, um ihn politisch in die eine oder andere Partei oder Bewegung einzubinden. Mit den alten Offizieren und Gentlemen aus der Atatürk-Zeit verbanden ihn zwar Freundschaften, aber die wollten, dass er Reden hielt und in seiner Rolle als Sohn eines Atatürk-Weggefährten und Kriegshelden des Ersten Weltkriegs Interviews gab, was ihm fernlag. Für die Anhänger der «neuen islamischen Türkei» und ihren Führer Menderes hatte er nur stilles Kopfschütteln übrig, die kemalistischen Putschisten von 1960 wiederum waren ihm «zu links». Vorausgegangen waren die 1950er Jahre – die Türkei war wieder einmal im Umbruch. Die Zeiten der jovialen Tafelrunden und hemdsärmeligen Basta-Entscheidungen der Atatürk-Generation, die das Land immerhin aus europäischer, westlicher Sicht zu einer Lichtgestalt unter den islamischen Staaten gemacht hatte, schienen erst mal vorbei.

Die Kinder aus Ulus, Nişantaşı, Bebek oder Yeniköy, die als *zenginler* galten, als «die Reichen», weil sie in großen Häusern am oder hoch über dem Bosporus lebten und mit Personal aufwuchsen, das ihnen die Schuluniformen mit den weißen Krägelchen bügelte. Die wurden mit dem Chauffeur zur Schule gebracht und dort von den Lehrern weniger streng behandelt, weil ihre Väter oder Großväter vielleicht die Spender des Grundstücks waren, auf dem die Schule stand, oder weil sie ein gepflegtes Türkisch sprachen (*kibar türkçe*). Nachmittags bekamen sie in der Offiziersreitschule am Yildiz-Park Privatunterricht, oder nahmen, wie ich, weil ihre Eltern sie in der türkischen Grundschule für unterfordert hielten, privaten Französischunterricht, lernten Klavier oder Golf oder Tennis, oder alles zusammen. Und am Wochenende durften sie auf der Segelyacht des Vaters ganz selbstverständlich mit parlieren, wenn der dort Geschäftsfreunde oder hohe Gäste aus dem Ausland empfing. Wollten sie nicht alle ein bisschen so sein wie diese glutäugigen Anatolier-Kinder aus den Slums im Tal, oder aus den Glasscherbenvierteln Kasımpaşa und Yedikule? Die «bösen Jungs» aus den *gecekondu*-Slums lauerten den *Zenginler* manchmal auf, fielen dann auf dem Schulweg über sie her wie Wölfe. Meine Mutter entschied irgendwann, mich nur noch in Begleitung des Gärtners oder von Vaters Chauffeur in die Schule bringen zu lassen, was ich als Blamage empfand.

Worin mein Vater mit den «Linken», die wenig später zunächst auch den ersten Putsch mittragen sollten, teilweise sogar d'accord war: Auch ihm waren die anatolischen Neuankömmlinge in ihren über Nacht gezimmerten *gecekondu*-Slums nicht unwillkommen – er sah sie als nützliche Partner gegen die rechtsextreme Bedrohung durch die faschistischen «Grauen Wölfe». Diese waren ihm noch verhasster als «die Religiösen» unter Menderes – erinnerten sie ihn doch an die SA-Schlägertrupps die ihn während seiner Zeit als Konsul im Berlin der

Roaring Twenties bisweilen auf offener Straße angegriffen hatten, weil sie ihn wegen seines Äußeren für «einen Juden» hielten. Deshalb und aus der weltmännischen Generosität eines Mannes, der wirklich schon alles erlebt hatte, heraus ermahnte mein Vater mich zu «einem distanziert-nachbarschaftlichen Umgang mit den Kindern von da unten». «Sei niemals ein Paschasöhnchen! Sei ihr Freund!»

Was das Leben für mich auch nicht einfacher machte. Die Receps und Tayyips, Kinder von Saisonarbeitern, die für einige Monate ihr Zuhause in fernen anatolischen Dörfern verlassen hatten, um in der Großstadt Geld zu verdienen, und in den späten 1950er Jahren meiner Kindheit begonnen hatten, sich dauerhaft niederzulassen, lösten bei mir ein Gemisch aus Angst, Respekt und Blasiertheit aus. Dabei hätte ich diese Jungs, die Franz-Josef Degenhardt später in seinem berühmten Lied «Schmuddelkinder» beschrieb, gern in unseren Garten eingeladen und mit ihnen gespielt. Sie konnten richtig gut dribbeln (auch wenn sie keine richtigen Bälle hatten, sondern mit Fetzen von Reifen und vermoderten Tennisbällen spielten), sie kannten Tricks, wie man den Gegner lässig umhaut, und waren gefährlich und naiv und fanatisch-religiös und neidisch und jugendkriminell – damals habe ich einige von ihnen bewundert. Später, wenn ich als Erwachsener in der Gegend meiner Kindheit im Putschland Türkei vorbeischaute und mit den Leuten auf der Straße oder in zugigen Hauseingängen der später rund um unser Konak errichteten Hochhäuser ins Gespräch kam, erzählten die mir, dass ihre Söhne inzwischen alle bei der AKP gelandet seien oder bei der rechtsextremen MHP. Auf den Demonstrationen rund um den Gezi-Park wäre ich jedenfalls keinem von ihnen begegnet.

Die Straßenjungs von damals, die nun bei irgendwelchen politisch radikalen Menschenfängern gelandet waren oder weiter nach Almanya ausgewandert, in Duisburg, Köln und

Stuttgart malochten, wussten wenig oder gar nichts darüber, wo sie herstammten, was ihre Vorfahren gemacht hatten, was ihre Lebenseinstellung prägte. Meine Mutter meinte, dass man ihnen wohl deshalb so leicht Lügen aufbinden und sie politisch manipulieren konnte. Den Begriff der «Integration» im politisch korrekten europäischen Sinn der neueren Zeit lernten erst diejenigen unter ihnen kennen, die als «Gastarbeiter» irgendwann nach Almanya weiter emigrierten – in eine neue Form des *gurbetçilik* (des In-der-Fremde-Wohnens). So etwas wie unsere deutsche «Willkommenskultur» war selten in der damaligen türkischen Großstadtgesellschaft. Was das Zusammenleben der hungernden und gleichsam aus dem Nichts an die Großstadtränder angeschwemmten *gurbetçiler aus* Anatolien, viele von ihnen Analphabeten, mit den wohlhabenderen, säkularen Städtern möglich machte, war allenfalls eine Grundwärme aus Respekt und die Sympathie für deren ländliche Sprachgepflogenheiten, die man teilweise übernahm – auch eine Art Willkommenskultur also.

Ich wuchs auf mit den Geschichten und Anekdoten über meine Vorfahren mütterlicher- und väterlicherseits und hatte das Privileg, dort großzuwerden, wo sich diese teilweise abgespielt hatten. Durch den Park rund ums Haus, das nach meinem Großvater «Cevat Paşa Konak» («Villa Cevat Paşa») hieß, war schon meine Großmutter Hadiye Soraya (Cevat Paşas Frau) mit dem englischen Admiral John de Robeck ausgeritten, der unser Haus 1918 besetzt und dort Quartier genommen hatte. Mein Großvater, der derweil über 600 Tage in englischer Kriegsgefangenschaft auf Malta exiliert war, hatte seiner Frau diese Libertinage nie mehr verziehen. Mein Vater erzählte mir davon bei Spaziergängen durch den Garten: wie die alliierten Truppen Istanbul eingenommen hatten, wie das Konak eines Nachts lichterloh brannte und Großmutter den Teppich rettete, auf dem ihr Mann im März 1915 Stiefel an

Stiefel mit Mustafa Kemal am Kartentisch stand und überlegte, wie man Winston Churchills Armada abwehren könne, die draußen ein paar Seemeilen vor den Dardanellen lauerte …

Aus Generationen von Paschas, also alter türkisch-osmanischer Militäraristokratie, anders als der deutsche Adel, dem meine Mutter entstammt, nicht erblich, sondern immer wieder durch Militärkarrieren im *Empire Ottoman* erworben, bestand die Ahnengalerie meines Vaters. Porträts meiner türkischen Vorfahren waren im Militärmuseum zu besichtigen, ihre Kopien hingen bei uns im Hause: in prächtigen Uniformen, die Brust voller osmanischer und fremdländischer Orden und Medaillen, den Blick überm Schnurrbart streng und männlich. Ihre Biografien, Kriegskarrieren, ihre Schlachten und Erfolge waren Teil der osmanischen Geschichte des 18. und 19. Jahrhunderts. Mein Großvater war der Letzte in der Reihe gewesen. Dann wurden die Titel zumindest offiziell abgeschafft und 1934 mussten auch die Paschas bürgerliche Nachnamen annehmen. So erhielt mein Großvater den Nachnamen Çobanli, den ich später in «Cobanli» eindeutschen ließ.

Mein Vater war Zeuge des pulverdampfschweren Untergangs zweier 900 Jahre währender, zum Schluss wenig ruhmreicher Imperien. Dadurch war er zu einem begeisterten Anhänger der Revolution geworden, die das korrupte überkommene Sultanat und Kalifat gestürzt, also des Mannes, der die Tradition «Putschland Türkei» begründet hatte. Als Erbe der osmanischen Elite und eines gewissen davon herrührenden Vermögens ließ es sich auch als Mitglied des neuen kemalistischen Istanbuler Establishments gut leben, das sich mehr oder weniger reibungslos aus dem alten aristokratischen Pascha-Establishment gebildet hatte. Man nahm die Ereignisse, wie sie kamen, man hatte die Sultane satt, Atatürks Säkularismus kam gut an, denn man war in diesen Kreisen schon lange europäisch-gebildet, westlich orientiert und sprach Deutsch und Französisch.

Reste türkischer Großreichideen waren meinem Vater ebenso suspekt wie religiöse Tendenzen, wie sie in den Jahren meiner Kindheit um die Mauern unseres Gartens herum nacheinander aufkamen. Und die wurden schon damals in den Herzen und Köpfen der Kinder aus den *Gecekondu*-Vierteln ringsherum angelegt. Wir, die privilegierten Kinder der sogenannten *zenginler,* sollten nicht ihre Lieder pfeifen und wir taten es natürlich – wer will schon wohlerzogen sein: Aber nicht die bösen Schmähverse über Istanbuler Fußballvereine machten den westlich orientierten Müttern Sorgen, sondern Drohungen wie «Allah hasst euch Ungläubige.» Das war neu. Das stammte aus dem Repertoire des Regierungschefs, jenes Adnan Menderes, der später das erklärte Vorbild des Jungen Recep Tayyip aus Kasımpaşa werden sollte.

Unter Menderes war gerade der Versuch einer Landreform kläglich gescheitert. Großeigentümer saßen zu nahe am Zentrum der Macht. Menderes war einer von ihnen und ließ sich offen von ihnen schmieren. Arm blieb arm in Anatolien, favorisiert wurden Unternehmer, die wiederum die Beamten und Minister bestachen. Seit 1950 unterrichteten fast nur Männer an den Schulen. Wenn der Imam, der seit dem Machtverlust der Kemalisten wieder für das Fach Religion zuständig war, das Klassenzimmer betrat, erhoben wir Schüler uns und begrüßten ihn im Chor mit nach oben geöffneten Händen. «*Bism-ililah-i-rahmani-rahim*» und «*La illaha illalah – Mohammedin resüllalah*». «Im Namen Gottes, des Allerbarmers, des Barmherzigen» und «Gott ist Gott und Mohammed ist sein Prophet».

Der Imam lief von hinten durch die Reihen der Pulte und verteilte, laut betend, wahllos Klapse auf unsere Hinterköpfe. Auch die Mädchen kriegten was ab, wenn sie schwatzten. Die wenigen, die ein Kopftuch trugen, so wie es das Menderes-Regime gerne sah, verschonte er. Und nach dem Unterricht rief er diese zu sich, um sie mit väterlichem Gestus zum Mobben der jüdischen Mitschülerinnen zu motivieren, die trotz ihres anderen Glaubens ebenfalls am *din bilgisi* (Religionsunterricht) teilnehmen mussten: «Die Levis und Ashkenazis sind keine *müslümanlar*. Meidet sie!»

Erst Adnan Menderes, der erste aus freien Wahlen hervorgegangene Ministerpräsident, hatte den Religionsunterricht an den Schulen wieder eingeführt und arabische Koran-Rezitationen im Klassenzimmer und im Rundfunk zugelassen – für die säkularen Kemalisten ein Tabu, ein Bruch der Verfassung zudem. «Der türkische Staat ist moslemisch und bleibt moslemisch!», dröhnte Menderes in seinen Ansprachen ans Volk: «Wir haben unsere unterdrückte Religion befreit, ohne das Geschrei der besessenen Reformisten und Kemalisten zu beachten. Alles, was der Islam fordert, wird von der Regierung von nun an eingehalten werden.» Wie ein Echo aus den 1950er Jahren klingen heute die Reden des Jungen aus Kasımpaşa, mit denen er zum neuen Diktator wurde, und seit Jahren dabei ist, das Pflänzchen einer demokratischen Entwicklung in der Türkei zu zertreten, für das er für kurze Zeit selber zu stehen schien.

Damals, zu Menderes' Zeiten, ließen die Schüler aus den Glasscherbenvierteln die Kameraden aus den wohlhabenden Bezirken deutlich spüren, was sie von Kindern hielten, kemalistisch-ungläubigen zumal, die als Angehörige der «alten Eliten» in der Schule häufiger gelobt und seltener bestraft wurden. Solche Ungleichbehandlung würde sich irgendwann rächen. Das konnte ich damals als Sechsjähriger noch nicht verstehen oder erahnen, aber es bahnte sich an im letzten Aufbäumen der Macht der Islamistenregierung Menderes' vor ihrem Absturz.

Nur wenige der Lehren unseres Imams blieben mir in der Erinnerung haften – etwa die, dass der Name Istanbul von

Islam-bol stamme, zu Deutsch «viele Moslems»; dass sich der Koran bestens für alle Wissensgebiete eigne, sogar für Mathematik, Gerechtigkeitslehre, Sprachkunde, Logik und Geschichte; und dass Amerika nicht etwa von einem Christen namens Kolumbus entdeckt worden sei, sondern von moslemischen Seefahrern, *müslüman kaptanlar.* Als Beweis für seine Behauptung führte der Imam einen Tagebucheintrag an, in dem Kolumbus an der Küste Kubas einen «Hügel in Form einer Moscheenkuppel» gesichtet haben wollte. Alternative Fakten dieser Sorte hat also nicht erst Erdoğan erfunden, wenn er sie auch immer wieder vertritt – vielleicht hatte er ja nur denselben Imam, vielleicht standen solche Geschichten aber auch im Lehrplan – um sich heute, 2017, sogar mitten in Deutschland im Lehrplan für die türkischstämmigen Grundschüler wiederzufinden. Wie heute wieder in Köln, Berlin oder Duisburg suchten diese Imame schon damals nicht den Dialog mit der Klasse, sondern ließen sie an einer Art Selbstgespräch teilnehmen und schimpften vor allem über die Gottlosigkeit der Atatürk-Generation. «*Allah taş ve ateş atar*», schloss unserer nicht selten seine Stunde, «Allah kann, wenn er zornig ist, Steine und Feuer werfen.» Diesen Satz kannte ich von den Jungs aus Kasımpaşa, unter deren Eltern Menderes sein Wahlvolk gesucht und gefunden hatte.

Im Mai 1960 kam ich einmal mit meinem Vater vorbei an versprengten Studentengruppen und Demonstranten, die gerade von Polizeieinheiten gejagt worden waren. Es herrschte Ausnahmezustand in Istanbul, verhängt von Adnan Menderes, dem Ministerpräsidenten, der Ismet Inönüs Kemalisten 1950 demokratisch besiegt hatte, aber mit der Zeit immer diktatorischer regierte, Opposition und Presse unterdrückte und eine «Anatolisierung» der westlich eingestellten Metropolen betrieb. Sogar die eine Generation zuvor vom Reformer Kemal Atatürk abgeschaffte persisch-osmanische Schrift wollte Menderes an den Schulen wieder zum Pflichtstoff machen. Ähnliches bekommt das türkische Volk heute von seinem Präsidenten Erdoğan zu hören – und auch das mitten in Deutschland.

Nach anfänglicher wirtschaftlicher Blüte lag die Türkei seit Ende der 1950er Jahre längst wieder am Boden, war von Hilfsgeldern des Internationalen Währungsfonds abhängig und hatte wenige Jahre zuvor Aufnahme in die Europäische Wirtschaftsgemeinschaft beantragt. Von den westlichen Werten, die an dieses Bündnis geknüpft waren, würde Menderes sein Land schon fernzuhalten wissen. Als Recep Tayyip Erdoğan und ich in Istanbul in die Schule kamen, wucherten und brodelten an den Rändern der Stadt rasch wachsende Slums und drohten die bürgerlich-liberalen Zentren wie Nişantaşı zu ersticken. Um die brotlosen Zuzügler als potenzielle Wähler für sich einzunehmen, fütterte Menderes sie mit immer weiteren religiösen Zugeständnissen, die Atatürks säkularen Reformen hohnsprachen. In den Augen der Kemalisten hatte ihr ehemaliges Parteimitglied sich längst «vom Verteidiger der Demokratie zu ihrem Brandstifter» gewandelt, wie damals die «Cumhuriyet» schrieb, die mein Vater las (55 Jahre später muss ihr neuer Chefredakteur Can Dündar nach U-Haft, Verurteilung und Flucht im ausländischen Exil um sein Leben fürchten). Postwendend beschuldigte Menderes Atatürks Anhänger der Volksverhetzung und wollte die kemalistische Partei, die CHP, zu ihrer Disziplinierung für drei Monate von allen politischen Betätigungen ausschließen, was seinen alten Amtsvorgänger Inönü schließlich zu dem berühmten Satz hinriss: «Freunde, wenn die Bedingungen reif sind, ist eine Revolution rechtens.»

Ab Frühjahr 1960 tobten Straßenkämpfe jenseits der Mauer um unseren Garten, ergingen immer mehr Verbote, wurden Ausgangssperren verhängt. Für viele aufgeklärte, weltoffene Türken wie meinen Vater war Adnan Menderes zur Bedrohung all dessen geworden, was die Türkei bis dahin abhob vom Rest der islamischen Welt. Auf dem Parkplatz des Militärmuseums, der ehemaligen Kommandantur meines Großvaters, ließ mein Vater das Auto in der Obhut eines uniformierten Aufpassers zurück. Dann unternahm er mit mir einen Spaziergang durch die Geschichte Istanbuls, erzählte von den großen Zeiten der revolutionären Kämpfe nach dem Ersten Weltkrieg, vom «sehr geldgierigen, feigen und nicht besonders klugen» Sultan, von Atatürk, und wie er ihn 1920 mitten im Befreiungskrieg gegen die Griechen zum allerersten Mal in Ankara besuchte, von der Vertreibung der Griechen sowie der Besatzer aus England, Frankreich und Italien Anfang der 1920er Jahre. Auch das Mahnmal für die Opfer des Völkermordes an den Armeniern erwähnte Vater, das damals aufgestellt worden war, doch nach kurzer Zeit war es über Nacht wieder verschwunden – spurlos bis heute.

Erst später erfuhr ich, warum: Auch Atatürk hatte kein Interesse, die junge türkische Republik mit den Menschheitsverbrechen des Osmanischen Reiches zu belasten. Ein kurzer Prozess, wie jene, die heute wieder unter Erdoğan an der Tagesordnung sind: Regierungschef lässt sich mit dem zuständigen Bürgermeister oder Landrat verbinden: «*Bana bak* – hör mal, das muss weg! Es ist entartet und noch schlimmer: Es wirkt wie ein Schuldeingeständnis! Ich verliere Wählerstimmen, wenn ich es toleriere ...» Darauf der Landrat: «*Baş üstüne, sayın başkanım,* wird gemacht mein Präsident, ich tu mein Bestes» und übergibt den Fall dem zuständigen Amtsgericht. Amtsrichter urteilt gegen Abriss, begründet Urteil mit künstlerischer Freiheit und dem «versöhnlichen Charakter des Mahnmals». Regierungschef äußert Missmut über Urteil, ordnet sofortige Versetzung des «ungehorsamen» Richters an, lässt einen loyalen auf dessen Posten schieben. Der besiegelt dann den Abriss.

In diesen Tagen des Frühjahrs 1960 war Istanbul von großer Unruhe erfasst, wie selbst mein Vater sie lange nicht mehr erlebt hatte. Überall regte sich Widerstand gegen den Autokraten Menderes. Vor allem junge Türken schienen sich wieder der historischen Lebensleistung der Gründerväter zu erinnern, die größtenteils durch eigenes Verschulden der Kemalisten in Misskredit geraten waren. Kindheitserinnerungen – ich war damals keine acht Jahre alt. Geschichte wiederholt sich immer – und gelegentlich als Farce. Und 55 Jahre später erlebt das Land nun ein Déjà-vu nach dem anderen.

Ich mochte als kleiner Junge die Beweggründe für die Hoffnung meines Vaters auf ein Ende der Menderes-Diktatur, ja seine Euphorie darüber, dass diese bald zu Ende sein könnte, nicht begreifen, doch sie wirkte ansteckend. Mit geschwellter Brust lief ich neben ihm her, bis wir den Taksim-Platz erreichten, von dem die Polizei seit Wochen immer wieder linke Demonstranten vertrieben hatte. Dort stand Atatürk auf dem Sockel, gleich doppelt verewigt, im Frack und in türkischer Generalsuniform, mit der obligatorischen Zigarette zwischen den Fingern, den Blick wie immer melancholisch-visionär in die Ferne gerichtet. «Woran ist der Gazi eigentlich gestorben?», fragte ich Papa, denn das verrieten sie uns nicht in der Schule. «Am guten Leben und an schlechten Ärzten», antwortete mein Vater. «Das ist jetzt 22 Jahre her. Er war öfter in unserem Hause zum Tee zu Besuch, bei deinem Großvater. Und stell dir vor, die beiden waren so eng befreundet, dass sie im gleichen Jahr gestorben sind!» Dann etwas leiser: «Und dieser islamistische Machtmensch Menderes würde alles dafür geben, wenn er nicht nur die Denkmäler, die an unsere große Schande, an das, was die Osmanen den Armeniern angetan haben, erinnern, abreißen könnte, sondern auch das Andenken an Atatürk gleich mit. Aber das wird ihm nicht gelingen.»

Mein Vater gehörte damals zu denen, die den Völkermord an den Armeniern weder leugneten noch, wie bis heute üblich, als «notwendige Säuberung, bei der eben einiges schiefgelaufen ist» verharmlosten. Er wusste zu viel darüber, als dass er dem allgemeinen Leugnen hätte zustimmen können. Er hatte den späteren Initiator des Völkermords persönlich kennengelernt – und die Erinnerung an seine einzige Begegnung mit ihm war keine gute gewesen. Als elfjährigen Kadetten in Berlin hatte ihn der damalige osmanische Militärattaché und spätere Kriegsminister Ismail Enver zu sich zitiert, und ihm, dem kleinen Sprössling der bekannten Paschafamilie aus Istanbul, seine diesbezüglichen Pläne mehr als deutlich gemacht – mein Vater hat davon seiner ersten Frau erzählt und auch meiner Mutter und beide dann später mir: «Du wirst bald ein hoher türkischer Offizier sein. Man hat dich hierher geschickt, um den Geist der preußischen Herrenmenschen in dir aufzunehmen und später in unsere ruhmreiche Armee zu tragen.»

Dann hatte sich Enver in allgemeinen Betrachtungen über Griechen und Armenier ergangen, raffgierige Christen, die das türkische Volk finanziell aussaugten und von denen der türkische Boden gereinigt werden müsse, um Platz zu schaffen für echte Blutsverwandte aus weiter östlich lebenden Völkern, die angeblich nur darauf warteten, mit dem türkischen Kernland vereinigt zu werden. Zu diesem Zwecke aber müsse sich das Osmanische Reich erst einmal mit deutscher Hilfe wieder Respekt in der Welt verschaffen. Er erteilte dem Kind, das mein Vater damals war, Order, an dieser gewaltigen Aufgabe mitzuwirken. Der Kadett hatte natürlich nichts begriffen von dem, was dieser Mann ihm sagen wollte. Es habe ihn, erinnerte er sich meiner Mutter gegenüber, beim Zuhören dennoch gefröstelt.

Dieser Mann hatte den Tod im Tornister getragen, aber nicht den süßen und ehrenvollen Tod für das Vaterland, für den der junge Kadett sich auserwählt gesehen hatte. Sondern den Tod von Bewohnern der Türkei, die andere Götter verehrten als Allah. Das Osmanische Reich hatte auch Christen, Juden, Afrikanern und Asiaten ausreichend Platz geboten. Ismail Enver wollte offenbar nicht, dass es so blieb. Anstelle des Imperiums sollte ein neuartiges, kleineres Gebilde treten, das er die «türkische Nation» nannte. «Jedes Volk, das auf sich hält, will lieber eine Nation werden, als ein elendes Durcheinander zu bleiben, wo jeder macht, was er will. Und um so ein großes Durcheinander aufzuräumen, dafür braucht man einen starken Führer, der mit Feuer und Schwert durchgreift.»

Enver hatte keinen Zweifel daran gelassen, an wen er dabei dachte: an sich selbst. Drei Jahre später geschah der Völkermord an den Armeniern, als dessen Hauptverantwortlicher Ismail Enver, Mehmed Talât und Ahmet Cemal in die Geschichte eingingen. Anderthalb Millionen Menschen hatten sie auf dem Gewissen, darunter fast die gesamte intellektuelle und kaufmännische Elite Anatoliens. Mein Vater hatte also allen Grund, den Völkermord nicht zu leugnen und das Verschwinden des Denkmals zu bedauern.

Auch Erdoğan ließ ein Mahnmal zerstören, das an den Genozid erinnerte, das «Denkmal der Menschlichkeit» des Künstlers Mehmet Aksoy, 30 Meter hoch und 60 Kilometer von der türkisch-armenischen Grenze entfernt. 2011 hatte er es bei einer Wahlkampftour nach Ostanatolien entdeckt und seinen sofortigen Abriss angeordnet – wieder zunächst von einem Richter durch einstweilige Verfügung verhindert. Und – wie sich die Geschichte wiederholt – es wurde auch dieser unbotmäßige Richter daraufhin versetzt und durch einen loyalen ersetzt, der dem hohen Wunsch nachkam.

Am 27. Mai 1960 beendete das Militär als Hüter der Verfassung des säkularen Staates und der Reformen Atatürks das zehn Jahre währende Duldungsverhältnis mit der Menderes-Partei. Die Menschen saßen in ihren Häusern und Wohnungen am Radio, als ein Sprecher der Streitkräfte morgens verkündete, man habe «unblutig» die Verwaltung des Landes übernommen.

Ein Putsch war damals ein Putsch. Niemand stellte sich dagegen – ob aus Opportunismus, aus Angst, weil man die Offiziere aus Enttäuschung über das korrupt-islamistische Menderes-Regime unterstützte, oder weil der Putsch einfach schlauer vorbereitet und professioneller durchgezogen war als jener des 16. Juli 2016. Menderes wurde verhaftet und vor Gericht gestellt. Die Vorwürfe gegen ihn lauteten: «Machtmissbrauch, verfassungswidrige Handlungen gegen die Opposition, Wahlfälschung, Verfassungsbruch wegen der Heranziehung der islamischen Religion zu parteipolitischen Zwecken, Versuch, die Bevölkerung zu spalten, und private Bereicherung.» Wäre der Putsch von 2016 ein echter gewesen (oder gelungen) und hätten seine Putschisten schließlich Präsident Recep Tayyip Erdoğan vor Gericht gestellt, dann hätten diese eine 56 Jahre alte Anklageschrift nur abzutippen brauchen. Wort für Wort.

Wir Kinder bekamen die neuen politischen Realitäten in der Schule als Erste zu spüren. Bereits am Tag nach dem Putsch kam nicht mehr der Imam zum «*din bilgisi*» (Religionsunterricht), den der fromme Präsident Menderes eingeführt hatte, sondern eine westlich gekleidete, junge Lehrerin. Auch das Direktorat wurde von der militärischen Interimsregierung ad hoc ausgetauscht und war plötzlich weiblich. Sowohl als *müdür* (Direktor) als auch *müdür muavi* (Stellvertreter) stellte sich jeweils eine Frau vor. Auch das *tokatlama* (Ohrfeigen) ließ die Militärregierung an den Schulen bald verbieten, ebenso – zu meiner großen Erleichterung – das Schimpfwort *gâur* (Ungläubiger). Das wurde ausländisch aussehenden Leuten nur noch hinterhergegrölt, wenn sie sich in den Gassen des Glasscherbenviertels Kasımpaşa verlaufen hatten, wo der etwa gleich alte Recep Tayyip zu der Zeit mit Ohrfeigen und Koransprüchen aufwuchs – nicht weit und doch Lichtjahre entfernt. So war Istanbul – und so ist es heute wieder.

Anstelle frommer Koransprüche waren nun Gedichte des kemalistischen Volksdichters Ismail Hakkı Talas auswendig zu lernen und entsprechend martialisch vorzutragen – jede Woche ein neues, es stand immer rechts auf der zweiten Seite im bunten *okul bilgisi*-Heftchen, das wöchentlich neu herauskam, um immer die aktuell korrekte politische Richtung spiegeln zu können – jetzt eben mit Hymnen auf die *askerler* «der Armee als Hüterin der Verfassung», da, wo eben noch unter Menderes auf blühenden türkischen Feldern wachsende Getreidearten abgebildet und zu lernen waren, die in der Türkei gar nicht wuchsen.

An den Sonntagen marschierten wir – Jungen und Mädchen, bisher streng getrennt, nun gemeinsam – mit Militär-Spielmannszügen durch die Stadt und schlugen die Trommel. Am Taksim-Platz unter dem Heldendenkmal Atatürks war Schlussversammlung, im Gezi-Park nebenan gab es dann für uns kleine *yavrukurt* (Pfadfinder-Soldaten) Zuckerwatte. *Yavrukurt* heißt übersetzt «Jung-Wolf» – der Militärputsch zur Wiederherstellung der säkularen Verfassung des Staatsgründers Atatürk hatte also über Nacht auch aus mir einen «Wolf» gemacht. Wenn ich darauf auch mächtig stolz war, beklagte ich mich doch bei meinem Vater über diesen neuen Drill. Der sagte nur: «Die Sultane, die sich am Volk bereichern und die ewig beleidigten Religiösen sind von gestern, und wären sie an der Macht geblieben, wäre bald gar nichts mehr erlaubt. Du dürftest dann weiter arabisch beten, bekämst Ohrfeigen und wärst weiter der *gâur*, der «Ungläubige». Die Soldaten sind zwar auf ihre Art nicht weniger borniert als die Religiösen und ebenso rigide, aber immerhin weltlich und à la longue doch freiheitlicher als die Militär-Juntas anderer Länder. Denn irgendwann gehen die wieder in ihre Kasernen zurück... Weißt du, bei uns wollen die Generäle gar nicht ewig regieren wie in vielen Ländern, wie in Spanien, Portugal oder in Südamerika. Unsere Generäle machen Ordnung, wenn eine Regierung gegen die Verfassung verstößt, wenn sie zum Beispiel die Religion zu wichtig nimmt, ihre Mitglieder und Beamten sich bestechen lassen. Und dann geben sie die Regierung wieder in die Hände von Zivilisten und hoffen, dass sie nicht mehr eingreifen müssen.»

Als die Bundesrepublik Deutschland am 30. Oktober 1961 mit dem Nato-Mitglied und EWG-Beitrittskandidaten Türkei das erste Abkommen zur Anwerbung von Gastarbeitern unterzeichnete, hatte Adnan Menderes noch genau 18 Tage zu leben. Auf der Gefängnisinsel Imralı wurde der türkische Ministerpräsident, frei gewählt wie später Erdoğan und dessen erklärtes Vorbild, durch den Strang hingerichtet.

Eines der Hauptmotive der Generäle um Cemal Gürsel, einen Putsch zu inszenieren, war es, einer sich durch die rebellische Volksbewegung gegen Menderes' Politik abzeichnenden Spaltung innerhalb der Armee zuvorzukommen. Innerhalb der Junta setzte sich im Anschluss ein Flügel durch, der sich als «sozial-liberal» definierte und auch für eine erneuerte Verfassung verantwortlich zeichnete, die bereits von westlich orientierten Staatsrechtlern vorbereitet war und sogleich verabschiedet wurde. Es war die bis heute fortschrittlichste in der Geschichte der Türkischen Republik – und ist 2017 von Erdoğan per Referendum in ihren wichtigsten Teilen wieder außer Kraft gesetzt worden. So schrieb diese Verfassung das Recht auf Versammlungsfreiheit ebenso fest wie Presse- und Meinungsfreiheit, dazu als Novum sogar ein Streikrecht. Zum ersten Mal in der türkischen Geschichte konnte legal sozialistische Literatur übersetzt und verbreitet werden, etwa die komplette Marx/Engels-Werkausgabe. Erstmals konnte sich mit der *Türkiye İşçi Partisi* (Arbeiterpartei) eine sozialistische Partei etablieren – ebenfalls nach westlichem Vorbild. Der Putsch von 1960 enthielt also Jahre, bevor allmählich auch in Frankreich und Skandinavien und später in ganz Europa linke Bewegungen aufkamen, progressive, ja freiheitliche Impulse – und bemerkenswerterweise nicht aus der marxistischen Ecke, sondern durchaus aus den «Pfeilen» des Kemalismus – Revolutionismus und Populismus – herleitbar.

Wenige Tage, bevor das Militär putschte, war es am Platz vor der Universität Istanbul zu Straßenkämpfen zwischen Demonstranten und der Menderes-Polizei gekommen, die mit großer Härte gegen die aufgebrachte Menge vorging. Der 19-jährige Student, der dabei von Sicherheitskräften erschossen wurde, ging in die Geschichte ein als das erste Opfer unter Studenten seit Gründung der Republik, das bei einer politischen Demonstration ums Leben kam. Turan Emeksiz und vier weitere Opfer der Proteste wurden auf Anweisung der Militärregierung mit einem feierlichen Begräbnis in Ankara geehrt – gegenüber dem Grab Atatürks. Doch das Pendel sollte bald zurückschwingen. Denn die große Mehrheit der noch unerfahrenen, eher idealistischen und zum großen Teil militanten türkischen Linken, die sich infolge des Putsches heranbildete, verfiel bald einer verhängnisvollen Illusion: Wenn es der Armee einmal gelungen sei, eine islamistisch-reaktionäre Regierung wegzuputschen, eine demokratische Verfassung nach westlichem Vorbild zu verabschieden, die freiheitlichen Ideen des Kemalismus und seine soziale Verantwortung zu fördern, würde sie das vielleicht auch noch ein zweites Mal schaffen. Also setzten große Teile der zersplitterten und ideologisch uneinigen türkischen Sozialisten darauf, dass das Militär noch einmal putschen würde – diesmal mit dem Ziel, eine sozialistische Junta etwa nach dem Vorbild Kubas zu schaffen, die dann das Land in die Unabhängigkeit von

Nato und «US-Imperialismus» führen und von «feudalen Rückständen» innerhalb der Gesellschaft befreien würde.

Doch diese Rechnung konnte niemals aufgehen. Nie zuvor und nie mehr danach konnten sich in der Türkei sozialistische Tendenzen durchsetzen. Auch in diesen Jahren tauchten sie – sei es aus der westlichen antiimperialistischen Bewegung importiert, aus Sympathien für die Sowjetunion oder von Maos China unterstützt – nur kurz auf, um sich in Flügelkämpfen aufreibend sehr schnell wieder aufzulösen. Linke Intellektuelle und die Führer etwa der revolutionären Gewerkschaftsföderation DISK wurden enttäuscht. Weder die Putschisten und neuen Machthaber, immerhin Offiziere mit soldatischen Traditionen, noch die Arbeiterschaft in den Fabriken waren bereit, ihren Ideen zuzuhören, geschweige denn ihnen zu folgen. Nur noch einmal witterten sie «Rote Morgenluft»: nämlich als das Militär am 12. März 1971 erneut putschte – diesmal nicht mit Panzern und Bajonetten, sondern nur mit einem Memorandum, das die Regierung um Süleyman Demirel zum Rücktritt zwang.

Doch diesmal zerschlugen sich ihre Illusionen einer «revolutionären post-kemalistischen Wende» in der Türkei schon binnen weniger Stunden. Und das endgültig bis zum heutigen Tag. Denn dieser Putsch richtete sich *gegen* alle Organisationen und Splitterparteien, die sich als sozialistisch, internationalistisch oder sonst wie links definierten. Über Nacht wurden Gewerkschaftsföderation, Arbeiterpartei und die Studentenföderation «Dev-Genç» verboten, die Führer einiger militanter, zum Teil maoistisch orientierter Untergrundfraktionen, die vereinzelt auch mit der jungen «Antiautoritären Bewegung» in Deutschland und Italien in Kontakt standen, aus denen sich später «Rote Armee Fraktion» und «Brigade Rosse» bilden sollten, zum Tode verurteilt und hingerichtet.

Aber nur dem Anschein nach war das die Folge eines

plötzlichen ideologischen Paradigmenwechsels. Und wenn, dann hatte dieser ganz profane Gründe – Mechanismen, die man im «Dialektischen Materialismus» und in den Theorien der durch den vorigen Putsch in türkischen Bibliotheken legalisierten Marx/Engels-Werke nachlesen konnte, wie der Historiker Dr. Nikolaus Brauns in einem Vortrag ausführte: Mittlerweile hatten amerikanische NATO-Berater nämlich enorm an Einfluss auf die Armeeführung der Türkei gewonnen. Und diese gründete mit deren tatkräftiger Unterstützung kurz nach dem 1960er-Putsch eine Armee-Pensionskasse, in die alle Offiziere zunächst 5, später 10 Prozent ihres Brutto-Soldes zur Unterstützung pensionierter Kameraden sowie der Familien gefallener Soldaten einzuzahlen hatten. Dieser Pensionsfonds namens *Ordu Yardımlaşma Kurumu* (OYAK), von Anfang an staatlich bezuschusst und steuerbefreit, später zu einer Holding umgebildet, war mittlerweile zu einem der finanzstärksten Unternehmen des Landes angewachsen. Dieses hatte sich ganz unterschiedliche Unternehmen aus Sparten wie Straßen- und Bergbau, später Touristik und Landwirtschaft einverleibt und weitere gegründet. Die Obristen und Generäle, die OYAK managten, zum Teil in den USA ausgebildete türkische Betriebs- und Volkswirte, waren so in den Folgejahren von Soldempfängern zu veritablen Mitgliedern der Unternehmerklasse avanciert, und hegten folglich fortan wenig Interesse, sich wie noch die Vorgängergeneration etwa für so hehre Ziele wie soziale Gerechtigkeit und Chancengleichheit im Lande zu engagieren. Die Armee hatte ihren Charakter gewandelt – sie war kapitalistisch geworden und begann ihre eigenen Interessen wahrzunehmen, frei von den Idealen, die sie zehn Jahre zuvor noch motiviert haben mochten.

Durch die Macht des wachsenden Fondsvermögens konnte sich die Armee, hier ein Staat im Staate aus zeitweise über 1,5 Millionen Soldaten, Offizieren und zivilen Mitarbeitern, regelmäßige Solderhöhungen in allen Rängen leisten. So avancierte das Militär binnen weniger Jahre zur Gruppe der Privilegierten innerhalb des türkischen Staatsapparats. Dass für die Offiziere bei ihrem Putsch 1971 andere – eigene – Interessen im Vordergrund standen als noch zehn Jahre zuvor, war mithin, so Nikolaus Brauns, nichts profanerem als ihrem Aufstieg zu Shareholdern geschuldet – die Ideale einer gesamtgesellschaftlichen Verantwortung, die noch 1960 vorgeherrscht haben mochten, gerieten darüber in Vergessenheit.

Die Offiziersjunta verbot in der Folge also nicht nur alle Parteien, sondern ließ auch Tausende «Politische», vor allem Anhänger der extremen Rechten wie der Linken, in den Kerkern verschwinden, verurteilte viele zum Tode und ließ sie hinrichten. Bis tief in den Bildungsbetrieb hinein mischten sich die Offiziere mit absurden Verboten ein – so beklagte sich etwa eine Tante von mir, zu der Zeit Dekanin an der Germanistischen Fakultät der «Istanbul Üniversitesi», dass Vorlesungen zu Brecht, Goethe und Wedekind kurzerhand per Dekret untersagt worden seien, weil dieser als «zu politisch», jener als «zu erotisch» eingestuft wurde.

Die vom Vorher und von der Bedrohung aus den Kasernen des Nachher verängstigte türkische Gesellschaft nahm dies damals – und ganz ähnlich auch nach dem Putsch von 1980 – billigend in Kauf. Die von der Junta dazu abkommandierten Offiziere, angetreten «zur Rettung der Verfassung», schlugen mit ihren Methoden beide Male schon allein aus intellektueller Überforderung über die Stränge. Ich erinnere mich an manche Vorfälle, über die man den Kopf schüttelte – zum Beispiel daran, wie der damalige Lufthansa-Station-Manager eines Morgens Anfang 1981 festgenommen wurde und erst einmal in Untersuchungshaft kam, weil politische Eiferer im Schaufenster des LH-Stadtbüros in der Cumhuriyet Caddesi einen antiken Globus als Dekoration entdeckt hatten, auf dem in winzigen Lettern das Wort «Kurdistan» gedruckt stand. Solche Beispiele gibt es auch aus der jüngsten Zeit als Folge des Erdoğan-Putsches von 2016 – Praktiken, die jenen Post-Putsch-Zeiten der 1980er Jahre in nichts nachstehen.

So berichtet der türkische FAZ-Kolumnist Bülent Mumay – einer der Journalisten, die wegen ihrer kritischen Berichte schon einmal festgenommen und verhört wurden, als «Vaterlandsverräter» beschimpft und in sozialen Medien regelmäßig mit dem Tod bedroht werden –, wie die Polizei damals einmal ausrücken musste, um Salzstreuer in einem Restaurant zu konfiszieren: Die Figürchen sahen angeblich dem PKK-Chef Öcalan ähnlich. Im Juni 2016 habe sie nun T-Shirts konfisziert, mit denen man seine Solidarität mit Nuriye Gülmen und Semih Özakça, zwei zur Wiedererlangung ihrer Arbeitsplätze in den Hungerstreik getretenen Akademikern, ausdrücken konnte.

Wie reiht sich der misslungene Zehn-Stunden-Putsch gegen den Neo-Menderes Erdoğan, den Neo-Sultan Recep Tayyip mit dem größten Palast der Welt in diese Geschichte des Putschlandes Türkei ein? Einmal abgesehen von dem bösen Verdacht, dass es sein eigener «Putsch von oben» zur endgültigen Demontage von Demokratie und Verfassung war, um den bisherigen Türken Nummer eins, Kemal Atatürk, «aus der türkischen Geschichte auszuradieren», wie er es selbst immer öfter verkündet? Ihn zu überflügeln und dem verlockenden Ziel nahe zu kommen, als ein neuer, ein islamischer Atatürk 2.0 in die Geschichte einzugehen?

Die vergangenen Militärputsche, so sehr die neuen Machthaber in der Folge auch gegen die Menschenrechte verstießen, so ungeschickt und lustlos ihre anschließenden Demokratisierungsversuche einige Male auch ausfielen, hatten doch immer die Hoffnung meines Vaters erfüllt: «Das Militär hat zwar geputscht, aber es wird bald wieder verschwinden und unser Land in die Hand einer neuen Regierung geben.» Dieser, der erste missratene Putsch, lässt diese Aussicht nicht mehr zu. Die Hoffnung der Nation, dass sich alles zum Guten wenden wird, da es eine säkulare Verfassung gibt, ist erstickt, zugeschüttet vom Hass und dem blinden Führerglauben einer fanatisierten Mehrheit – das ist neu im Putschland Türkei. In den Monaten nach dem 16. Juli 2016 hat Istanbul deutlich an Weltoffenheit und Charme verloren. Die große alte Dame unter den Weltmetropolen – heute erscheint sie mir auch bei strahlender Sonne und mildem Bosporuswind so düster und gefährlich wie der Gezi-Park und der Taksim-Platz nach der gewaltsamen Räumung Mitte Juni 2013. Täglich wird jemand, den man kennt, im Morgengrauen aus seiner Wohnung geholt oder in seinem Frühstückscafé festgenommen, täglich jemand bedroht, verprügelt, jeden Tag verschwindet einer – die einen für unbestimmte Zeit, andere tauchen wieder auf, mit verräterischen Spuren an Gesicht und Händen, schweigend.

☪

Bis ungefähr 2007 noch hatte ich auf meinen Reisen den Eindruck, Istanbul sei auf dem Weg, einiges seiner alten Grandezza zurückzugewinnen. Wie Phönix aus der Asche wurde das alte Konstantinopel zur Stadt, die niemals schlief, zum *trendy Istanbul* – bis ignorante und manipulierte Menschenmassen, die Tag für Tag hineinschwappten, begannen, die Stadt zu prägen, und immer mehr Einfluss auf das friedliche Nebeneinander zu nehmen: Männerhorden, die nachts in Jazzclubs in Ortaköy, in den traditionellen Amüsier- und Kneipenvierteln rund um die Istiklâl Caddesi und in der Gegend um Tünel einfielen, um Gäste, die ein Alkoholglas in der Hand hielten, zu verprügeln und Mädchen, die kein Kopftuch, aber kurze Röcke trugen, an den Haaren auf die Straße zu zerren: Männer mit anderen Dialekten, als ich sie aus der Stadt kannte, die mit AKP-Bussen aus dem ganzen Land herangekarrt wurden, um sich auf organisierten Massenkundgebungen Fahnen schwingend zu einem neuen Führer zu bekennen, der vorgab, einer der ihren zu sein und inzwischen Allmacht in diesem Land innehat.

Aus zwei Millionen Einwohnern zu Zeiten meiner Kindheit sind 16 Millionen geworden, der Bosporus, der friedliche Strom zwischen den Kontinenten, hat eine dritte Brücke bekommen, welche Europa und Asien verbindet. Die Brücke wurde vom Staatspräsidenten Erdoğan eingeweiht, nur wenige Wochen, nachdem von der anderen, einer der beiden älteren Brücken, mindestens ein junger Soldat in den Bosporus geworfen worden war, dem Zivilisten zuvor die Kehle durchgeschnitten hatten – vor laufenden Handykameras, ohne dafür je belangt worden zu sein. Diese neue Brücke soll, so ein Gerücht aus Istanbuler Unternehmerkreisen, eine der neuen privaten Einnahmequellen des Präsidenten sein – der dafür gesorgt habe, dass Lastwagen bevorzugt diese benutzen und die Maut in seine Privatschatulle fließt, angeblich rund eine Million *Türk Lira* pro Monat. Aber das ist ebenso wenig nachweisbar wie andere Einnahmequellen, die das Vermögen des Präsidenten ständig mehren.

Sehr wohl nachweisbar ist inzwischen, dass einige der jungen Wehrdienstleistenden, die in der Nacht vom 15. auf den 16. Juli 2016 in die Tiefe geworfen oder totgeschlagen wurden, nicht einmal wussten, dass sie Instrument eines wie auch immer gearteten, von wem auch immer initiierten Militärputsches waren, dass sie einen Staatsstreich umsetzen sollten. Auch das ist einigen Aufnahmen der Handykameras zu entnehmen: das ängstliche, flehende Gestammel der Soldaten, von denen einige annahmen, es handele sich bei ihrem Einsatz nur um ein Manöver, die Schläge der wütenden Zivilisten auf ihre Köpfe.

Der Mob, der diese Soldaten in den Bosporus warf, oder – je nach Sichtweise – die Zivilbevölkerung, die diesen

Putschversuch einiger Offiziere, mutmaßlich angeführt von General Akın Öztürk, Generalmajor Mehmet Dişli und Oberstleutnant Muzaffer Düzenli, in jener Nacht vereitelte, dem Militär beherzt entgegentrat, wurde vom Staatspräsidenten und von seinen Anhängern in der Heimat und in Deutschland als «Retter der Demokratie» gelobt. Nur dass hier nicht wie sicher von vielen der mutigen Bürger intendiert, tatsächlich die Demokratie gerettet wurde, sondern der Kopf des Despoten und seine Diktatur, gegen die sich der Putschversuch entweder tatsächlich gerichtet hatte oder die ihn selber inszeniert hatte. Viele der Demonstranten waren glühende AKP-Anhänger. Aber auch säkulare Kemalisten, neo-islamistische Sympathisanten des Predigers Gülen, gemäßigt moslemische Aleviten, regierungskritische Kurden gingen auf die Straße. Man musste also durchaus kein Befürworter der diktatorischen Verhältnisse sein, die – schon lange vor dieser Nacht – in der Türkei herrschten, um gegen Soldaten zu demonstrieren, deren Panzerkettenrasseln und deren Schüsse für viele die beklemmende Erinnerung an frühere Militärputsche hervorriefen.

Istanbul, die Stadt meiner Kindheit, deren Bevölkerung beim Verfassungsreferendum im April 2017 – ebenso wie die von Izmir und Ankara – mit großer Mehrheit für *Hayir* – Nein stimmte, ist nach einem allzu kurzen Abstecher in die Leichtigkeit und Entspannung wieder dabei, zu einem unübersichtlichen Schlachtfeld zu werden, weit über diese Nacht hinaus, deren Morgengrauen schon die Straffeldzüge der Regierung einläutete. Die Namen und Adressen der innerhalb weniger Stunden verhafteten und in den Tagen darauf entlassenen Staatsanwälte, Polizisten, Richter, Soldaten, Lehrerinnen, Steuerberater, Unternehmer, Journalistinnen, Waldarbeiter standen allerdings zum großen Teil bereits vor der Nacht des 16. Juli auf den entsprechenden Listen. Im Sommer 2017 war ihre Zahl auf 160.000 angewachsen.

Was wird aus diesem Land, in dem der auf die Putschnacht folgende Putsch von oben ähnlich desaströse Auswirkungen auf die Zivilbevölkerung hat wie die gelungenen Militärputsche der Vergangenheit und das Land zudem international isoliert? Wird es, kann es in diesem Land der Putsche je gerecht zugehen, wenn selbst die Folgen dieser Isolation seinen Führer nicht zu kümmern scheinen? Wer wird als Nächster gewinnen, wenn das Land im selbstgestrickten Chaos aus Dilettantismus, verrohten Umgangsformen, nicht gehaltenen Versprechungen, Bürgerkrieg und Gegenterror erstickt?

Wenn ein politisch und intellektuell minderbemittelter Großpleitier wie Donald Trump Präsident der USA werden konnte – wieso nicht in der Türkei ein Erdoğan? Schließlich ist Letzterer mit den gleichen Parolen à la «*make this country great again*» angetreten. «All diese Parolen, ja und auch die anfänglichen Erfolge Erdoğans stellen sich gerade nach und nach als Fakes heraus», flüsterte mir Professor K. M. bei einem meiner letzten Besuche in Istanbul zu, den ich hier nicht mit Namen nennen möchte, weil er dann wohl ebenfalls verhaftet, möglicherweise gefoltert würde, «Erdoğan hat Brände gelegt, er lügt ohne jedes Tabu – aber alle schreien ‹Endlich sagt's mal einer›. Erdoğans Lügen gehen bei den Massen als ‹Mut zur Wahrheit›, als Chuzpe durch, als ‹Aufstand des kleinen Mannes gegen die da oben›. Er hat es geschafft, sich zum Herausforderer des alten Establishments zu stilisieren, und obwohl er längst als noch korrupter als sein Vorbild Menderes entlarvt ist, kann ihn kein Militärputsch stoppen wie jenen, lässt ihn der Wähler nicht fallen, kann ihm keine Opposition etwas anhaben. Denn seine Anhänger verstehen jede Antwort des Establishments auf seine Demagogie als Bestätigung.»

Die Eleganz des mal grau, mal blaugrün dahinströmenden Bosporus, in dessen Fluten sich die alten Yalıs und Paläste als Zeugen vergangener Pracht spiegeln, seine bewaldeten Hügel, die Noblesse vieler seiner Anwohner und ihre Geschichten, die weiten Ebenen und schroffen Gebirge Anatoliens, ihre liebenswerten, hilfsbereiten Menschen, die melancholischen Gänsehautlieder und Gedichte des unter Menderes als Sozialisten verfolgten, jahrelang inhaftierten und gefolterten Volkssängers Ruhi Su, die Storys des revolutionären Dichters Nazim Hikmet und später Orhan Pamuk – das alles hat mich durch meine Kindheit, Jugend und mein Leben als Deutsch-Türke oder Türkei-Deutscher begleitet. Und scheint nun erst mal von der allgegenwärtigen Angst begraben, wie man sie aus überwundenen Diktaturen wie Argentinien, Chile etc. kennt. Die Türkei, das Land, in dem ich Verwandte und Freunde aus Kindheitstagen habe, in dem ich mich immer auch zu Hause fühlte, wird wohl wieder im Sumpf geistiger Armut versinken. Es wird auch die Rückkehr der materiellen Armut, die Ausweglosigkeit sozialen Niedergangs sowohl derer erleben, die verdächtigt und nach und nach vernichtet werden, als auch derer, die ihre Hoffnungen auf diesen Präsidenten gesetzt haben und die er fallengelassen hat.

Das Land steht also am Abgrund – wieder mal, dort, wo es jeweils stand, wenn in früherer Zeit das Militär sich genötigt sah zu putschen. Doch zeigt die Geschichte zumindest der Umstürze von 1971 und 1980, dass sie allenfalls Grabesruhe auf Zeit, dazu ein unappetitliches, unkontrollierbares Konglomerat aus mafiösen Deals, Geheimdienst, islamistischen Schlägertrupps hervorbringen, aber für die Nation à la longue keine Verbesserungen, keine Rettung. Die kann also nur von der «anderen Türkei» ausgehen, von den Intellektuellen, den Gemäßigten, Weltoffenen, Gebildeten, denjenigen, denen nun zum ersten Mal in der Geschichte kein Generäle-Putsch mehr trügerische Hoffnung geben kann. Die «andere» Türkei braucht heute den Westen. Die ersten ihrer Bürger, darunter Intellektuelle und Journalisten, aber auch Mitglieder des türkischen Militärs, kommen oder bleiben bereits als Asylanten, und die passen wohl besser zu Deutschland als manche, die hier geboren und/oder aufgewachsen sind und zur Option Todesstrafe *Evet* – Ja – skandieren.

Aber nur, indem man den Offizieren, Professoren, Künstlern, Schriftstellern, Journalisten, die abspringen können vom sinkenden Schiff Erdoğanistan, Asyl in Europa gewährt, ist der Türkei noch nicht gedient. Denn noch nie war die Frage, wem außer ihren Menschen eine freiheitliche, demokratische Türkei nutzt, so klar zu beantworten wie heute: Die Türkei ist und bleibt Bestandteil der westlichen Sicherheitsarchitektur – um sich ihrer Bedeutung zu vergewissern, genügt ein Blick auf die Weltkarte. Das Schiff Erdoğanistan aber kann nicht nach Europa, es driftet gerade aus dem System weg und steuert in unsichere Gewässer. Kein fremdes Boot wird ihm helfen, weil der *reis* dabei ist, es sich mit allen zu verscherzen. Amerika zieht in Syrien lieber mit den Kurden in die Schlacht gegen den IS als mit Erdoğan, dem es nicht mehr traut (wodurch der sich wiederum zu der dummdreisten Bemerkung hinreißen ließ: «Die Amerikaner müssen sich entscheiden: die Terroristen oder wir»). Das in letzter Zeit vom Präsidenten wieder arg umschmeichelte Russland ist ein launischer Nachbar, der im Zweifel keine Rücksicht auf Erdoğan nehmen wird, wenn es um die Verfolgung seiner strategischen Ziele in Syrien oder im Schwarzen Meer geht. Und Deutschland? Ist genervt, nicht von «den Türken», sondern von Erdoğanistan.

Erdoğanistan heute – das ist ein Schiff, das gerade von seinem *reis* in die Katastrophe gesteuert wird, der den Passagieren zuruft, es sei seetüchtig genug, um im Alleingang weiterzufahren und das auch selber glaubt. Dabei fährt es gar nicht mehr – es dümpelt nur noch. Schlingernd mit Kurs weg von Europa, mit Kurs direkt in den Sumpf Nahost. Doch die Hälfte der Passagiere an Deck zieht es in die andere Richtung.

Im Kopf der Erdoğanisten

«*S… Almanları!* Ich f…. die Deutschen! *Almanlar* sind Hurensöhne!» Wer wissen möchte, wie der durchschnittliche AKP-Befürworter tickt, muss sich nicht unbedingt deren Demonstrationen antun und sich anpöbeln oder anspucken lassen. Es genügt der Blick in die Untiefen und Abgründe der Internet-Foren, in denen bekennende AKP-Wähler, Erdoğan-Fans und Ja-Sager beim Verfassungsreferendum einerseits und weltoffene Türken und Nein-Sager andererseits schon an ihrer Wortwahl zu erkennen sind (und im Gegensatz zum abgekürzten Zitat oben mit ausgeschriebenem S-Wort, das dem deutschen F-Wort entspricht). In diesen Foren und in den Kommentarspalten im Netz fand ich Anregung und Stoff für eigene Diskussionen mit AKP-Fans. Und da ich solche in Deutschland schon zur Genüge genossen hatte, wollte ich diesmal Gedanken mit Pro-AKP-Türken austauschen, die in der Türkei leben – nicht ohne diese zuvor um sachliche Darlegung ihrer Gedanken und möglichsten Verzicht auf Fäkaltürkisch zu ersuchen, mit dem Hinweis, ihre Argumente und Sichtweisen dann auch notieren zu können.

Ich verabredete mich mit ihnen auf Flughäfen und zu nächtelangen Skype-Chats. In den Argumenten für ihren Präsidenten kristallisierten sich Hinweise auf das heraus, was die Macht Recep Tayyip Erdoğans, neben Unbedarftheit und Bildungsrückstand, überhaupt erst ermöglicht – nämlich eine chauvinistische Grundhaltung, die auch vor Schichten nicht haltmacht, die sich jedenfalls formal durchaus differenziert ausdrücken können – sie selber nennen es «unsere Mentalität». Noch heute wird jungen Türken im Unterricht, später im Militär und auch wieder zunehmend in Unternehmen ein Untertanengeist anerzogen, der in Europa überwiegend Vergangenheit ist. Dieser wirkt in Zeiten gelenkter Islamisierung bis in die Erziehung junger Türkischstämmiger in Deutschland hinein und hat überall, wo die so Erzogenen auf andersdenkende, aufgeklärte Mitmenschen stoßen, Sprache und Benehmen (*terbiye*) verrohen lassen.

Ich habe festgestellt, dass *terbiye*, also gute Manieren und Pro-Erdoğan-Fanatismus einander zunehmend ausschließen. Dabei ist es mir wichtig festzustellen, dass *terbiye* mitnichten ein Privileg der türkischen Upper Class, der *kibarlar* und *zenginler* war, sondern auch und erst recht in den Fischerdörfern und den Schafs- und Ziegengehöften Anatoliens üblich. Dazu Solidarität, Hilfsbereitschaft, Vertrauen, Ehrlichkeit. Das alles zerfällt in einer von oben her brutalisierten und verrohenden Gesellschaft. So erkennt man den religiös-konservativen, chauvinistischen Türken egal welchen Alters auch an seinen Verhaltensweisen im Alltag – etwa daran, wie er eine Kellnerin nicht ansieht, während er Essen und Trinken ordert, auch dann nicht, wenn er ihr detaillierte Fragen zur Zubereitung stellt, an einem rücksichtslosen Fahrstil, den Ellenbogen weit aus dem Fenster, daran, wie er sich in Warteschlangen am Flughafen vordrängelt, ja schon daran, dass er besonders breitbeinig im Caféhaus sitzt. Alles, weil «der AKP-Türke eben so tickt»? Oder existiert «der AKP-Türke» mit seiner «So-sind-wir-eben»-Mentalität nur im Vorurteil einer aufgeklärteren und sich immer deutlicher abgrenzenden Umgebung? Ist das Großmannsgehabe, das Rücksichtslose also gar nicht «türkisch»? Eher neu-türkisch, «erdoğanistisch»?

Die Bildungspolitik alla turca jedenfalls ist keineswegs eine Erfindung der AKP, sondern in ihrer Dogmatik als Relikt, manche sagen, als Wiederkehr der osmanischen und – das kann ich persönlich bezeugen – auch der späteren kemalistischen Bildungs- und Erziehungsdiktatur zu sehen. Erdoğan und seine Bewegung haben diese autoritären Elemente übernommen und setzen sie fort – nur eben mit neuen Vorzeichen. Man ersetze Nationalismus und Soldatenehre mit Islamismus und Proletarismus, republikanischen Befreiungsmythos mit dem Ruf nach dem vorgestrigen Mythos von Sultans- und Kalifatsherrlichkeit, Staatsökonomie mit Räuberkapitalismus, *terbiye* mit rohem Egoismus, das Ideal der aufgeklärt-westlichen Lebensweise mit dem arabischen Ruf vom Minarett. Manche Kommentatoren und Historiker sehen im «Erdoğanismus» daher Spuren des Kemalismus, nur eben unter islamischem Vorzeichen: Was der Staat nicht kontrollieren kann, muss gesäubert werden, wo dem Staat die Kontrolle entgleitet, wird zugeschlagen, großflächig unschädlich gemacht, entlassen, enteignet, verhaftet.

Erdoğan wird indes nicht von allen als einsamer Held an der Spitze anerkannt und vergöttert, wie seinerzeit der geniale und charismatische Kriegs- und Befreiungsheld Mustafa Kemal Atatürk. Der Nachwuchs in den Konzernen, an den Universitäten und in großen Teilen des Diplomatischen Corps verachtet ihn immer noch kopfschüttelnd und verweigert ihm die Gefolgschaft – wie zuletzt 2017 deutlich mit dem *Hayır* (Nein) zur Präsidialrepublik. Das liegt auch daran, dass die gebildeten Schichten ihm nicht abnehmen, die Ehre der Heimat und ihrer Bevölkerung gegen alle möglichen Feinde zu verteidigen, von denen sie angeblich umringt sind. Und ganz gewiss auch daran, dass das Duckmäusertum doch ab einem gewissen Bildungsniveau seine Grenzen findet.

Mustafa Kemal hatte tatsächlich nicht nur Feindbilder, sondern reelle Feinde und eine Reihe von eigenen militärischen Erfolgen vorzuweisen, bevor er daranging, sein Land zu reformieren. Dazu kam eine persönliche Biografie als genialer Stratege, Kriegsheld und Befreier sowie eine kultiviertere Sprache, als sie sein politischer Möchtegern-Nachfolger pflegt. Durch diese konnte er seinerzeit das türkische Volk faszinieren, ja verzaubern und für seine radikalen Reformen und «Basta»-Dekrete gewinnen. Erdoğan dagegen musste diese Feindbilder erst erfinden, um die Reihen seiner fanatischen Anhänger hinter sich zu schließen – und ohne den «Verräter und Putschisten» Fetullah Gülen als Steigbügelhalter und Stimmenbeschaffer wäre ihm dies gar nicht erst gelungen. Sein Ziel ist nicht die Befreiung der Türkei (wovon auch?), sondern allein die persönliche Macht um ihrer selbst willen und Carte blanche, diese nach Herzenslust zu missbrauchen. Und das scheint ihm zu gelingen. Am 21. Mai 2017 ließ sich Erdoğan auf dem AKP-Parteitag, der zu einer Art Krönungsmesse geriet, als Parteivorsitzender wiederwählen und wendete sich damit offen von der Hälfte des türkischen Volkes ab, die mit «Nein» gestimmt hatte, um fortan nur noch der Staatspräsident für seine Parteigänger zu sein. Dieser Tag, an dem er sich dennoch mächtiger fühlte als zuvor, wird in die Geschichte eingehen als einer der Tage, welche die Türkei offiziell ein Stück weiter Richtung Erdoğanistan driften ließen. Spätestens 2019 will sich der Präsident der einen Hälfte zum Superpräsidenten aller Türken küren lassen, als Präsident, Regierungs- und Parteichef, oberster Richter und Chef-Polizist in einer Person. Das wird für die weltoffene Hälfte seines Volkes immer unerträglicher, nicht zuletzt, weil es diese von Tag zu Tag tiefer von der anderen Hälfte abspaltet, beide Hälften einander entfremdet, quer durch Familien, Dorfgemeinschaften, Landstriche und urbane Gesellschaften.

Die konstruierten Feinde, die dieser Diktator benötigt, um einen Teil des Volks zu Mitläufern seines Machtstrebens zu machen, nennt er, in zynischer Missachtung der in der zivilisierten Völkergemeinschaft geltenden Definition des Begriffs, «die Terroristen»- in Erdoğan-Türkisch: *«törrörüstler»*.

Unbekümmert vom weltweit grassierenden Terror aus der islamistischen Ecke, passt der türkische Präsident seine Definition des *törrörüst* seinen persönlichen Machtbedürfnissen an: Dazu gehören neben PKK und – halbherzig – dem «Islamischen Staat» (sic!) auch Organisationen wie die YPG, in Syrien aktive kurdische «Volksverteidigungseinheiten», deren Kämpfer die türkischen Grenzen vor dem IS schützen.

Mittlerweile haben sich noch andere zu diesem Kreis hinzugesellt: seine ehemaligen Verbündeten und Steigbügelhalter (die tatsächlichen oder angeblichen Sympathisanten der Gülen-Bewegung), verschmähte Beinahe-Koalitionspartner (die im Westen oft als «pro-kurdisch» heruntergespielte HDP, deren Abgeordnete er ihrer Immunität berauben und deren klugen, mutigen Parteichef Selahattin Demirtaş – für mich eine Lichtgestalt der modernen türkischen Politikergeneration – er inhaftieren ließ). Spätestens seit den Protesten am Gezi-Park sind auch die Demonstranten *törrörüst* (außer denen, die «Allahu Akbar, Erdoğan, wir töten für dich» grölen).

Über 160 Journalisten, Karikaturisten, Grafiker, Autoren, Reporter, Dokumentarfilmer, die sich unbeliebt gemacht haben, etwa indem sie Bestechungsskandale aufdeckten oder die lukrativen Geschäftsverbindungen des Erdoğan-Sohns Bilal mit dem «Islamischen Staat»: «Terroristen-Unterstützer». Can Dündar und Erdem Gül, die vom Ministerpräsidenten persönlich angeordnete und – ebenfalls auf seine persönliche Anordnung hin – als «Hilfsgütersendungen» camouflierte Waffenlieferungen an den «Islamischen Staat» öffentlich machten: «Terroristenhelfer». Journalisten, die Interviews mit «Staatsfeinden» führten wie Deniz Yücel: «Terroristenhelfer und Spione». Der Türkei-Chef von Amnesty International, Taner Kılıç: «Terroristenunterstützer». Schriftstellerinnen wie die schwerkranke Asli Erdoğan: «Propagandistin für eine illegale Organisation». Reporterinnen wie die trotz ihrer Jugend auch als Künstlerin preisgekrönte Zehra Doğan: «Terror-Unterstützerin» (verurteilt zu drei Jahren Haft ausdrücklich nur wegen einiger Gemälde von brennenden kurdischen Städten, die sie nach Pressefotos angefertigt hatte). Der weltberühmte Konzertpianist und Bürgerrechtler Fazil Say: «Verunglimpfer religiöser Werte» (er hatte sich in einem Tweet ironisch über einen Muezzin und den Koran geäußert). Der mutige Schauspieler Levent Üzümcü: Seit seiner Kritik an Erdoğan im türkischen Fernseh- und Theaterbetrieb ein Geächteter und nicht zuletzt die preisgekrönte Autorin und Journalistin Ece Temelkuran, die ins Exil nach Zagreb fliehen musste, so wie die Klugen, die Witzigen, die Frechen, die Reflektierten allmählich alle fliehen müssen, was für das Land einem Ausbluten gleichkommt.

Die Liste der Beschuldigten ließe sich endlos weiterschreiben. Ende Juli 2017 begann ein neuer Prozess à la Erdoğanistan gegen gegen 17 Mitarbeiter der ältesten und besten Zeitung des Landes: Die Cumhuriyet-Leute, darunter auch Freunde von mir, müssen sich vor Richtern, die sie in Roland-Freisler-Stil anbrüllen, für nichts als kritischen Journalismus verantworten. Der gesamten geistigen Elite des Landes hat der Präsident den Krieg erklärt. Mittlerweile rund zehntausend Professor(inn)en, Assistent(inn)en und Hochschulangestellte haben ihren Job verloren. Per Dekret hat der Präsident über 8000 Richter(innen), die unbeugsam darauf bestanden, weiter der bisherigen Verfassung gemäß unabhängig Recht zu sprechen, ihrer Ämter enthoben (Sommer 2017). Die türkische Westorientierung hat der Präsident ebenfalls begraben – inklusive Pariser Klimaabkommen: Erdoğan gegen den Rest der Welt.

☪

Ich persönlich erinnere den Ehrbegriff, den der Präsident und Parteichef heute in seinen Reden gegen «den Westen» anwendet, aus meiner Kindheit und Jugend in der Türkei nur von außen, nicht aus meiner eigenen Erziehung, wo er – wenn das Wort überhaupt jemals fiel – moralisch konnotiert war und nicht ideologisch vergiftet. Die Jungs aus den ärmeren Vierteln zischelten mir auf dem Schulhof Worte wie *gâur* – «Ungläubiger» – hinterher, weil ich blond war und eine deutsche Mutter hatte, und faselten doch ständig von *onur* – «Ehre». Ich verstand diesen Widerspruch damals nicht. Was machte sie so wütend? Waren es Schreie nach Anerkennung? Meine protestantische Mutter versuchte es mir zu erklären: «Du gehst nicht im Hafenviertel Kasımpaşa zur Schule oder in einer anatolischen Kleinstadt, wo sie diesen Ehrbegriff vielleicht tatsächlich brauchen, um die Gemeinschaft zusammenzuhalten. Du stammst aus einer anderen Schicht! Dir geht es besser als ihnen! Lebe ihnen das vor, was wir darunter verstehen! Sei bescheiden, lass dich nicht provozieren! Halte ihnen zur Not die andere Backe hin, wenn sie dich ohrfeigen! Sie wissen, wer wir sind, sie kennen uns hier alle, wir fallen auf, weil wir anders sind! Sie haben Komplexe und – sie kriegen mehr Kinder. Also werden sie eines Tages in der Mehrheit sein. Sie wählen Leute wie Menderes und weil sie so viele sind, werden sie deren Regeln auch durchsetzen. Wir sind hier heute schon die Außenseiter und werden es dann noch mehr sein. Und auch die Soldaten werden die vernünftigen Leute nicht ewig im Sinne Atatürks und Großvaters schützen können. Bald werden vielleicht die Kinder in der Mehrheit sein, die am lautesten schreien und andere Kinder, die es besser haben als sie, schlagen, verpfeifen, bedrohen und vertreiben …»

Damals erlebte ich als Kind die Spätphase der islamistischen Regierung Menderes. Manche ahnten schon, dass diese irgendwann zu Ende sein würde. Nur nicht, dass sich die Geschichte 57 Jahre später wiederholen würde. Heute erleben wir möglicherweise die Spätphase der Regierung Erdoğan. Diese wird indes im Gegensatz zu 1960 nicht mehr durch einen Militärputsch abgelöst werden, sondern, wenn überhaupt, dann nur durch Aufbegehren aus dem Volk, der «anderen Hälfte». Diese hat sich in 57 Jahren verändert gegenüber damals und verspürt offensichtlich keine Neigung mehr, in einem Land zu leben, das zunehmend von der Außenwelt isoliert ist, dessen Wirtschaft daran zerbricht, dessen Regime wie ein *yağlı güreşci*, wie ein angeschlagener anatolischer Ringkämpfer nach Hebeln und Griffen sucht, während es von Tag zu Tag durch das selbstgeschaffene Chaos im Inneren zersetzt wird, selbstzerstörerisch um sich schlägt und immer verzweifelter den Begriff *onur* strapaziert. Sie wird sich deshalb früher oder später gegen ihren Diktator wenden. Aber derzeit weiß niemand, wann es soweit sein und wie lange diese Phase dauern wird.

Mein Großvater steht mit dem Beinamen «Verteidiger der Dardanellen» in den Geschichtsbüchern, sein Denkmal steht in mehreren Städten, nach ihm war die Straße benannt, die ich allmorgendlich zur Schule nahm und seine offizielle Biografie trägt den Titel «*18 Mart Kahramanı*» («Held des 18. März»). Und doch habe ich meinen Vater nie von «Ehre» predigen hören noch jemals eine Ohrfeige von ihm kassiert. Er musste nicht autoritär auftreten, er hatte Autorität und übte diese allenfalls mit milder Strenge auf seine Umgebung aus. Recep Tayyip wuchs, wenn auch nur wenige Kilometer Luftlinie entfernt, in einem Milieu auf, das Lichtjahre von dem meiner Eltern trennte. Glaubt man seinen zahlreichen Biografen, kassierte er täglich Ohrfeigen – vom Imam, von den Lehrern der Imam-Hatip-Schule, von den Jungs in der Gasse, vom eigenen Vater. Und der hat ständig von der «Ehre des kleinen Mannes» gepredigt und dass man als Ehrenmann nicht in Shorts Fußball spielt und sich eigentlich auch bitteschön nur eine vollverschleierte Frau nimmt.

Ich wurde eingeschult, ein halbes Jahr, bevor die säkular kemalistisch orientierten Militärs die islamische Diktatur Adnan Menderes' wegputschten. Im Mittelpunkt meiner Grundschulerziehung an der säkularen «Nilüfer Hatun Ilkokulu» im westlich geprägten Stadtteil Nişantaşı standen ab dem Putsch von 1960 wieder Begriffe wie Staat, Volk, Flagge, Nationalhymne, Sport und natürlich Atatürk, dessen Porträt in jedem Klassenzimmer mit milder Strenge auf uns blickte, dessen gedruckte Zitate aus gläsernen Schaukästen auf den Gängen zu uns Kindern sprachen, die wir auswendig lernen mussten, auch wenn wir sie nicht immer ganz verstanden: «Weltbürger sollten fern von Neid, Gier und Rachsucht erzogen werden» – »Ein Volk, das würdig, ehrenhaft, anständig und menschlich ist, wird immer die Chance zur Unabhängigkeit haben» – «Es gibt auf der Welt weder Unterdrücker noch Unterdrückte. Es gibt solche, die dulden, dass man sie unterdrückt, und solche, die es nicht dulden» – «Wenn die Existenz der Nation nicht in Gefahr ist, ist der Krieg immer Mord». Dazu kamen deutlich laizistische Parolen: «Unsere Inspirationen kommen nicht vom Himmel oder einer göttlichen Macht, sondern direkt aus dem Leben». Das muss nach dem Putsch gegen Menderes auch in Erdoğans Viertel ähnlich gewesen sein. Nur dass dort der Imam noch eine Weile weiter auf Arabisch predigte und weiter verpönt blieb, was in unserem Viertel, das sich liberal und aufgeklärt gab, auch schon vorher galt und dann bald wieder en vogue war.

Erst später las ich in den Biografien und offiziellen Zitate-Sammlungen, wie der Vater der Türken über den Islam dachte. Dass die Deutlichkeit seiner Wortwahl irgendwann in den Seelen der Anatolier Wunden aufreißen und die immer noch schwelende Glut religiöser Gefühle zu neuem Feuer entfachen würde, war damals allenfalls in Kasımpaşa und den *Gecekondu*-Slums zu ahnen: «Diese absurde Theologie eines unmoralischen Beduinen ist eine verwesende Leiche, die unser Leben vergiftet.» Diese überdeutliche, verbriefte Meinungsäußerung Atatürks auch nur zitierend in den Mund zu nehmen, wurde unter Menderes ab 1951 verboten und ist es heute in Erdoğanistan wieder.

Der wohl bekannteste türkische AKP-Wahlspot, in dem ein einsamer türkischer Held die türkische Flagge, die eben von einem gesichtslosen, untürkischen Bösewicht gekappt zu werden droht, wieder hisst, wobei ihn das Türkenvolk per Superräuberleiter unterstützt und er selber nach vollbrachter Tat strahlend lächelnd in den Märtyrertod purzelt, könnte auch aus den Menderes-Zeiten meiner frühen Kindheit stammen, nur dass es damals – wie heute wieder – eher um Minarette ging. Den Kemalisten meiner Zeit waren derartige Propaganda-Machwerke zu lächerlich. Dass dieser Spot nicht schon bei der Präsentation vor Testpublikum durchfiel, dass er nicht als unfreiwillig komisch empfunden wurde, dass derartiger Kitsch Millionen AKP-Wählern bis heute eine wohlige Gänsehaut und ein warmes Wir-Gefühl zu vermitteln imstande ist, sagt auch etwas aus über die chauvinistische Mentalität *alla turca* – die neue, aber auch die alte. Diese ist und war geprägt durch den Mangel an rationalen Identifikationsankern, verbreitete Armut, fehlende Bildung und, auch das, aktuell durch den weltweiten Absturz des Islams, dessen internationales Renommee sich auf einem Tiefpunkt befindet und der nach Anerkennung schreit.

☪

Während in der Türkei, aber auch in anderen Ländern mit türkischstämmigem Bevölkerungsanteil, kurz vor und nach dem Verfassungsreferendum von 2017 die Debatten heiß liefen, stellte ich also bekennenden AKP-Anhängern in der Türkei Fragen zu ihrer politischen Meinung. Ich wollte wissen: Wie tickt der AKP-Fan? Warum stößt er sich nicht daran, was weltoffenen Türken Angst macht? Wieso missfällt es diesen Menschen nicht, wie selbstgefällig, machttrunken und aggressiv ihre Parteibonzen und Minister rund um den *liderimiz* sich benehmen? Wo wurzelt diese Art Politisierung, weg von nachdenklichem Hinterfragen, beherztem Widerstand, Kritik an staatlich verursachten Missständen, hin zu Opportunismus und uneingeschränktem Beifall für einen Diktator?

Der Absturz der Türkei in eine islamisch-reaktionäre, korrupte, menschenverachtende Zwangsherrschaft, die, geprägt eher von mafiösen als politischen Strukturen, Angst und Schrecken verbreitet, zu moralischer Verrottung und zu wirtschaftlichem Zusammenbruch führen wird – all das scheint in einer großen, lauten Hälfte der Türken angelegt. In ihrem Glauben an die Potenz und Heilkraft der Mächtigen, ihrem Hang zum Duckmäusertum, ihrer Mitläufermentalität, verbreitetem Unwissen, dem Wechselspiel von Drohung und Angst und nicht zuletzt dem Hang vieler, für materiellen Wohlstand Verrat am Nächsten zu begehen und sich dabei über moralische Regeln der eigenen Religion hinwegzusetzen. Weil sie aus über Generationen vernachlässigten Regionen und unterprivilegierten Schichten der Türkei stammen, die leicht zu manipulieren sind, weil in ihren Reihen Freiheitsliebe, Integrität, Misstrauen gegenüber den Versprechungen der Mächtigen, Kritik an den Obrigkeiten und Common Sense weniger verbreitet sind.

«Ich f… die Deutschen!» und «*Almanlar* sind Hurensöhne!» hatte ein offenbar aufgebrachter Türke aus Bursa gepostet, nachdem AKP-Politikern in Deutschland Wahlpropaganda-Auftritte verwehrt worden waren. Das ist AKP-Türkisch für: «Ich kritisiere, dass türkische Regierungsmitglieder in Deutschland nicht auftreten sollen.» Darauf antwortete ein anderer Türke in Adana: «‹F…st› – pardon – kritisierst du auch unsere Landsleute, die anderer Meinung sind als du?» Solche und ähnliche Fragen stellte ich in den Wochen darauf immer wieder Türken in verschiedenen türkischen Städten und schrieb unsere Skype-Unterhaltungen auf: Mehmet antwortete: «Diese Landsleute sollen sich mal in Acht nehmen! Die sind entweder Gülen-Sekten-Anhänger, und das ist wie Scientology und hochgefährlich, weil die Lehre dieser Verräter und Verschwörer so harmlos und bildungsbürgerlich daherkommt.

Oder es sind Kurden, also Sympathisanten der PKK-Terroristen, die auf ihren bei ihnen in Deutschland tolerierten Demonstrationen frech das Porträt ihres Oberterroristen Öcalan präsentieren dürfen. Oder es sind linke Socken. Alles Ungläubige, die nicht an Allah und den Propheten glauben und die nichts mit dem Begriff der Ehre anfangen können. … Unser verehrter Justizminister Bekir Bozdağ, dem die Behörden verwehrt haben, in Deutschland zu sprechen, hat gesagt: ‹Wir werden es niemandem erlauben, die Ehre der türkischen Nation und des türkischen Staates zu verletzen›…»

Hintergrund dieser Bemerkungen war, dass das türkische Außenministerium die Haltung der deutschen Regierung als «Affront gegen die Ehre der Türken» verurteilte. Und Wochen später wurden in Istanbul zwei Männer «aus Mangel an Beweisen» freigesprochen, die angeklagt waren, in Berlin am «Ehrenmord» an ihrer kleinen Schwester Hatun Sürücü beteiligt gewesen zu sein. Der Täter selbst hatte dafür in Deutschland neun Jahre Haft abgesessen. «Ehren»-Mörder müssen offenbar mit Samthandschuhen angefasst werden, weil sie die traditionsfeste ländlich-religiöse Machtbasis des Diktators repräsentieren. Meine Bemerkungen zum Thema Ehrenmord überhörten indes alle Skype-Teilnehmer.

Je mehr man über Ehre faselt, so wurde ich erzogen und so denken vernünftige Deutsche, umso zweifelhafter wird sie, umso mehr entfernt sich der Begriff von der Haltung. Die gute alte «hanseatische Kaufmannsehre» zum Beispiel oder das, was man etwa in aristokratischen Kreisen mit «Noblesse» meint. Wer sie lebt, muss nicht mit ihr prahlen.

Und so geht es vielen Deutschen mit vielen Türken in Deutschland, die neuerdings ständig von «Ehre» faseln, es aber an der Haltung – Ehre im Sinne von Anstand, Integrität, Mut – mangeln lassen. Wenn der *reis* vor zehntausend Jubeltürken behauptet, die Ehre der Türken werde beleidigt, fühlen sich seine Fans gleich mitbeleidigt. Ist das kollektive Beleidigtsein auch ein Teil des neuen türkisch-muslimischen Selbstbewusstseins?

«Was verbindet euch mit euren Landsleuten, die europäisch, aufgeklärt, frei und weltoffen denken und leben?»

Mehmet: «Offen gestanden gar nichts. Wir sind unterschiedliche Völker in einem Land mit einer Sprache. Uns trennen Welten und beide interessieren sich nicht sonderlich füreinander. Die sogenannten Weltoffenen sind ja auch in Deutschland assimiliert – wir aber fühlen uns als echte Türken in unserer neuen Türkei.»

Dass sich Vertreter all dieser unterschiedlichen Welten sehr wohl zusammenfinden können im Widerstand gegen Erdoğan, den sie gemeinsam – wenn auch vielleicht aus unterschiedlichen Blickwinkeln und Gründen – als Diktator empfinden, haben sie am Gezi-Park gezeigt. Und auch der Marsch Tausender Demokraten von Ankara nach Istanbul im Sommer 2017 hat das Bild der sogenannten türkischen Mentalität auf angenehme Weise jeweils für ein paar Tage korrigiert. Für viele Menschen auf der ganzen Welt waren die Leute, die der

Ministerpräsident beide male als *çapulcu*, Marodeure, beschimpfte, die besten, die sympathischsten, die hoffnungsvollsten Botschafter der Türkei. Für sie war Çapulcu keine Beleidigung, sondern ein Ehrentitel – Marodeur honoris causa.

Immer wieder waren Fakten bekannt geworden, die Erdoğans Reden von Ehre gänzlich ad absurdum führten. Warum dürfen Journalisten in der Türkei nicht über die Korruptionsvorwürfe gegen türkische Minister, den Präsidenten und seine Familie berichten?

Ünal: «Bakschisch ist ein Teil unserer Mentalität! Ich würde es genauso machen: ein bisschen nachhelfen, wenn ich etwas erreichen will und es nicht anders funktioniert! Es ist ein Geben und Nehmen, und auf die Dauer gleicht es sich auch immer schön aus! Ein Unternehmer gibt einem Politiker ein Bakschisch und dafür bekommt er den Auftrag und schafft Arbeitsplätze. Außerdem stört es mich nicht im Geringsten, wenn Tayyip Erdoğan oder seine Familie reich wird. Er hat es verdient, er hat sich schließlich aus tiefer Armut hochgebissen durch Fleiß und Geschick. Und das kann man gar nicht hoch genug bezahlen!»

Warum sollen Staatsanwälte also nicht gegen korrupte Regierungspolitiker und kriminelle Familienmitglieder des Erdoğan-Clans ermitteln?

Ünal: «Schauen sie, ein Staatsanwalt sollte doch ein Anwalt für den Staat sein und nicht gegen den Staat! Und wenn der Staat erfolgreich ist mit seinem System des Geben und Nehmen, Leben und Leben-Lassen, was hat sich dann da ein Staatsanwalt wichtig zu machen und herum zu graben? Ich habe auch die abgehörten Telefonate zwischen unserem damaligen Ministerpräsidenten Erdoğan und seinem Sohn Bilal auf Youtube gehört. Glauben Sie etwa, das hätte mich und Millionen andere Wähler gestört oder geärgert? Nein! Hat es gar nicht! Ich habe mir gesagt: ‹So ein schlauer Fuchs! Hoffentlich stolpert der da jetzt nicht drüber!› Denn lieber habe ich einen starken Führer, so stark wie wir seit Atatürk nie mehr einen hatten und wohl auch nicht wieder bekommen werden, und der hat Geld im Schlafzimmer, das er bestimmt nicht armen Leuten abgeknüpft hat, sondern Unternehmern, die ja durch ihn reich werden, die einfach nur mit ihm teilen, eben weil sie auch etwas dafür bekommen! Lieber habe ich also einen, wenn sie wollen, bestechlichen Führer als gar keinen oder einen schwachen. Denn der Schwache, glauben sie mir, der wäre genauso korrupt. Alle Politiker bei uns sind immer ein bisschen korrupt gewesen. Vielleicht von Atatürk abgesehen. Der war so betrunken von seinem Raki und seinem Hass gegen die Religion, den Propheten und den Sultan und so beseelt von seinem Sendungsbewusstsein, das hat ihn unbestechlich gemacht.»

Kerim: «In der Türkei ist das eben anders als in Deutschland, wo ein Bundespräsident schon wegen eines lächerlichen 700-Euro-Geschenks abtreten muss, oder Norwegen oder Schweden oder der Schweiz, wo auch nur die kleinste Korruption gnadenlos geahndet wird. Ihr Europäer habt da eine andere Mentalität. Hier ist eben die Türkei!»

Hat das etwa auch mit Mentalität zu tun, dass man immer noch nicht offen über den Völkermord an den Armeniern sprechen darf?

Hakan: «Ja, das hat, wenn Sie so wollen, auch mit unserer türkischen Mentalität zu tun. Man will nicht sein Gesicht verlieren! Man will vergessen, sich nicht mit den Sünden der Vorfahren belasten. Man will das nicht glauben, nur weil andere es uns vorwerfen und uns unsere Volksehre verderben.»

Aber wenn es doch erwiesen ist, wäre es dann nicht gerade ehrenhaft, dazu zu stehen, so wie das andere auch tun? Zum Beispiel die Deutschen – jedenfalls in der großen Mehrheit?

Hakan: «Was heißt erwiesen? Wenn das so war, wie es diese westlichen Historiker, die auch nicht dabei waren, behaupten, und wie es diese türkischen Volksverräter im Deutschen Bundestag mit unterschrieben haben, dann würde das auch unser Präsident nicht leugnen! Aber es gibt eben auch eine andere Sichtweise! Und die lautet: Das waren notwendige Maßnahmen zur Bekämpfung und Ausrottung von zumeist christlichen Terroristen! Und dabei ist sicher einiges auch tragisch schiefgelaufen. Völkermord aber ist, wenn es von vornherein so geplant war, so wie bei euch, also bei euren Nazis; alles mit System. Das behaupten einige Historiker auch bezüglich der Armenierfrage, und andere sagen, es war nicht so. Und deren Sichtweise entlastet uns Türken oder, wenn Sie wollen, unsere Väter, die Osmanen. Ist es da so unverständlich, dass wir uns nicht freiwillig selber beschmutzen lassen wollen? Oder für etwas schämen, was vielleicht gar nicht so war? Es herrschte Krieg! Im Krieg passieren Grausamkeiten! Kleinere oder eben größere Massaker! Die christlichen Armenier hatten einen Guerillakrieg gegen alle Muslime und Türken angefangen, überall kämpften sie gegen uns, in den Städten und auf den Schlachtfeldern, als sie sich mit den Russen zusammentaten, da wurden die Jungtürken eben mal wütend und dann ist es aus dem Ruder gelaufen.»

Warum darf man in der Türkei nicht mehr öffentlich über eine friedliche Lösung der Kurdenfrage nachdenken, ohne sofort als «Terroristenhelfer» verfolgt zu werden? Hat nicht Erdoğan selbst die Gespräche mit der PKK angestoßen?

Hakan: «Eben! Sie sagen es! Erdoğan hat doch selber den Frieden mit den Kurden gestiftet! Mit diesen lästigen, seit hundert Jahren immer nur schreienden, jammernden Kurden mit ihrer Forderung nach einem eigenen Staat und so weiter – für mich und meine Landsleute sind das Läuse im Pelz des türkischen Wolfs! Gut, natürlich nicht alle Kurden! Aber die da unten, die sind auch in den anderen Ländern unbeliebt, in denen sie sich aufmandeln, auch im Irak und in Syrien!

Und was macht deren pseudo-bürgerlicher Arm namens HDP? Mogelt sich ins Parlament, okay, sie wurden gewählt – aber von wem? Dann weigern sie sich, Erdoğan zum Präsidenten zu küren, und wundern sich, wenn der sich seinerseits nicht mehr an sein großzügiges Friedensangebot gebunden fühlt. Ich sage nur: selber schuld, PKK! Hättet ihr mal nicht geschossen! Unsere Soldaten haben nur zurückgeschossen! So war das und wenn eure westliche Presse es hundertmal andersrum erzählt!»

Gerichte in der Türkei dürfen nicht mehr unabhängig und nur dem Gesetz gehorchend urteilen. Der Präsident sagt dann einfach: «Ich akzeptiere das Urteil nicht!» oder droht dem Gericht: «Ihr werdet für dieses Urteil büßen…»

Mehmet lachend: «Wer ist schon unabhängig? Niemand ist in der Türkei unabhängig! Das ist nicht erst seit Erdoğan so. Das war schon immer so. Es fällt den politischen Gutmenschen in Deutschland nur jetzt erst auf! Weil sie bisher nur die liebe Urlaubstürkei mit ihren unterwürfigen Kellnern und höflichen Basarhändlern kennen, oder von den vergeistigten Schriftstellerinnen und ihren traurigen Briefen aus dem Gefängnis berührt sind. Aber reden wir vom Gesetz: Was ist so falsch daran, wenn das Gesetz von einer politischen Kraft diktiert oder umgeschrieben wird, welche die Mehrheit im Volk will? Warum sollte also mein Präsident Urteile akzeptieren, die ihn, den demokratisch gewählten und nebenbei auch beliebten Präsidenten, darin behindern, das zu tun, was dem Volk offensichtlich gefällt? Und wenn er sagt, ‹Ihr werdet für dieses oder jenes Urteil büßen›, dann ist das doch auch irgendwie verständlich, nein?»

Zeynep: «Drohen und Poltern ist nun mal die Sprache, die die Mehrheit der Türken versteht! Ohne Poltern wären auch Atatürk, den ich früher einmal verehrte, aber jetzt nicht mehr, seine Reformen nicht gelungen in der kurzen Zeit. Und die waren ja zum Teil gar nicht so schlecht. Aber er hat auch gepoltert, als er dem Volk seinen Glauben wegnahm, und er hat in seinen Reden hundert Mal den Propheten beleidigt. Das ist schlimmer, als ein paar ungehorsame Richter oder Staatsanwälte zu entlassen. Einer Nation, die gerade ihre Größe und Pracht völlig verloren hatte, auch noch den Glauben zu nehmen, das verzeihe ich dem Atatürk nicht.»

Kerim: «Und dann hat Ministerpräsident Adnan Menderes versucht, dem Volk den Glauben wieder zurückzuschenken. Und was machen die Militärs? Hängen ihn auf im Namen des Kemalismus! Dass unser Präsident solchem Putsch vorbeugen muss, ist doch wohl klar!»

Warum darf man in der Türkei nicht anzweifeln, dass es Anhänger der Gülen-Bewegung sind, die als Organisation hinter dem Putschversuch stecken? Warum darf man nicht daran erinnern, dass diese Bewegung über lange Zeit der Steigbügelhalter der AKP war und Erdoğans heutige Macht überhaupt erst ermöglicht hat?

Hakan: «Würden Sie es gerne sehen, wenn bei Ihnen in Deutschland die Scientology-Sekte sich klammheimlich in alle Ämter und Einrichtungen einschleicht, und zum Schluss durch Infiltration großer Teile ihrer Bundeswehr und ihres Parlaments die Macht in Deutschland übernimmt? Ob die Fetö-Terroristen tatsächlich hinter dem schändlichen Putschversuch stecken, kann ich zwar persönlich nicht beweisen und beurteilen, aber es scheinen ja genügend Beweise da zu sein. Dass diese Beweise Stück für Stück von unserer Regierung der Öffentlichkeit zugänglich gemacht werden, wenn die Zeit reif ist, das glaube ich meiner Regierung.»

Ich warf ein: «Nun war Ron Hubbard auch nicht der Steigbügelhalter Angela Merkels und weder CDU noch SPD haben ihre Wähler den Scientologen zu verdanken.»

Zeynep: «Es ist einfacher, denen, die nun mal an der Regierung sind, zu glauben, als ständig gegen sie aufzustehen und zu kämpfen und dann vielleicht im Gefängnis zu landen oder irgendwann ernüchtert zu bemerken, dass es sich nicht gelohnt hat, weil die Nächsten auch nicht besser sind als die, die man zuvor bekämpft hatte. Das hat es bei uns schon so oft gegeben. Die große Enttäuschung! Denken sie an die vielen Militärputsche – was haben die denn schon verbessert? So denke ich und so denken wir in der Türkei. Wir sind für den, der uns Brot gibt. Und bis jetzt hat das ganz gut geklappt mit dem Brot. Besser als mit allen Vorgängern.»

Mehmet fügte an: «Und wenn Sie sagen, Fetullah Gülen war mit Erdoğan verbrüdert, ohne Gülen kein Erdoğan, dann sage ich: Ja! Das war wohl so! Aber dann haben Gülen und seine Leute Verrat begangen an dem gemeinsamen Werk, sie wollten Erdoğan wieder vernichten, nachdem sie ihm geholfen hatten, und Gülen hat sich feige davongestohlen nach Amerika! Ich kann meinen Präsidenten verstehen, wenn er diese Leute im Verdacht hat. Ich finde sie auch unheimlich. Und bei euch in Deutschland tun sie so, als seien sie die besseren Türken und besseren Moslems und schmeicheln sich bei den Deutschen geschickt ein.»

Wieder ein anderer: «Ich hab' die Hizmet-Leute nie gemocht, und ich kenne auch keinen von denen, der mir nicht immer schon irgendwie verdächtig war. Also meide ich die jetzt, wo ich weiß, wer sie sind. Ja, auch ihre Geschäfte! Und ob man das anzweifeln darf, dass sie schuldig sind? Nein, das sollte man besser nicht anzweifeln, denn sonst macht man sich bei denen unbeliebt und verdächtig, die hier an der Macht sind – warum sollte ich das tun? Ich habe eine Frau und vier Kinder und habe genug damit zu tun, sie satt zu kriegen. Ich hab' keine Zeit nachzudenken. Wer zu viel nachdenkt, kommt dann am Ende noch auf falsche Gedanken.»

Warum durften deutsche Politiker nicht mal mehr ungehindert ihre in Incirlik stationierten Soldaten besuchen?

Hakan: «Wenn sie sich nicht ungerechtfertigt in unsere inneren Angelegenheiten einmischen und Stimmung gegen unseren Präsidenten machen, wenn sie nicht haarsträubende Theorien über unsere Geschichte zu Bundestagsabstimmungen aufwerten, wenn sie unseren Ministern gegenüber höflich sind und ihnen die Redefreiheit gewähren, die sie selber so hochhalten, wenn sie ihre Spötter, ihre sogenannten kritischen Journalisten und deren Erdoğan-Bashing im Zaum halten, wenn sie taktvoll genug sind, uns keine kurdischen Volksverräterinnen der ‹Linken› ins Land zu schicken, können deutsche Politiker gerne ihre Soldaten in der Türkei besuchen. Aber warum dürfen unsere Politiker nicht unsere Bürger besuchen?»

Ich antwortete: «Weil deren Wahlveranstaltungen unter falschem Vorzeichen beantragt wurden – hier als Kulturveranstaltung, dort als Vereinsgründung –, weil sie drohten, unfriedlich, hasserfüllt und spaltend auszuarten, weil sie für eine Verfassungsreform werben sollten, die nichts mit den Werten zu tun hat, die in Deutschland gültig sind – da gab es viele gute Gründe. Und ganz nebenbei verbietet selbst die türkische Verfassung Wahlveranstaltungen im Ausland.»

Ich wechselte das Thema: «Warum dürfen Journalisten nicht ungehindert aus dem Südosten der Türkei über die dortigen Kriegszustände berichten?»

Mehmet: «Die Berichterstatter, die Sie meinen, die von den verbotenen Sendern und Zeitungen, berichten so einseitig und stellen die Kurden einschließlich der Terroristen der PKK als Opfer der türkischen Streitkräfte dar, dass ich durchaus Verständnis dafür habe, dass die da einfach nicht mehr hingelassen beziehungsweise inhaftiert werden. Ihre einseitigen Berichte sind nicht gut für das Image meiner Regierung und weil diese Regierung eben von der Mehrheit des Volks gewählt wurde und unterstützt wird, sind diese Berichte schlecht für das Selbstbewusstsein der Wähler, also für die Mehrheit des Volks, also für mich! Sie tun unseren Leuten hier, aber auch unseren Landsleuten in Deutschland, weh, weshalb diese auch nicht deutsche Zeitungen lesen, sondern sich auf die türkischen Nachrichten und Berichte aus der Satellitenschüssel verlassen. So einfach ist das! Also sage ich auch Nein zu diesen Berichterstattern! Kümmert euch um eure eigenen Schweinereien in eurem eigenen Land!»

Ich hakte nach: Und bei ihnen in der Türkei? Darf es dort freie, kritische Berichterstattung geben, können also etwa Redakteurinnen und Redakteure von der «Cumhuriyet» ohne Angst in der Türkei leben und ihrer Arbeit nachgehen?

Hülya: «Das Volk hat schon genug Probleme, da müssen nicht auch noch Verunsicherungen ihre Regierung betreffend dazukommen. Die Regierung braucht vor allem das Vertrauen der Leute. Da kommt so eine kritische Presse denen natürlich in die Quere und deshalb wird sie unterdrückt und verboten.»

Fehmi: «Kritisch hinterfragen ist nicht die Stärke des türkischen Volks oder Teil unserer türkischen Mentalität. Kritik haben immer nur die Eliten oder die Gewerkschaften oder die Kommunisten geübt, die aber von der großen Mehrheit des Volks gar nie dazu ein Mandat hatten. Der letzte Widerstand, dem sich das Volk anschloss, war der von Atatürk gegen den Sultan und gegen die ausländischen Invasoren. Das konnte das Volk noch mittragen, hat es dann ja auch. Aber in diesem Befreiungspaket war auch noch was anderes verschnürt, was dem Volk auf lange Sicht geschadet hat: nämlich der Ausschluss Allahs und der heiligen Schrift des Propheten Mohamed aus der Führung. Atatürk hat unseren Propheten beleidigt…»

Mehmet: «… Und noch mehr Schlechtes war in dem Befreiungspaket versteckt: westliche Werte! Wer braucht die in der Türkei? Die Mehrheit hierzulande braucht keine westlichen Werte, keine westlichen Bücher, keine gemischten

Wohngemeinschaften, keine Bikinis am Strand, keine lachenden Frauen ohne Kopftuch in den Straßen, keine frechen Hippie-Demonstranten wie auf dem Gezi-Park. Das alles ist meinen Leuten unheimlich! Und mir auch! Es ist Opium! Unsere türkische Mentalität ist: gehorchen, glauben, auf einen starken Führer vertrauen, sich unterordnen, ja, das ist meine Mentalität! Und wenn der, dem ich gern gehorche, dem ich vertraue, das, an was ich glaube und wonach sich mein Volk lange gesehnt hat, infrage gestellt wird, egal ob von ‹kritischen Journalisten› oder, noch schlimmer, von Deutschland und dem Westen aus, dann werde ich böse. So geht es der Mehrheit der Türken. Dann sammeln sie sich hinter ihrem Führer und sagen ‹Wir sterben für dich und wir töten für dich!›»

Warum dürfen Menschen in der Türkei ihre kurdische Kultur und ihre Muttersprache nicht pflegen, ohne diskriminiert zu werden?

Hülya: «Das stimmt doch gar nicht! Das hat doch unser Präsident erst möglich gemacht! Erst wenn sie frech werden, unsere Soldaten und Polizisten angreifen und einen eigenen Staat fordern, dann ist Ende mit Toleranz. Atatürk, den sie heute auf der ganzen Welt noch so verehren, wollte den kurdischen Staat übrigens auch nicht. Und die Basken und all die anderen Unabhängigkeitsbewegungen werden ja auch in anderen Ländern bekämpft, wenn sie Bomben legen und Polizisten angreifen.»

Hulusi: «Ich will ihnen einräumen, dass der Begriff ‹Terrorist› in meiner Heimat vom *reis* und seiner Regierung etwas inflationär gebraucht wird. Natürlich ist nicht jeder kritische Mensch grundsätzlich ein ‹Terrorist› – aber wenn er sich in seiner Kritik und seinen Enthüllungen und seiner Meinung den Argumenten und Standpunkten derer nähert, die wir als Terroristen ausgemacht haben, also PKK und Fetö-Bewegung und so, dann ist es verständlich, wenn der *reis* in seiner Erregung das auch so nennt. Er ist auch nur ein Mensch – und die

Leute verstehen eben nur eine sehr einfache Sprache, so wie Erdoğan sie spricht. Die lieben ihn dafür. Die würden gar nicht verstehen, wenn er plötzlich anfangen würde, zu differenzieren, zu reflektieren, staatsmännische, diplomatische Floskeln zu benutzen. Das würden ihm viele Türken als Schwäche auslegen.»

Warum beschimpft Erdoğan grundsätzlich die Menschen, die von ihrem verfassungsmäßig garantierten Demonstrationsrecht Gebrauch machen – zum Beispiel gegen die Bebauung der letzten verbliebenen Grünflächen in Istanbul mit Shopping-Malls? Oder zuletzt die Hunderttausenden Teilnehmer des *«adalet»*-Marschs von Ankara nach Istanbul gegen Erdoğans autoritäre Politik?

Adnan: «Unser Volk tickt nicht so! Die Menschen hierzulande demonstrieren lieber *für* als *gegen* jemanden, nicht nur weil es dann nichts von der Polizei auf die Mütze gibt. Die Gezi-Park-Hippies waren eine Minderheit, die gehören nicht dazu. Solche Leute und ihr ‹Occupy›-Gehabe gehören nach Berlin oder Mailand oder Woodstock. Die haben das mit den Bäumen ja nur als Vorwand genommen, um sich wichtigzumachen. Die wollten den Zwergenaufstand proben. Die haben gesungen, Drogen konsumiert, komische moderne Tänze getanzt, Hate-Poetry vorgelesen, die kein normaler Türke versteht und angeblich in ihren Zelten nachts freie Liebe praktiziert …»

Ünal: «… das war wie ein Virus! Die haben alle ganz verrückt gemacht. Ich war selber erstaunt, dass da sogar die Leute von Çarşı, Fußball-Fanclubs, also richtige Männer, mitgemacht haben. Aber die sitzen jetzt zum Glück in Haft. So gehört sich das. Gut gemacht, Polizei. Wo kämen wir da hin, wenn Fußballfanclubs und Künstler und Schwule und Gottlose und Mädchen in kurzen Röcken sich rund um einen Pianisten zusammenrotten und den Verkehr behindern und tagelang alle verrückt machen? Sogar einige brave Busfahrer haben sie angesteckt mit ihrem Virus. Ich habe damals am Taksim-Platz ein paar von ihnen persönlich vermöbelt. Ich bin lieber auf der Seite der Polizei als auf der Seite von Marodeuren, die keiner versteht.»

Warum wird deutschen oder Staatsbürgern anderer Länder mit Wurzeln in der Türkei, die sich kritisch über Erdoğan äußern, «Verrat» oder «schlechtes Blut» vorgeworfen, warum werden sie als «sogenannte Türken» bezeichnet und bespitzelt?

Kenan: «Er hat den Türken zugerufen, dass sie ein wachsames Auge auf die Störer haben sollen …»

Hülya: «… und das besorgt unsere Ditib jetzt, und das ist auch gut so! Ich verstehe nur nicht, warum die es nicht einfach zugeben. Wir brauchen in Deutschland und anderen europäischen Ländern, wo türkische Landsleute leben, wachsame Augen! So einfach ist das! Ihr habt doch auch euren Verfassungsschutz. So! Und Ditib und die Seelsorger sehen ihre Aufgabe eben auch als eine Art Verfassungsschutz in der Diaspora. Die guten Schäflein zusammenhalten und die schwarzen Schafe ausmachen und ausschalten.»

Ekrem: «Denn wenn die Türkei abstürzt, dann nicht, weil der *reis* Fehler gemacht hat, oder zu mächtig wurde, sondern weil es Verrat gibt und weil er zu wenig Unterstützung bekommen hat! Ja, auch der *«adalet»*-Marsch für Gerechtigkeit, vom CHP-Chef Kemal Kılıçdaroğlu initiiert, war für mich ein Verrat! Denn der *reis* hat eine kluge Regierung. Unsere Minister und Berater haben studiert! Die meisten können Englisch! Und sie haben Allah auf ihrer Seite!»

Soll also niemand in der Türkei Kritik am Präsidenten, an der Regierung, an der Politik äußern, ohne gleich als «Feind der Türkei» niedergebrüllt zu werden?

Fehmi: «Was heißt niedergebrüllt? Die Mehrheit der Türken ist für Erdoğan! Die Mehrheit der Türken repräsentiert unsere türkische Mentalität! So wie die Mehrheit reagiert und demonstriert und jubelt und die Feinde niederbrüllt oder auch angreift, um den, an den sie glaubt, zu unterstützen und um den eigenen Traum zu schützen, so hat das Ausland und all die politisch Korrekten und Gutmenschen bei euch in Deutschland und die verlogene deutsche Politik uns zu respektieren! Wir sind so! Wir sind nicht wie die Demonstranten, die für den Verräter Berberoğlu 480 Kilometer laufen, oder die Hippies vom Gezi-Park oder die türkischstämmigen Abgeordneten im Deutschen Bundestag, die unser und ihr eigenes Nest beschmutzen. Diese Verräter sind eine Minderheit unter uns Türken! Und wenn diese Minderheit aufmuckt, dann ist es die Aufgabe der Mehrheit, ihren Standpunkt und den Standpunkt des *reis* zu schützen! Ja, auch, wenn er fordert, den Putschisten den Kopf abzureißen!»

Soll es Ihrer Meinung nach im Parlament nie mehr eine echte Opposition geben, die nicht befürchten muss, unter fadenscheinigen Gründen ins Gefängnis gesteckt zu werden, wie der Oppositionspolitiker Enis Berberoğlu, der zu 25 Jahren verurteilt wurde wegen angeblicher Spionage?

Mehmet: «Was hat uns denn diese Opposition gebracht? Nehmen wir Berberoğlus Partei CHP. Das sind doch die Gestrigen! Die legen dem *reis* doch nur Steine in den Weg! Dieser Oppositionsgedanke ist ja ganz schön, aber er passt weder zu unserer Mentalität noch zur Lage, die eben ein Ausnahmezustand ist. Denn, das vergessen unsere Kritiker gern, wir hatten einen Putschversuch! Es sind Menschen gestorben! Das Parlament wurde angegriffen! Dass danach gewissen Abgeordneten die Immunität entzogen wird und sie, wenn sie sich bestimmter Sympathiebekundungen schuldig gemacht haben, auch verhaftet, in Gewahrsam genommen, und, wenn sie schuldig sind, verurteilt werden, ist dafür da, dass sie keinen weiteren Schaden anrichten. Und Schaden richtet jeder an, der den *reis* und die Regierung, die von der Mehrheit der Türken und der in Deutschland lebenden Türken gewählt, unterstützt und geliebt wird, nicht schalten und walten lässt!»

☪

Der Begriff der «türkischen Mentalität» – er wird immer wieder bemüht und das öfter von den Türken selbst als von Ausländern. Und von beiden Seiten: Die einen nutzen den Begriff, um sich zu distanzieren mit einem Achselzucken, die anderen, die Gesprächspartner in diesem Kapitel, im Brustton der Überzeugung. Und zum falschen Zeitpunkt am falschen Ort ist sie bisweilen einfach nur unfreiwillig komisch: Einige Wochen zuvor demonstrierten die Gesinnungsgenossen meiner türkischstämmigen Gesprächspartner, glühende Anhänger des Präsidenten Erdoğan, in der Heimat ihre ‹Mentalität›, und es ist nicht überliefert, ob irgendeiner von ihnen sich danach dafür schämte, wohl aber gibt es genug repräsentative Stimmen, die belegen, dass sich die andere Hälfte dafür fremdschämte: Etwa als sie unter dem Schutz der Polizei gegen die Niederlande protestierten, die tags zuvor ihre Erziehungsministerin nicht hatte auftreten lassen: Vor deren Generalkonsulat in Istanbul zerquetschten sie Orangen und schlürften Orangensaft, weil sie glauben, man träfe damit die Niederländer wegen «Oranje»; oder als der Türkische Verband der Viehproduzenten schwarzbunte Kühe aus den Niederlanden dorthin zurückverfrachtete; oder als einige einen norwegischen Reporter verprügelten, weil sie glaubten, er sei Niederländer; oder als sie vor beflissen filmenden türkischen Fernsehkameras eine Flagge Frankreichs verbrannten, weil sie sie für die Flagge der Niederlande hielten; oder als sie in Sprechchören gegen den französischen Präsidenten Hollande wüteten, in der Überzeugung, der Name hätte etwas mit Holland zu tun; oder als einer von ihnen in das niederländische Generalkonsulat in Istanbul eindrang, aufs Dach stieg, die niederländische Fahne einholte, «*Allahu Akbar*» rief und eine türkische Flagge hisste.

Ist es «unsere türkische Mentalität», die gerade ein ganzes Land in den Abgrund reißt wie ein miserabel gesteuertes Flugzeug? Oder ist es der Wahn eines Einzelnen? Für die einen sind es die Erdoğans, die Trumps, Putins, Mugabes und Lukaschenkos dieser Welt, die Geschichte machen. Für die anderen setzt die Geschichte immer und überall ihre passenden Marionetten ein. Fest steht für mich als Migranten, Betrachter und Betroffenen, der mit Deutschland und der Türkei gleichermaßen verwandt und verbunden ist: Nicht die Macht allein ist das Problem – es braucht eben auch etwas, das diese zulässt. Ich selber zögere, das mit «türkischer Mentalität» zu banalisieren. Denn diese ist das Erbe einer über sehr lange Zeit verunsicherten und gekränkten Volksseele, der in vielerlei Hinsicht immer wieder der Fuß auf den Nacken gesetzt wurde. Sie sammelt sich gerade hinter einem, der sich ihnen als Heiland verkauft, übernimmt dessen populistischen Schrei nach Anerkennung – und glaubt ihm alles. Noch am Tag vor dem Referendum zur Verfassungsänderung wurde Erdoğan mit folgenden Worten zitiert: «Nicht wir stürzen ab! Seht doch! Die EU stürzt ab! Gerade ist die Schweiz ausgeschieden, zuvor ist Norwegen ausgetreten – und erst vor ein paar Monaten das Gründungsmitglied England!»

Almanya

«Wollen Sie wissen, was ihre Zuhörer gerade von sich geben?» Der Redakteur starrt auf seinen Monitor und schüttelt den Kopf. «Guter Gott», murmelt er, «so was haben wir selten in unseren Live-Talkshows. So schnell so viele Reaktionen – und so böse …» Ich sitze meinem Interviewer gegenüber am Mikrophon im Studio eines öffentlich-rechtlichen Radiosenders, es ist 9 Uhr 34 an einem Morgen im August 2016. Halbzeit in einem einstündigen Live-Interview. Nach den Nachrichten soll es weitergehen mit Fragen und Antworten zur Lage in der Türkei, zum Putsch vom 16. Juli, zu meinen Erlebnissen und Ansichten. Draußen an den Radios hören offensichtlich einige Zehntausend erregte Gemüter zu – ihre Anrufe und Hörermails landen Zeile um Zeile auf dem Studio-Monitor. Der Redakteur dreht ihn halb zu mir herüber, während nebenan schon die Verkehrsnachrichten laufen – «Noch zwei Minuten», schallt es aus dem Regie-Lautsprecher, bis wir wieder On Air sind …

«Ihr Gast ist ein Hurensohn und Vaterlandsverräter!»

«Danke, Cobanli Bey! Sie treffen genau ins Schwarze.»

«Der Mann soll den Mund halten!»

«Gut, dass es Leute mit türkischem Namen gibt, die sich noch trauen, es deutlich auszusprechen …!»

«Der versteht doch nichts, der ist offensichtlich pro Atatürk!»

«Der heißt Cobanli und ist gegen uns Türken in Deutschland!»

«Der Mann ist eine Schande!»

«Der ist zwar kein richtiger Türke, aber auf der richtigen Seite …!»

«Den kriegen wir!»

«Der soll mal schön aufpassen!»

«Ich habe das Radio abgestellt, ich höre nie mehr Ihren Sender!»

…

Noch eine Minute bis zum roten Licht. Ich nehme wieder Platz vor dem Mikrophon. «Wollen wir auf diese Reaktionen eingehen?», fragt der Redakteur. «Oder wollen wir da weitermachen, wo wir stehengeblieben waren, also bei Ihren Erinnerungen an die beiden vorigen Militärputsche?» «Fragen Sie ruhig etwas zum Thema Türken in Deutschland.» Bevor das Rotlicht angeht, kneife ich die Augen zu und versuche mich zu konzentrieren. Gleich muss ich Fragen zu diesem schwierigen Thema beantworten.

«Die aktuellen Entwicklungen in der Türkei sind schnelllebig und besorgniserregend …», beginnt der Redakteur, «aber was machen diese Entwicklungen mit den hier lebenden Türkischstämmigen und mit unserer Gesellschaft?» Nach einer Sekunde Kunstpause legt er nach: «Und was machen sie mit *Ihnen*?»

«Für viele Menschen werden diese Entwicklungen folgenreich sein», höre ich mich antworten. «Ich mache mir vor allem Sorgen um Zehntausende qualifizierte Leute, die dort gerade ihre Jobs verloren haben, die Tag für Tag eingekerkert werden. Und um die Folgen für die türkische Gesellschaft, der gerade hunderttausend qualifizierte Kräfte verlorengehen, weil sie einfach weggesperrt werden. Oder fliehen, wenn man sie raus lässt, vielleicht zu uns fliehen. Aber, ja, das alles wirkt sich auch direkt auf die hier lebenden Türken aus. Und damit auf uns alle. Es sieht so aus, als bekämen wir hier auch bald türkische Verhältnisse – zumindest in der türkischstämmigen Community …»

Während ich versuche, deutlich und geordnet meine Antworten ins Sendermikrophon zu formulieren, schwirren mir Gedanken durch den Kopf. Wie weit darf ich in der Öffentlichkeit gehen? Als Journalist wäre ich eigentlich gehalten, keine persönliche Meinung zu äußern. Aber kann ich das? Darf ich das? Trage ich nicht Verantwortung, wenn ich wegen meiner deutsch-türkischen Herkunft gefragt werde und eine Stunde lang meine Wahrnehmungen und Ansichten öffentlich machen darf? Als Gegner der Diktatur bin ich Mainstream unter Deutschen, aber aktuell in der Minderheit unter den Türken in Deutschland – jedenfalls unter denen, die sich laut äußern. Offenbar hören auch viele von ihnen heute Morgen öffentlich-rechtliches Radio. Und nicht nur, dass viele meine Ansichten nicht teilen – sie sind wütend! Kann ich diese Leute zum Nachdenken darüber anregen, dass sie dem falschen Heilsbringer vertrauen? Was unterscheidet mich von diesen wütenden Anrufern? Was habe ich mit ihnen zu tun? Nichts, wenn ich nicht will. Und doch vieles, weil ich mich für sie interessiere. Bin ich überhaupt ein «Türke in Deutschland»? Habe ich einen «Migrations-Hintergrund»…? Ja und nein. Während mir all diese Gedanken durch den Kopf geistern, beantworte ich weiter die Fragen des Redakteurs nach den aktuellen Entwicklungen und ihrer Wirkung:

«Es entsteht in der Türkei gerade eine Diktatur, wie ich sie noch aus Chile, Spanien, Argentinien, Portugal usw. erinnere. Und die wabert jetzt hier herüber wie ein giftiger Brei, getragen von offen aggressiven Landsleuten, die hier seit Generationen leben, die «ihr» Deutschland kaum kennen und sich hier bisher auch nicht politisch engagieren, die aber auch ihre Türkei kaum kennen. Und jetzt – vielleicht genau deshalb? – hemmungslos auf Andersdenkende eindreschen, weil es ihnen von dort aus so eingeredet und befohlen wird. Oder weil sie selber durch widrige Umstände hierzulande in diesen Fanatismus hineingeschlittert sind … »

☪

«*Liderimizi istiyoruz*! – Wir wollen unseren Führer! Wir lieben Allah und Hazreti Mohamed und unseren Präsident Erdoğan!» Die Stimme der Frau im Kopftuch und knöchellangem hellbraunen Mantel überschlägt sich, ihre Augen sind weit aufgerissen, sie wirft ihre Arme in die Luft, in beiden Fäusten hält sie Türkeifähnchen – glücklich wirkt sie nicht auf den Betrachter des Handyclips von der Demonstration, ihr Jubel wirkt eher zwanghaft, fremdgesteuert als überzeugt. Hinter ihr drängen sich andere Frauen, alle mit Kopftüchern, und Männer mit Bärten, einige, auch jüngere, tragen die weiße, gehäkelte Gebetsmütze der Muslime. Zusammen bilden sie ein Meer aus roten türkischen Fahnen mit Halbmond und Stern. Von weiter hinten dröhnen Sprechchöre, wie berauscht preisen sie den türkischen Staatschef, Einzelne bilden Sprechchöre und skandieren *«Allahu Akbar»*. Einige drängeln sich nach vorne und beobachten die Frau.

«*Sen şimdi bu vatanda yaşamak istermisin*? – Möchtest du denn auch in der Heimat leben, so wie es dort jetzt aussieht?», fragt ein Landsmann auf Türkisch gegen den Lärm an. Er ist zu der Frau vor die Kamera getreten und identifiziert sich als «Mitglied der Türkischen Gemeinde in Deutschland».

«Muss ich doch nicht!», grinst die Frau den Frager an. «Ich bin Türkin in Deutschland! Ich will, dass es hierher kommt!», schreit sie heiser gegen die skandierenden Männer hinter sich an und will sich wegducken. Die Gegenfrage kommt schneller: «Was soll denn hierher kommen?» Die Frau dreht sich wieder um und zögert einen Moment: «Alles Gute aus der

Türkei! Der Präsident soll kommen und uns erlösen! Wir wählen ihn und wir folgen ihm in Deutschland!»

«Und dann? Was dann?»

«Alle Türken in Deutschland sollen aufwachen und wachsam sein!» Die Frau tritt einen Schritt zurück, ihre Miene verfinstert sich: «Was ist mit dir? Es kann nur einen Lider geben und wir sind hier alle dafür! Wir sagen *Evet*!» Dann fährt sie auf Deutsch fort: «Wir sagen Ja zum Präsident und nieder mit den Fetö-Leuten und anderen türkischen und deutschen Terroristen-Freunden! Für die Verräter in der Türkei bin ich für Todesstrafe! Und was die alle hier in Deutschland über uns denken, ist mir egal!»

Diese Frau lebt in Deutschland. Sie hätte – theoretisch – Zugang zu freier Presse, sie könnte sich informieren, darüber, wie ihr Führer und sein Clan in ihrem Heimatland gerade Milliarden-Geschäfte mit der Organisation machen, zu deren Lasten in letzter Zeit so ziemlich alle Attentate gegen Zivilisten gehen. Und doch tritt sie mitten in Deutschland lautstark dafür ein, dass die Freiheiten, die sie hier genießt, in ihrem Herkunftsland abgeschafft werden – vor allem für die, die dem Clan auf die Schliche kommen und deshalb als «Terror-Unterstützer» gebrandmarkt werden. Und in dem Land, dessen Regierung davon zwar weiß und dies auch offiziell festgestellt hat, aber nur sehr zögerlich Konsequenzen daraus ziehen mag, lebt diese Frau und repräsentiert als Pro-Erdoğan-Türkin tatsächlich die Mehrheit unter ihren wahlberechtigten und wahl-willigen Landsleuten. Die UETD, Erdoğans Lobby-Organisation, hatte wieder mal zur Pro-AKP-Demonstration aufgerufen. Und die Erdoğan-kritische «Türkische Gemeinde in Deutschland» war wieder mal in der Minderheit gegenüber den Jubeltürken.

1,46 Millionen in Deutschland lebende türkischstämmige Wahlberechtigte waren angehalten, ihre Stimme abzugeben, als am 16. April in der Türkei die Volksabstimmung über die Einführung des sogenannten Präsidialsystems abgehalten wurde, der Machtergreifung ihres *liderimiz* (unser Führer), der das türkische Parlament bedeutungslos machen sollte, der Umbau der Staatsführung, der letzte große Schritt zur Festigung einer autoritären Einmannherrschaft – mit unabsehbaren Folgen für die Türkei und ebenso für Deutschland.

Hat die deutsche Politik genug unternommen gegen die offen antichristlich und antisemitisch hetzenden Islamvereine? Hat sie die heuchlerische Ditib erkannt als das, was sie ist: keine unabhängige Religionsbehörde, kein Gesprächspartner für demokratische Institutionen, sondern eine AKP-Wahlkampfgruppe, deren Ziel die Manipulation von in Deutschland lebenden, also vom Gesetz her freien Bürgern ist? Haben sie bei den Enkeln der «Gastarbeiter»-Generation die Identifikation mit dem Land befördert, in dem sie geboren wurden und leben, ihnen ein gewisses Mindestmaß an Loyalität abverlangt? Haben sie nicht im Gegenteil mit der Einführung der doppelten Staatsbürgerschaft genau das verhindert und dadurch erst ermöglicht, dass viele deutsch-türkische Doppelstaatler sich nun aus dem bequemen Sofa des deutschen Sozialstaats heraus unbehelligt als Unterstützer eines Diktators aufspielen können, der dabei ist, ihre Heimat in jeder erdenklichen Hinsicht zu beschädigen?

Deutschlands Politiker haben die Entwicklung der türkischen Minderheit ebenso wenig erkennen wollen wie die Entwicklung, die deren Heimatland genommen hat. Sie haben geduldet, nicht gehandelt. Weder durch Diplomatie noch mittels ihrer zur Verfügung stehenden wirtschaftlichen Daumenschrauben. Das eine geschah aus einem Mix aus falsch verstandener Fortschrittlichkeit und gut gemeinter politischer Rücksichtnahme, das andere war Ergebnis eines krachend danebengegangenen Kalküls wie zum Beispiel dem sogenannten

Flüchtlingsabkommen. Erst Ende Juli 2017 zeigte Berlin Zähne, erwog, Exporte und Investitionen in der Türkei nicht mehr mit staatlichen Hermes-Bürgschaften abzusichern und rang sich markigere Sprüche ab (Wolfgang Schäuble: «Das erinnert mich daran, wie es früher in der DDR war»). Außenminister Gabriel brach seinen Sylt-Urlaub ab und knurrte mit besorgter Miene etwas von einer «Neuausrichtung» seiner Türkei-Politik, verschärften Reisehinweisen und – in Übereinstimmung mit der CSU, aber nicht mit der nach wie vor beißgehemmten Kanzlerin – einer Infragestellung der Zollunion.

Nun müssen sie sich wohl oder übel darauf einstellen, dass beide Versäumnisse die eigene Gesellschaft verändern, hier und da nachhaltig vergiften werden.

Der Konflikt zwischen Ferngelenkten und Kritischen, zwischen Ja-Sagern und Nein-Sagern, UETD und Türkischer Gemeinde e.V. (*Almanya Türk Toplumu*) wird sich, da in der Heimat die Würfel gefallen sind, tiefer denn je hineinfressen in die deutsche Gesellschaft. Besorgte Diktaturgegner stehen gegen vor Selbstbewusstsein strotzende Befürworter. Und es ist zu befürchten, dass der Konflikt auch jene Deutsche gegen ihre türkischen Mitbürger aufbringen wird, die sich bisher nicht durch Ausländerfeindlichkeit und Intoleranz hervortaten und auch Islam und Islamismus nicht verwechselten. Deutsche, die bisher keine Probleme mit ihren türkischstämmigen Mitbürgern hatten, die gelernt haben, auf diese zuzugehen, mit ihnen ihre Feste zu feiern, auch mal in die Moschee mitzugehen, als Feriengäste ihre Hilfsbereitschaft und Gastlichkeit genossen, sind dabei, sich genervt abzuwenden von ihren Bekannten, die sich so laut, aggressiv und selbstgerecht als Jubeltürken und Ja-Sager outen. Erdoğans viel zitierter böser Ruf «Assimilation ist ein Verbrechen gegen die Menschlichkeit», herausposaunt mitten in Deutschland, trägt bittere Früchte.

Die Folgen für Deutschland – das sind auch Enttäuschung

und Unverständnis vieler Deutschen über diejenigen unter ihren türkischstämmigen Nachbarn und Kollegen, die in ihren Augen auf den Vater aller Populisten hereingefallen sind, und ihnen deshalb mit Erklärungen à la Mustafa Yeneroğlu kommen wie: «Die türkische Presse ist doch freier und unabhängiger als die deutsche!», oder «In Deutschland sitzen doch mehr türkische Staatsbürger in Haft als deutsche in der Türkei – ich fordere Respekt für den türkischen Rechtsstaat!», oder «Kein Richter oder Journalist kommt in der Türkei in Haft, weil er seinen Beruf ausübt!», oder: «Was wollen sie, wir haben doch gewonnen! In der Türkei und in Deutschland!»

Nur eine verschwindende Minderheit unter den Deutschen heißt die Diktatur in der Türkei gut. Ich weiß von niemandem, den es nicht mit Wut erfüllt, wie dort Hunderttausende Menschen entmündigt, zwangsenteignet, ohne Richterspruch eingekerkert werden und sich gleichzeitig um die Staatsführung herum ein krimineller Clan aus geschäftstüchtigen Parvenus breitmacht. Derart zynische Ansichten hört man allenfalls aus der Ecke der Xenophoben, der Islamhasser, AfD-Wähler und Pegida-Mitmarschierer, die schon immer am liebsten gar keine «Türken» in Deutschland gehabt hätten und auch mit Multi-Kulti nichts anfangen können. Doch diese Gruppe könnte nun Zulauf bekommen aus dem Kreis der bisher interessierten, integrationsbereiten Deutschen. Dann nämlich, wenn ihnen die politische Borniertheit des eigentlich geschätzten türkischstämmigen Nachbarn und Arbeitskollegen nur noch auf die Nerven geht.

Warum, so werden diese Menschen ihre Nachbarn fragen – und sich vom Reden und Handeln Erdoğans an düstere Epochen in ihrem eigenen Land erinnert fühlen, die 1945 bzw. 1989 endeten –, sagen so wenige von euch «Nein» zum Gangsterstaat? Wann versteht ihr? Ist Duckmäusertum, Kadavergehorsam türkisch? Ist Denunzieren andersdenkender

Landsleute nach drei Generationen in Deutschland euer neuer Lifestyle? Und der Nachbar und Arbeitskollege wird beleidigt von Terroristen und Autobahnen schwadronieren, von neuen Moscheen, Flughäfen, Shoppingmalls und zurückgewonnenem Nationalstolz. Oder vom Alleingelassensein durch Europa und der Arroganz des Westens. Und dann wird die Frage kommen, die schon heute in den sozialen Medien immer wieder gestellt wird: «Warum geht ihr denn dann nicht alle dorthin, wenn es euch hier so missfällt und es dort nun endlich so herrlich ist?» Eine dumme Frage, zweifellos, ebenso töricht wie jene, die Lehrer und Eltern in den 1960er und 1970er Jahren ihren Schülern und Kindern stellten, wenn diese von der DDR schwärmten oder von der Revolution in Kuba – und natürlich ebenso unrealistisch. Denn die hier durch Frust und Komplexe («Wir waren für euch doch immer noch Menschen zweiter Klasse») Fanatisierten, deren Ja-Votum vielleicht nichts war als ein verzweifelter Schrei nach Anerkennung, sind weder willens noch in der Lage, in Deutschland ihre Zelte abzubrechen, noch würden sie in der Türkei überhaupt Arbeit finden, denn deren Wirtschaftskraft verhält sich derzeit umgekehrt proportional zum Privatvermögen des Erdoğan-Clans.

Und doch ist der Gedanke, den viele Deutsche dieser Tage äußern, vielleicht nicht ganz so absurd – denn zum Unverständnis über die Ja-Sager käme bei vielen Deutschen der Wunsch, die eingekerkerten Guten, die verfolgten Intellektuellen, die unterdrückte Intelligenzija der türkischen Zivilgesellschaft hierzulande mit ausgebreiteten Armen willkommen zu heißen. Und damit eine ganz neue türkischstämmige Minderheit zu begrüßen als damals in den 1960er Jahren: Professoren, Dichter, Musiker, Schauspieler, Schriftsteller, auch Offiziere, Piloten, Ingenieure, Lehrerinnen, Aufmüpfige, Mutige, die, aus den Gefängnissen entlassen, des Landes verwiesen, in Deutschland Asyl bekommen – das Szenario erinnert an die

1930er Jahre (Zuflucht am Bosporus) – und immer häufiger klingt es an in den Foren und Meinungsspalten der Republik.

Selbst die türkischen Freunde rund um meinen Tisch räsonierten über dieses Szenario, in der langen Nacht, als wir uns weiter das Video von der Demonstration ansahen – ein Bewegtbild der Lage, eine Antwort auf die Frage, was der Absturz der Türkei in die Diktatur eines geldgierigen Clans und das hiesige *Evet* aus türkischen Kehlen mit Deutschland macht.

☪

«Du darfst hier frei demonstrieren und deine Meinung in die Kamera schreien, so laut du willst», setzt der Mann von der «Türkischen Gemeinde» seine Unterhaltung mit der Frau im langen Mantel auf Türkisch fort, «obwohl deine Sicht der Dinge weder mit der Meinung der deutschen Mehrheit übereinstimmt, noch mit der Position der deutschen Regierung. Und die deutsche Polizei schützt dich auch noch dabei! Glaubst du nicht, du wärst weniger laut mit deiner Meinung, wenn du ihretwegen ins Visier der türkischen Polizei geraten und eingesperrt würdest? Ganz schnell würdest du nach dem deutschen Rechtsstaat und um Hilfe schreien!»

«Ich brauche gar keinen deutschen oder christlichen Rechtsstaat, weil ich gar kein Unrecht begehe! Der *liderimiz* gibt mir einen starken, türkischen, muslimischen Staat, auf den ich stolz sein kann!»

«*Ama düşün* – Denk doch mal nach! Versetz dich doch mal in die Situation etwa eines Journalisten in der Heimat!»

«Wenn da jetzt welche im Gefängnis sind, dann doch nur, weil sie für die Terroristen sind oder verdächtig!»

«Du demonstrierst hier für einen Diktator! Glaubst du alles, was er dir verspricht? Du sagst Ja zu hunderttausend unschuldig inhaftierten Journalisten, Lehrern, Beamten, Künstlern, Offizieren, Richtern. Und das sollen alles Terroristen sein? Glaubst du denn alles, was du in deiner türkischen Zeitung liest?»

«Ja! Ich glaube es! Ich mag auch gar nicht deutsche Zeitungen lesen, weil ich gar nicht verstehe, was da so drinsteht und was die eigentlich gegen uns Türken und unseren *Cumhurbaşkan* haben. Und außerdem – wir sind in der Mehrheit!», ruft die Frau, jetzt wie irre grinsend. Dann verschwindet ihr Grinsen, sie überlegt kurz, dann bricht es aus ihr heraus: «Und du? Was willst du? Wo stehst du? Bist du auch einer von den Verrätern, dass du mich so ansprichst?», wieder überschlägt sich ihre Stimme. «*Bana bak*! Hör zu! Ich will hier in Deutschland leben, ich bin hier die Mehrheit, und will, dass Leute wie du, die schon wie die deutschen Zeitungen reden, den Mund halten! *Sus*!» Dann tritt sie bedrohlich nah an den verdutzten Gesprächspartner heran: «*Hadi*, los, sag mir deinen Namen und ich melde dich! Dann musst du dich verantworten!»

«Hast du denn kein Mitgefühl mit all den guten Menschen, die dein Führer zu Hause verfolgen lässt, enteignet, ihnen die Arbeit und ihr Konto sperren lässt?», wiederholt der Landsmann von der «Türkischen Gemeinde» seine Frage.

«*Vay, kahrol*», schimpft die Türkin. «*Utanmaz*! Schäm dich – bist du noch ein Türke oder was?»

«Ja! Ich bin Türke wie du! Ich liebe unser Land. Deshalb sage ich Nein zur Diktatur in unserem Land. Sag mir: Glaubst du wirklich, dass Erdoğan etwas für dich tut?», fragt der Türke unbeirrt weiter.

«Ihm zuzuhören macht mich stolz, eine Türkin zu sein! Ich will, dass alle Türken unserem Präsidenten folgen! Wir feiern ihn, wenn er kommt, wir folgen ihm auch in Deutschland! Und wenn du gegen uns bist, und deine Fetö-Freunde oder Kurden oder Aleviten oder Ungläubigen oder was du bist, dann spucke ich auf dich!»

Dann macht die Türkin «tü» und deutet an, vor dem Frager auszuspucken, wobei ihr vor Aufregung Speichel aufs Kinn tropft, den sie sich mit dem Handrücken wegwischt. Ihr Fähnchen mit dem Halbmond und Stern hält sie dabei fest. Und dann spuckt sie richtig vor dem Landsmann mit den unbequemen Fragen aus, dreht sich schnell um und verschwindet in der Masse der Jubelnden hinter ihr.

Ein Türke, eingehüllt in eine türkische Flagge, hat die Szene beobachtet und stellt sich lächelnd vor die Kamera: «Du willst wissen, warum wir für Erdoğan sind?», sagt er zu dem Mann von der «Türkischen Gemeinde». «*Dinle!* – Merk auf! Ich sage es dir: Seit er unser Anführer ist, hat unser Bruttoinlandsprodukt sich verdreifacht und die Beamtengehälter auch. Er hat Hunderte Kilometer neue Autobahnen gebaut. Auch in mein Dorf. Die Rente meines Großvaters ist gestiegen und wird pünktlich überwiesen. Ich weiß nicht, wieviel neue Flughäfen er gebaut hat. Er will sich mit unseren Brüdern von den großen Turkvölkern in Asien zusammentun. 60 Prozent unserer Waffen stellen wir selber her. Er bietet der Welt die Stirn! Er spielt mit Deutschland und Europa! Genug? Verstehst du jetzt, warum wir für ihn sind?»

«Ja», fragt der Landsmann, «und warum lebst du dann noch in Almanya? Warum willst du dann nicht dorthin gehen, wenn es doch alles so wunderbar ist, was dein *lider* aus unserem Land gemacht hat?»

Dann fallen wieder ein paar Sätze, die uns, die wir das Video gemeinsam an meinem Tisch betrachten, wie ein Motto des Themas «Die Folgen für Deutschland» erscheinen lassen: «Ich bleibe aber hier!», sagt der fahnenumhüllte Demonstrant, und baut sich immer noch lächelnd sehr breitbeinig vor der Kamera auf, «weil *er* mich *hier* braucht! In der Türkei ist schon alles gut. Die Schuldigen, die Terroristen, die uns behindern, die Türkei wieder groß zu machen, werden eben verhaftet und verhört und bestraft, wenn sie schuldig sind. Ich werde *hier* gebraucht! Ich will helfen und dabei sein, wenn der Islam sich auch hier in Deutschland verbreitet! Ich habe alles über unsere ruhmreiche osmanische Geschichte im Fernsehen gesehen. Ja, im türkischen Fernsehen in Deutschland! Ja, mit meiner Satellitenschüssel auf meinem Balkon! Was Sultan Süleyman nicht geschafft hat, weil er leider zu früh gestorben ist, das schaffen wir! Schluss mit Gastarbeiter- und Loser-Rolle! Jetzt sind wir am Drücker! Auch in Deutschland! Hast du noch Fragen?» Der Landsmann hatte keine mehr. Die Sätze des Demonstranten saßen wie Hiebe eines osmanischen Krummsäbels.

Nie war Deutschland in dem Maße Austragungsort innertürkischer Auseinandersetzungen wie seit der Machtübernahme der AKP, und nie waren diese so fanatisch und brutal wie seit dem 16. Juli 2016. Türkei-Politik ist mehr denn je auch Innenpolitik. Die Mehrheit der rund drei Millionen Türkischstämmigen in Deutschland ist mittlerweile hier geboren oder zumindest aufgewachsen. Viele dieser Menschen, deren Väter und Großväter vor 50 Jahren als Gastarbeiter nach Deutschland einreisten, sprechen gut Deutsch, mittlerweile sogar besser als Türkisch, was manche bei Besuchen im Heimatdorf der Väter bisweilen zum Gespött ihrer Landsleute macht. Nicht wenige junge, zumeist männliche Türken könnten durchaus akzentfrei Deutsch sprechen, bedienen sich aber absichtlich des «Kanaksprech»: um sich abzuheben, wie die schwarzen *Hoodies* in South-Philadelphia oder in der 135. Straße in Harlem – aus Koketterie, aus purer Provokation, aus Machogehabe oder aus Gruppenzwang. Die Arbeiterväter trugen türkisch *bıyık*, Schnauzbart, die Söhne und Enkel tragen *sakal*, muslimischen Vollbart. Die Alten saßen nach der Arbeit in Teestuben oder grillten mit der Großfamilie auf Wiesen in öffentlichen Parks, die Jungen hängen in den Shisha-Bars ab, breitbeinig, muskelgestählt und laut. Die Väter hatten Arbeit und radebrechten Deutsch eher, als dass sie es sprachen, weil sie es nicht besser konnten, und das ist so geblieben, selbst wenn sie seit 30, 40 Jahren hier leben. Die Jungen haben oft keine Arbeit, sind Problemschüler oder kleinkriminell und wenn sie Jobs haben oder als Kleinunternehmer zu Geld kommen, fahren sie bei jeder Gelegenheit, auch gerne nachts laut hupend im Corso durch die Straßen, fallen in reinen Männerhorden in die Discos ein. Sie nerven. So ist das Image. So empfinden es viele Deutsche, so lächeln darüber viele arrivierte Türken. Denn natürlich gibt es auch sie.

Arrivierte Türkischstämmige in Deutschland – ich kenne sie als die zuverlässigsten Nachbarn, vertrauenswürdig, höflich, gastlich, als professionelle, hilfsbereite Kollegen, als aufmerksame Lebensmittelhändler, die sich erinnern, welche Sorte Äpfel man zuletzt gekauft hat, die mich *abi* nennen, Großer Bruder, oder *amca*, Onkel, und ich sie auch, die sich freuen, wenn man mit ihnen Türkisch spricht: «Memnun oldum» ich freue mich! Einige von ihnen haben mittlerweile wichtige gesellschaftliche Positionen inne – wenn auch gemessen an ihrer Zahl viel zu wenige. Noch weniger sind in Wirtschaft und Politik in leitenden oder gesellschaftlich relevanten Stellungen tätig, ganz wenige als Abgeordnete oder Minister, und nochmal eine Minderheit unter dieser Minderheit hat sogar im Bundestag für die Armenier-Resolution gestimmt. Sind das noch Türken? Ihr Präsident stellt das wütend in Abrede und ruft nach Bluttests. Die integren Türken, *meine* Türken, sie sind jetzt die Minderheit. Beinahe alle Türkischstämmigen, denen ich in Deutschland begegne, die ich kenne oder zu meinen Freunden zähle, haben mittlerweile ein Problem. Die einen sind umgeben von einer Mehrheit andersdenkender Landsleute und werden von dieser feindselig und grob behandelt. Die anderen fühlen sich abgehängt von der Minderheit und lassen ihrem Hass auf sie freien Lauf. Mir ist die Minderheit nah, die Mehrheit fremd.

Die Frontlinie hat sich verschoben von Türken gegen Deutsche hin zu Türken gegen Türken. Eine Mehrheit der in Deutschland lebenden Türken, auch derjenigen mit deutscher Staatsbürgerschaft, identifiziert sich – derzeit – mit dem türkischen Präsidenten, seinen populistischen Reden und seiner Diktatur. Die liberale, gebildete Minderheit empfindet das als erschreckend, bedrohlich, traurig, je nachdem wie stark sie durch familiäre und freundschaftliche Bande von Bedrohung und Anfeindung betroffen ist. Und die Spannungen zwischen Anhängern und Kritikern Erdoğans verschärfen sich. Die Anhänger suchen und finden ihre Hassmotive in Mythen wie dem von der «terroristischen Gülen-Bewegung» und den «terroristischen Kurden», aber auch der «Scheiß Kemalisten-Elite» und den «Bonzen». Nicht nur ein Riss fräst sich also derzeit durch die türkischen Gemeinden in Deutschland, sondern ein ganzes Netz von Rissen und Sprüngen. Die alte Kruste des friedfertigen Leben-und-leben-lassens unter den Türkischstämmigen der ersten Generationen bricht auf. Aus dem türkischen Wir-Gefühl ist ein inter-türkisches Wir-gegen-die-Gefühl geworden.

Dass ein Teil der eher islamisch-chauvinistisch als patriotisch motivierten Mehrheit unter den eigenen Landsleuten in Deutschland ein Klima nackter Angst verbreitet, verlangt nach Erklärungen. Sie selbst und die politisch korrekten Türken-Versteher begründen die blinde Erdoğan-Gefolgschaft damit, dass diese Mehrheit sich «der Deutschen Gesellschaft nicht zugehörig fühle». Die am häufigsten zu lesenden Erklärungen lauten in etwa so: «Es geht den in Deutschland lebenden AKP-Fans um ihre Ehre», «Sie fühlen sich schon seit Generationen von den deutschen Mitbürgern, den deutschen Behörden erniedrigt und überheblich behandelt», «Sie fühlen sich gedemütigt und verraten», «Sie nehmen auch den deutschen Integrations-Gutmenschen ihre guten Absichten und die Rufe nach Willkommenskultur nicht ab», also «folgen sie jetzt eben einem Führer, den sie als einen der ihren sehen, weil er sich als einer der ihren ausgibt». Es sind Erklärungen, die davon ausgehen, es handle sich um ein Problem zwischen «*den* Türken» und «*den* Deutschen». Aber können diese Deutungen, die letztlich in der These münden, die massenhafte Parteinahme für einen Despoten hierzulande sei begründet in der Unfähigkeit und dem Unwillen «der deutschen Gesellschaft», «die Türken» in ihrer Mitte aufzunehmen, auch den neuen Hass erklären? Die Wut derer, die mit den Errungenschaften Atatürks und den Freiheiten des Westens gar nichts anfangen können, auf die, die sich in der Vielfalt ihrer Lebensentwürfe westlich, säkular, gemäßigt-religiös, europäisch, ja auch deutsch fühlen und danach leben wollen?

«*Die* Türkischstämmigen», das sind die, deren Mehrheit man unterstellt, sich «zu separieren». Ja, viele Türkischstämmige hätten gute Gründe, sich zu separieren. Die Brandanschläge in Mölln und Solingen haben Anfang der 1990er Jahre unter ihnen ein Klima der Angst geschürt – Angst vor deutschen Rechtsradikalen. Die lange Zeit unentschlossene Haltung und zögerliche bis dilettantische Verfahrensführung der Behörden und Politiker bei den Ermittlungen und der Aufarbeitung der Mordserie des NSU haben diese Angst verlagert und in Wut verwandelt. Zur Angst vor den Rechtsradikalen kam die Wut auf die Behörden, auf die Politik – auf «Deutschland». Nicht alle aber, die diese Gefühle des Alleingelassenseins, der Ungerechtigkeit (mitunter durchaus zu Recht) empfinden, halten deshalb einen Diktator in der Heimat für den Heilsbringer. Nur eben offenbar die Mehrheit.

Die gebildetere, die intelligentere und deshalb gemäßigte Minderheit denkt über die genannten (und weitere schreckliche) Vorkommnisse in Deutschland ebenso verbittert wie die aufgeklärte *deutsche* Mehrheit. Nur eben ohne die fanatische

Konsequenz, dass ein Diktator in der fernen Heimat, der, selber von Rachsucht getrieben, ausgerechnet die Besten im Lande zu Hunderttausenden einkerkert und dabei das Land für alle sichtbar zugrunde richtet, derjenige sein soll, der sich um die Belange der frustrierten, unterprivilegierten Türken in Deutschland kümmert.

Die Mehrheit der hier lebenden Türkischstämmigen, die, sei es aus Frust, aus Minderwertigkeitsgefühlen oder aus Verblendung, Erdoğan und seine Politik aus sicherer Distanz gutheißt, die ausgerechnet einen protzigen, korrupten, kalten Diktator für den Heilsbringer eines neuen, selbstbewussten Türkentums hält, das «sich nicht mehr alles bieten lässt», fühlt in vielerlei Hinsicht ebenso wie die frustrierten deutschen Wutbürger – wie die Pegida-Demonstranten und die AfD-Wähler. Denn das haben diese beiden Gruppen, die einander feindlich gegenüberstehen, gemeinsam: Sie denken nicht. Sie fühlen.

☪

Als ich nach der Radiosendung ziemlich erschöpft aus dem Studio trat, um eine Zigarette zu rauchen, nahm mich eine mir bis dahin wildfremde Mitarbeiterin der Redaktion geradezu stürmisch in die Arme und flüsterte: «Danke, Abi! Es war gut, Ihnen zuzuhören. Vielleicht haben Sie den einen oder anderen unserer unbelehrbaren Landsleute überzeugt …»

Die Mitarbeiterin, die mich, den fremden Interviewpartner ihres Chefs, gerade *abi*, «großer Bruder» genannt hatte, war eine junge Türkin, dritte Generation, Abitur, gelernte Tänzerin und Schauspielerin. Wir saßen noch eine Weile in ihrem Büro und tauschten uns aus über das, was ich während der Live-Sendung, die sie von nebenan mitgehört und ausgesteuert hatte, zwar gedacht, aber nicht ausgesprochen hatte, und was mir während der Sendung aus der Seele gesprudelt war. Darüber, ob der Frust der Türken in Deutschland wirklich eine Erklärung dafür ist, dass sich das bisher weitgehend friedliche Nebeneinander der herkunfts- und ausbildungsbedingt unterschiedlichen politischen und religiösen Schattierungen unter den Türkischstämmigen nun plötzlich als hemmungsloses Denunziantentum und Todfeindschaft bis hinein in die Kleinfamilie frisst. Wir fragten uns, ob das noch mit den üblichen Theorien erklärbar sei, wie: «die fühlen sich hier nicht anerkannt, darum stimmen sie ein in den Schrei ihres Führers nach Anerkennung», oder: «Die AKP-Bewegung macht sich die Frustration vieler Türken in Deutschland zunutze.»

«Nein», sagte die junge Türkin, «das ist neu. Ich weiß, wovon ich rede, ich habe Familie, Freunde und Bekannte in beiden Lagern. Leute, die kaum wissen, wer Atatürk war oder seit wann es die Türkei in ihrer heutigen Form gibt, die keinen Schimmer haben, wo Trabzon, Sinop oder Samsun liegen, was der *kurtuluş*, der Befreiungskrieg war und wie weit es von Istanbul nach Diyarbakır ist. Leute, die nur noch Türkisch radebrechen und die kaum einer in dem Dorf ihrer Eltern und Großeltern in der Türkei noch ernst nimmt, wenn sie dorthin zu Besuch kommen, tragen hier den Krieg Erdoğans gegen die türkische Verfassung herein – gegen die Kurden, die Aleviten, die Kemalisten, die vermeintlichen Gülen-Anhänger, die Gebildeten, die Liberalen, die Humorvollen, die Umweltschützer, die Andersgläubigen, die Studenten, Lehrer, Richter, Professoren, Schriftsteller, Journalisten. Nichts deutet darauf hin, dass das nachlassen wird. Ich fürchte, dass es sogar noch eskaliert. Das wird auch der Gesellschaft in Deutschland wehtun. Das haben Sie gut gesagt eben in der Sendung. Viele werden Ihnen dankbar sein für ihre Worte – und noch mehr werden Sie hassen!»

«Ich lebe hier – aber mein Präsident, das ist Tayyip

Erdoğan», antwortete eine halbe Stunde später mein Taxifahrer auf dem Weg zum Bahnhof. Ich hatte ihn trotz seiner schwäbischen Mundart als Türken erkannt und nach seiner Meinung zum Putsch und zur Lage in der Türkei gefragt. «Weil er sich hier in Deutschland für meine Interessen einsetzt». Der Taxifahrer ist in Stuttgart geboren, in der Türkei nur «mal auf Urlaub» gewesen, wie er einräumte. Er schimpfte sich in Rage: «Mit meinen Landsleuten, die hier gegen Präsident Tayyip Erdoğan sind, rede ich nicht mehr. Die hasse ich! Auch wenn nahe Verwandte unter ihnen sind. Das sind für mich keine Türken! Das sind Aleviten, Kurden, Gülen-Sektenbrüder, Terroristenversteher, Deutschländer! Wie diese Abgeordneten in Berlin – die beschmutzen unsere und meine Ehre, wenn sie sagen, wir hätten einen Völkermord gemacht. Ich bin zwar hier in die Schule gegangen, aber ich bin und bleibe ein Türke …»

Ich musste spontan an Berichte von Taxi-Erlebnissen einiger Bundestagsabgeordneter mit türkischem Namen denken: «Wer türkischstämmig ist und zugleich der türkischen Regierung kritisch gegenübersteht, muss sich auf einiges gefasst machen, wenn er in Berlin in ein Taxi steigt – dann nämlich, wenn ein strammer türkischer AKP-Fanatiker am Steuer sitzt und den Politiker erkennt, muss mit Beschimpfungen, Beleidigungen und aggressivem Verhalten gerechnet werden.» Auch Cem Özdemir, der bekannteste türkischstämmige deutsche Politiker, kann ein Lied davon singen. Besonders stark sind die Anfeindungen nach der Armenien-Resolution des Deutschen Bundestages im Juni 2016 geworden. Fast einstimmig hatte das Parlament beschlossen, den Völkermord an den Armeniern und anderen christlichen Minderheiten in der Türkei um das Jahr 1915 als solchen zu bezeichnen und zu verurteilen. Viele Türken reagierten wütend darauf, einfach so, ohne einen Schimmer, worum es dabei eigentlich geht.

Özdemir schrieb an die Taxi-Innung, um sich zu beschweren, woraufhin ihm vom Bundeskriminalamt sogar davon abgeraten worden sein soll, weiterhin in Berlin mit dem Taxi zu fahren. Auch schon vor der Resolution, berichtete Özdemir der «Welt», sei er gewarnt worden. «Ich wurde von alevitischen und kurdischen Taxifahrern angesprochen. Sie erzählten mir, da gibt's jetzt Fahrerkollegen, die sagen: ‹Ich mach den kalt›. Oder: ‹Ich spucke dem ins Gesicht›.» Özdemir erzählte auch von jener bedrohlichen Fahrt, bei der er mit seinem kleinen Sohn im Taxi saß. Erst sei alles gut gegangen, aber dann habe ihn der Taxifahrer wohl durch den Rückspiegel erkannt, «und veränderte abrupt seine Fahrweise, er raste los. Er wollte zeigen, wie wütend es ihn macht, einen ‹Verräter› im Taxi zu haben.»

Die Wut richtet sich nicht nur gegen deutsche Abgeordnete türkischer Herkunft. Auch der weltweit preisgekrönte türkische Journalist Can Dündar, Ex-Chefredakteur der regierungskritischen Zeitung «Cumhuriyet», der sich damals in Berlin aufhielt, habe, berichtete Özdemir, «immer wieder unangenehme Begegnungen» gehabt. Auch er steige nur noch ungern in ein Berliner Taxi, weil er sich nicht sicher fühle.

Vom Rücksitz aus sah ich im Rückspiegel nur die Augen meines laut vor sich hin schimpfenden Taxifahrers und war froh, dass er mich nicht erkannte. Gut, dass ich nicht so bekannt bin wie Özdemir oder Dündar. Für ein paar Sekunden war ich versucht, dem Mann zu empfehlen, meine Sendung von vorhin auf der Mediathek nachzuhören. Sollte ich eine Diskussion anfangen? Sollte ich ihm sagen, dass ich türkische Lieder und Gedichte auswendig kann? Wahrscheinlich mehr als er? Dass ich Sohn eines türkischen Vaters bin, der sein ganzes Leben lang Gelegenheit hatte, etwa die Wahrheit des Genozids zu studieren, aus erster Hand, im Gegensatz zu Erdoğans gekauften «Historikern», die auch an den Schulen den Kreationismus wieder einführen wollen? Dass ich über türkische Lebensart anders denke als er und dafür gute Gründe habe, basierend auf Informationen, die ihm hierzulande eigentlich auch zur Verfügung stehen? Sollte ich ihn fragen, ob er tatsächlich leben will in dem Land, das «sein» Präsident aus der Türkei gemacht hat, mit der Katastrophe Erdoğanistan, die dabei ist, diese Lebensart zu zerstören? Ob er auch nur ahnt, in welche Krise die Massenverhaftungen allein unter den Führungskräften der Armee das Abwehrsystem der Türkei führen werden? Wie schutzlos sein Land nun gegen Angriffe zum Beispiel des IS wird? Was nun aus den Studenten und den Patienten werden soll, wo Hunderte Schulen, Hochschulen und sogar als «Gülen-nah» verdächtigte Krankenhäuser per Dekret geschlossen, ihre Krankenschwestern vertrieben, die Patienten von der Polizei aus ihren Betten gestoßen werden? Ob er in einem Land wahlloser Razzien und Schikanen leben möchte?

Ich habe es dann sein lassen. Ich schwieg, ohne mich zu outen: weder als halber Landsmann noch als einer, der das Land, seine Mentalität und seine Geschichte besser kennt als er, geschweige denn als Gesinnungsgegner. Hätte er mir zugehört, wenn seine Kollegen nicht mal Cem Özdemir oder Can Dündar zuhören? Hätte er sich umgedreht und sein Gesicht gezeigt und darin den Hass? Vielleicht mein Trinkgeld nicht angenommen, mir meine Reisetasche vor die Füße geknallt? Später fragte ich mich, ob ich hier aus Bequemlichkeit nicht doch eine Chance auf Dialog vertan hatte. Sollte der Europäer in mir es im Kleinen nicht klüger machen als die EU im Großen, die nicht weiß, wie sie mit Erdoğanistan, dieser neuen Türkei, umgehen soll? Ist nicht Dialog einer der großen Errungenschaften der politischen Kultur in Europa? War die Türkei jemals weiter entfernt von dieser politischen Kultur des Dialogs? Hätte dieser Taxifahrer sich und mir die Chance gegeben für einen Dialog? Bisher ist es Europa gelungen, einen Dialog mit der Türkei aufrechtzuerhalten. Irgendwie. Aber was muss sich Europa dafür bieten lassen, dass es immer wieder nachgibt, dass es darauf beharrt, im Dialog zu bleiben, auch mit Erdoğanistan?

Geriet nicht der Besuch des deutschen Außenministers im November 2015 zu einem grotesken Machtgehabe der AKP-Regierung, das darin gipfelte, dass der deutsche Chefdiplomat von der gleichgeschalteten türkischen Presse verspottet wurde? Nein, Diplomatie, sogar die mindesten Regeln der Gastlichkeit, sind Erdoğans Sache nicht. So wird man wohl Sultan. Nicht durch Dialog und Diplomatie, Entgegenkommen und Zuhören. Ich musste an das Pressefoto denken: Steinmeier bei Erdoğan, Europäer neben Türke, Diplomatie gegen Präpotenz, ein Besuch bei einem, der gar nicht hinhört und sagt und denkt: «*Türkiye ben* – Die Türkei bin ich!»

☪

Vielleicht wäre mein Taxifahrer ein Fall für Erdoğan – einen anderen Erdoğan: Der Mann, von dem im Folgenden die Rede ist, heißt nur so wie der Präsident. Aber im Gegensatz zu jenem ist er ein weiser Kopf, einer, der die Genesis der fortschreitenden Vergiftung unter den Menschen türkischer Herkunft von unten her erlebt hat und sie kennt wie kein anderer. Kazim Erdoğan ist ein türkischer Soziologe und Psychologe mit Wohnsitz und Wirkungsstätte in Berlin, ein liebenswerter *beyefendi*, ein türkischer Gentleman etwa so alt wie der Präsident (und ich). Sorgsam und bedächtig fügt er seine Worte aneinander. Seit Jahrzehnten beschäftigt er sich mit der Psychologie der für Beobachter und Betroffene scheinbar unlösbaren türkisch-türkischen Widersprüche in seiner Wahlheimat Deutschland.

«Der Riss, der quer durch die türkischen Gemeinden und Familien klafft, ist nur auf den ersten Blick einfach», sagt Kazim Erdoğan. «Die Menschen mit türkischen Wurzeln haben sich in viele Lager gespalten, und dieses hat mehr mit ihrer Sozialgeschichte zu tun als mit objektiver Tagespolitik.» Die Hauptlager, pro oder contra Erdoğan, so hat er in seinen Untersuchungen festgestellt, seien nur die Erscheinungsform. «Es sind die Grautöne, je nach Bildungsgrad, religiöser Orientierung, sozialem Stand und privatem Schicksal.» Dass eine Mehrheit der Türken in Deutschland mittlerweile die Bedingungen diktiere, Druck auf Andersdenkende ausübe, sei ein «verhältnismäßig neues Phänomen». Auch dass aus dieser Mehrheit von Erdoğan-Trollen sogar Aufrufe nach Nazi-Art, Apelle zum Boykott von Unternehmen Andersdenkender, zum Beispiel angeblicher Gülen-Anhänger, kommen, sei nicht nur eine Folge der aktuellen Ereignisse. «Das ist komplizierter.»

Der Integrationsexperte Kazim Erdoğan hat generations- und klassenbedingte Zusammenhänge ausgemacht. «Einerseits hat unter den Türken in Deutschland eine unkritische, fanatische Politisierung zugenommen, andererseits aber auch ein offenes Bekenntnis zur Diktatur, ein Inkaufnehmen der Unfreiheit Andersdenkender», stellt er fest. Dies sei besonders bei den Jüngeren der Fall. «Diese nämlich fühlen sich im Gegensatz zur friedfertigeren Väter- und Großvätergeneration als die Verlierer unter den Türkischstämmigen. Jene hatten damals noch Hoffnungen und Perspektiven. Ihre Erleichterung darüber, der Verelendung in ihrer Heimat entkommen zu sein und in Deutschland Arbeit und ein lebenswertes Umfeld gefunden zu haben, hatte für die Migranten der ersten Generation sowohl eine stabilisierende als auch eine entpolitisierende Wirkung.»

Aus jedem einzelnen Satz Kazim Erdoğans spricht Kenntnis, Verständnis und – Bedauern: Früher, da habe es ein Zusammengehörigkeitsgefühl, eine Art Schicksalsgemeinschaft über alle etwaigen ideologischen Barrieren hinweg gegeben.

«Man diskutierte vielleicht nach Feierabend, aber man verstritt sich nicht, weil man unterschiedlicher Meinung war.» Das sei heute nicht mehr so, «denn die neuen Generationen haben sich entfernt vom Geist der alten einfachen Arbeiterschaft. Sie sind sowohl der Erziehung entwachsen als auch der ländlichen Moral der Väter, sie haben Deutsch gelernt, sie haben vielleicht sogar studiert, aber eben nicht alle. Einige sind nach oben entwachsen, viele aber sind nach unten gefallen. Das Für-oder-gegen-den-Diktator, Für-oder-gegen-den-Islam, das ist neu.» «Die Politisierung, unter den hier lebenden Türkischstämmigen», stellt der Soziologe fest, «befeuert die türkische Regierung, indem sie den Frust der ‹Loser›» populistisch in einen staatsreligiösen Fanatismus umlenkt.»

Dabei sind es ausgerechnet die islamischen Seelsorger, die hier, geschützt von der Toleranz und der freiheitlich demokratischen Correctness der Umgebung, die türkischstämmige Gesellschaft spalten. Der Imam einer Moschee in Kassel etwa rief die Gemeinde dazu auf, Listen mit Namen von Deutschtürken anzulegen, die verdächtigt wurden, mit Fetullah Gülen oder «Hizmet» zu sympathisieren. Die Verdächtigten müssen damit rechnen, bei ihrer nächsten Einreise in die Türkei verhaftet zu werden, und damit, dass auch ihre Angehörigen in der Türkei per Sippenhaft bedroht oder gleich festgenommen werden – Nazimethoden ausgerechnet in Deutschland, geschützt von untätigen, unwissenden Behörden. «Wer glaubt, zu Unrecht auf der Liste aufgeführt zu sein, soll sich melden», schrieb der moslemische Priester an seine Schäflein, «dann können wir seinen Namen wieder von der Liste streichen ...»

Die willkürliche Hetze, getragen ausgerechnet von den Männern, die von Amts wegen für die Menschen und ihre verlorenen Seelen, ob strenggläubig oder säkular-gläubig, sorgen sollen, vergiftet mittlerweile quer durch Deutschland das Vertrauensverhältnis der Türkischstämmigen untereinander. In

Augsburg gibt es eine Einrichtung der «Hizmet»-Bewegung, der offiziellen Organisation des strenggläubigen, friedfertig und gewaltfrei missionierenden Gülen-Netzwerks. Wenige Tage nach dem Putschversuch verübten AKP-Fanatiker auf deren Büroräume einen Anschlag. «Mitten in der Nacht warfen sie mit großen Steinen unsere Fenster ein», berichtet ein Sprecher des «Frohsinn-Bildungszentrums».

Wie sollen die Türken, die gestern noch die Lehren Gülens als gemäßigte, liberale Auslegungen der Heiligen Schrift des Koran annahmen, heute handeln, wenn sie aus der Heimat plötzlich mit einem Aufruf zur Denunziation von Mitbürgern überrascht werden, die ihnen nie etwas zuleide getan haben, mit denen sie friedlich lebten, bei denen sie täglich einkauften, in deren Nachhilfeschulen ihre Kinder gefördert und auch religiös getrimmt wurden? Sie folgen dem Aufruf. Und sei es aus Angst, sonst selber in die Fänge anderer Denunzianten zu geraten. Die Rechtfertigungen dafür bekommen sie ebenfalls von der Kanzel des Imams herunter gepredigt.

Ich fragte einen Deutschtürken in einem Münchner Telecom-Shop, wie er als hier Geborener, hier Ausgebildeter sich aus der sicheren Zone heraus dafür einsetzen könne, dass in der Heimat gerade Hunderttausende ihre Jobs verlieren, einfach nur, weil sie im Verdacht stehen, Sympathisanten des *Hizmet*-Netzwerks zu sein? Die Antwort war deutlich und ließ keine Fragen offen: «Das hat uns unser Imam gepredigt. Und das macht für mich auch Sinn! ‹Wenn ihr von euren deutschen Nachbarn gefragt werdet›, hat der Imam gepredigt, ‹warum ihr die Methoden der Säuberung unterstützt, erinnert sie daran, was mit den ostdeutschen Funktionären der alten DDR passiert ist, den Spionen, den Stasileuten, den Lehrern, die nur Marxismus-Leninismus konnten. Dass die nach der Wiedervereinigung auch keinen Job mehr bekamen!›» – Ob er denn befürworte, dass auch friedliche, gemäßigte Moslems aus Deutschland an den Pranger gestellt, gemeldet und womöglich inhaftiert werden, wenn sie Heimatboden betreten? – «Ja, dafür bin ich! Schließlich herrscht doch in der Türkei nach einem Putsch, der über 250 Leben gekostet hat, Ausnahmezustand! Da muss man diese Leute doch festnehmen und streng verhören! Die Schuldigen gehören ins Gefängnis und wer nicht schuldig ist, kommt auch irgendwann wieder raus.» – Hat er, der er hier in einem weitgehend funktionierenden Rechtsstaat lebt, kein Mitleid mit den Menschen, wenn sie, wie man immer wieder hört, nur durch Drohung, Misshandlung oder Folter zu ihren Geständnissen gezwungen werden? – «Ich höre von meinen Leuten aus dem Dorf und den ländlichen Gegenden meiner Heimat seit zehn Jahren, was Erdoğan und die Bewegung alles in der Türkei geschaffen haben. Sie wählen ihn alle. Sie lieben ihn. Wieso sollte ich Mitleid haben mit denen, die im Verdacht stehen, gegen ihn zu arbeiten? Dass dieser Mann seine Macht erhalten und mehren will, ist für mich nur logisch und ich nehme ihm auch ab, dass es letztlich für das Wohl der Mehrheit des türkischen Volkes ist – und dass da, wo gehobelt wird auch Späne fallen, tut mir nicht weh, denn ich bin auf der richtigen Seite.»

Als sich im Frühjahr 2017 bestätigte, dass vom türkischen Staat bezahlte Imame der «Türkisch-Islamischen Union der Anstalt für Religion» (Ditib) zunächst in nordrhein-westfälischen Gemeinden Landsleute ausspionierten, die verdächtigt werden, gegen den Präsidenten, gegen die Verfassungsänderung, oder gar Sympathisanten der Hizmet-Bewegung zu sein, und Denunziationsdossiers für staatliche Stellen in Ankara angelegt hatten, wurde einer breiten Öffentlichkeit hierzulande deutlich: Hier befiehlt der Diktator eines traditionell befreundeten Landes seinen Landsleuten dreist, einander auf deutschem Boden auszuspionieren, zu denunzieren und auszuliefern. Hier frisst sich ein importierter Spaltpilz mitten hinein nach Deutschland.

Unter den auf Befehl der staatlichen Religionsbehörde Diyanet von den islamischen Priestern in Deutschland bespitzelten Personen befanden sich auch islamische Religionslehrer an deutschen Schulen. Lange drückten sich die Sprecher der Ditib vor einer Stellungnahme, nachdem sie mit diesen Vorwürfen durch die deutschen Behörden konfrontiert wurden. Schließlich erfanden sie die Sprachregelung von der «Panne»: Die E-Mail von Diyanet in Ankara mit dem Befehl, Landsleute zu bespitzeln, einzuschüchtern und zu melden, die vom Außenministerium in Ankara aus an alle türkischen Botschaften und Konsulate ging und von dort «an einige Imame gelangt» sei, habe eigentlich gar nicht für die Gemeinden in europäischen Ländern gegolten.

Allerdings lagen der Gewerkschaft Erziehung und Wissenschaft damals schon Informationen vor, dass etwa bei einem Bildungsgespräch in einem türkischen Konsulat in Nordrhein-Westfalen, zu dem Imame, türkischstämmige Lehrer und Eltern bestellt waren, alle Anwesenden deutlich und eindringlich dazu aufgefordert wurden, Kritik an Erdoğan und seiner Politik, wo immer sie ihrer gewahr würden, zu melden. «Die Lehrer haben das Ansinnen entrüstet abgelehnt, daraufhin sollen sich einige eifrige Eltern und Imame zu einer Art Kommission zusammengetan haben», berichtete der stellvertretende Landesvorsitzende der GEW, Sebastian Krebs, tags darauf der FAZ. Er wusste von ähnlichen Zusammenkünften in mehreren türkischen Generalkonsulaten in Deutschland.

☪

Kurz nach dem Putschversuch demonstrierten fast 40 000 Türken in Köln, feierten ihren Präsidenten und verfielen in kollektive Wut darüber, dass diesem von den Behörden ein beantragter virtueller Auftritt verwehrt wurde. Viele hatten sich danach gesehnt, wieder dieselben Aufrufe zu hören wie 2010, als ihnen ihr Messias in Köln leibhaftig erschienen war. Offiziell bekommen sie zu hören: «Lernt Deutsch und integriert euch!» Dann kam Erdoğan nach Deutschland und dröhnte: «Assimilation ist ein Verbrechen gegen die Menschlichkeit» und forderte die in Deutschland lebenden *vatandaşlar* (Landsleute) auf, sich «der deutschen Kultur nicht anzupassen». Diese Doppelzüngigkeit lässt die Intelligenteren aufhorchen und macht sie misstrauisch, die einfachen Gemüter, welche die überwiegende Mehrheit stellen, überfordert sie nur. Diese Menschen leben in ihren Kiezen und pflegen wenig Kontakte mit der deutschen Außenwelt, geschweige denn, dass sie deutsche Zeitungen lesen, deutsche Nachrichten hören oder rechtsstaatliche Ansichten übernehmen, von deren Gültigkeit sie andererseits tagtäglich profitieren.

In jeder deutschen Großstadt hat sich mittlerweile so ein türkischer Mikrokosmos etabliert. Dorthin zieht es die Menschen, dort leben sie unter Ihresgleichen auf. «Ich habe hier mein türkisches *lokanta*», lächelt ein Duisburger Kleinunternehmer, «hier wird noch Hammelfleisch und *pilav* (Reis) wie zu Hause zubereitet, um die Ecke habe ich mein *çay-evi* (Teehaus), wo ich *tavla* (Backgammon) spiele mit den *arkadaşlar* (Freunden), in der Parallelstraße meinen *berber* (Friseur), der mich mit dem Messer nass rasiert und mir die Ohren noch nach guter alt-türkischer Art durch Abflammen enthaart. Hier fühle ich mich, als wäre ich in meinem *kasab*, meiner kleinen Stadt in Zentralanatolien. So mag ich es: Wir gehen gemeinsam zum *namaz* (Gebet) und wir besprechen die Politik. Und wir unterstützen alle unseren Präsidenten.» Besprechen sie auch die deutsche Politik?» – «Nein, interessiert uns nicht so, wir sind schließlich Türken.»

Zurück in München kam ich in einem türkischen Lokal mit einer jungen Frau ins Gespräch, die gerade zusammen mit dem

Wirt die *sünnet* (Beschneidungsfeier) für ihren ältesten Sohn besprach. Sie hat vier Söhne, sie ist 29. Was Melek, eine gelernte Kosmetikerin, fröhlich und in akzentfreiem Deutsch erzählt, klingt selbstbewusst und defensiv zugleich, wie aus einer Art Erklärungsnotstand heraus – den Landsleuten gegenüber: «Es gibt Bräuche, auf die wir nicht verzichten, wie sie schon die Großeltern gepflegt haben. Ob ich nun ein Kopftuch trage oder enge Jeans oder beides kombiniere – ich bin Muslima! Und egal wie europäisch ich mich benehme, ob ich mit Freundinnen Schischa rauchen gehe oder zu Hause bei den Kindern bleibe, ob ich meinem Mann gehorche oder er mir – gewisse Traditionen aus der Heimat sind mir lieb, in ihnen bin ich erzogen und werde ich auch meine Kinder erziehen!»

Ein Statement modernen Selbstbewusstseins – Religion inklusive. Nichts am Auftreten dieser jungen türkischstämmigen Mutter wirkt schlecht integriert. So würde auch eine junge Christin in Istanbul oder Kairo sprechen. Nur würde die ihre religiösen Traditionen auch dort so frei leben können wie Melek in München? Das sieht sie selber auch so. Sie hat deshalb beim Referendum mit «Nein» gestimmt. «Ich bin türkisch, aber in dieser neuen Türkei leben möchte ich nicht. Als ich gerade meine mittlere Reife hatte, dachten meine Eltern darüber nach, denn es schien sich ja vieles in der Türkei zum Positiven zu ändern. Heute wäre ich wohl schnell wieder weg, denn bei aller Tradition, bei aller Liebe zur Sprache und den Liedern meiner Eltern und – ja – auch zu den friedliebenden Aspekten unserer Religion, genieße ich in Deutschland doch sehr gerne die Vorteile meiner Freiheit. Hier kann ich zur Polizei gehen, wenn mir jemand etwas antut, dort sind die Polizisten käuflich und ganz auf AKP-Kurs eingeschworen, sonst werden sie einfach entlassen.»

Nicht allen fällt es so leicht, Tradition und Integration, Islam und Selbstbewusstsein entspannt miteinander zu verbinden, Lebensfreude, gesunden Patriotismus und Kritik an herrschenden Verhältnissen zu vereinen, wie dieser jungen Mutter, die in dritter Generation in Deutschland lebt, hier zur Schule gegangen ist, eine Berufsausbildung genossen hat.

«Viele meiner Landsleute wollen sich gar nicht integrieren», sagt sie und überlegt: Ich glaube fest, diese Leute würden auch in der jetzigen Türkei schnell Probleme bekommen – außer sie gehen mit der AKP-Bewegung und lassen sich von der Politik versklaven. Genau diese Leute feinden sich mit Leuten wie meinem Mann und mir an, weil es uns gelungen ist, hier ein Zuhause zu finden und wir trotzdem gern in die Moschee gehen – eben weil dies in Deutschland möglich und kein Widerspruch ist.»

Der Anteil der Türkischstämmigen in Deutschland, die sich anders als Melek und ihr Mann nicht integrieren wollen, liegt laut Umfragen bei rund 30 Prozent. Die Erklärung ist einfach und beantwortet bedingt auch die Frage nach dem Hass untereinander: Da wo sich die «eigene Kultur» aus einer metropolen, aufgeklärten Atmosphäre speist statt aus dörflichen anatolischen Gegenden, in denen bis heute Töchter zwangsverheiratet und bei Insubordination misshandelt oder sogar bisweilen noch vom eigenen Vater, Bruder oder Cousin umgebracht werden, lässt sie sich auch leichter in Deutschland weiterleben. Menschen aus ländlichen Gegenden fällt es zudem schwerer, die Sprache zu lernen. Deshalb lesen sie keine Zeitung und können auch die Tagesschau nicht verstehen. Sie werden in ihrem Leben kein deutsches Buch lesen, sich nicht mit deutschen Kollegen und Nachbarn unterhalten und auseinandersetzen können. Die selbstgewählte Isolation wirkt sich auf ihr Bildungsniveau aus und mindert wiederum ihre Chancen am Arbeitsmarkt.

☪

Der türkische Therapeut Kazim Erdoğan hat seine soziologischen Studien, die Erfahrungen und Einsichten eines Berufslebens in beiden Kulturen in seine Arbeit als Therapeut eingebracht. Wie viele Männer er in 40 Jahren davon abbringen konnte, etwa ihren Frauen, die sich scheiden lassen wollten, Leid anzutun, weiß er nicht. Die Männer aus seiner Väter-Runde nennen ihn ehrfurchtsvoll *hoca* (sprich: Hodscha, Meister, Lehrer). Er hat Leben gerettet und einzelne Schicksale bis dahin unbescholtener, aber in ihren Traditionen gefangener Türken zum Guten gewendet, die sonst in der Katastrophe und im deutschen Gefängnis geendet wären. Aber ob er damit den mächtigen Ruf der neuen türkischen Führung nach Verfolgung Andersdenkender, also nach Rache und Bestrafung besser integrierter Landsleute stoppen kann?

Einmal hat Kazim Erdoğan ein ARD-Kamerateam zugelassen in seiner türkischen Vätergruppe. Autor Reinhold Beckmann gibt Einblick in die Seelen und die persönlichen Geschichten der Menschen, von denen die Rede ist, wenn wir von Verwerfungen sprechen. Ein Einblick, der berührt und hoffen lässt. Mit diesen Männern, so zeigt Beckmann, geht der *Hoca* die Konflikte an, die in ihrer Parallelwelt entstanden sind und sich in drei, vier Generationen nicht haben von alleine lösen lassen. Hier lernen Männer, ihre anerzogenen Verhaltensweisen zu überdenken, die sie sowohl daran hindern, sich in der deutschen Gesellschaft zu integrieren als auch die Vorurteile schüren, die ihnen deshalb aus der Gesellschaft des Gastlandes begegnen.

Die Väter sitzen nebeneinander im Kreis und lassen vor der Kamera ihren Gedanken und dann und wann auch ihren Tränen freien Lauf, und ihre Bekenntnisse lassen einen nicht kalt: «Ich war mit 16 im Gefängnis und habe mit angesehen, wie Menschen erhängt wurden», sagt ein Mann mit grauem Schnauzbart, die vernarbten Arbeiterhände halten ein Taschentuch, mit dem er sich bisweilen verstohlen über die Wangen fährt. «Mich hat ein prügelnder Vater erzogen, der mir nie Liebe gezeigt hat», erzählt sein Nachbar in der Runde. «Wir Türken der älteren Generation haben unseren Kindern doch nur immer Befehle erteilt, wir haben ihnen doch nie wirklich zugehört», sinniert ein anderer, «wie wichtig Verständnis, Miteinander-sprechen, Einander-zuhören ist, habe ich erst hier beim *Hoca* gelernt.»

Verständnis untereinander sollen diese Männer in der Gruppentherapie zusammen mit dem Therapeuten Kazim Erdoğan erarbeiten. Ob dies allerdings auch ihre politische Sensibilität im Blick auf das, was gerade in der Heimat passiert, schärfen und Toleranz gegenüber Andersdenkenden in ihrer Wahlheimat Almanya möglich machen wird?

Dann wäre dem Meister Erdoğan etwas Großes gelungen im Widerstand gegen den Sultan Erdoğan. Dann müssten tausend und ein Hoca Erdoğan hergezaubert werden, um dem Sultan Erdoğan und seiner giftigen Propaganda Einhalt zu gebieten. Zuerst in den Köpfen seiner Wähler in Deutschland und dann – *inschallah* – in den Köpfen der Wähler in ihrem eigenen geschundenen Land. Denn wenn es eine Chance gibt, das Schicksal der Türkei zu wenden, dann könnte dies neben der schmerzhaften Katharsis eines wirtschaftlichen Zusammenbruchs auch der Einfluss der Vernünftigen, der Widerstand der Intelligenten aus Almanya sein.

Und da fällt mir Seyran Ateş ein, die Berliner Anwältin, Frauenrechtlerin und Autorin mit türkisch-kurdischen Wurzeln. Sie, die 1984 nur knapp ein Attentat der nationalistischen türkischen «Grauen Wölfe» überlebte und sich vor weiteren Morddrohungen und Hassattacken zeitweise ganz aus der Öffentlichkeit zurückzog, trat 2017 mit einem Paukenschlag wieder auf die Bildfläche: als Gründerin der Ibn-Ruschd-Goethe-Moschee, für die sie sich eigens zur Imamin ausbilden ließ.

Auch wenn manche Richtungen des Islam Frauen in der Vorbeterrolle durchaus kennen, treibt Seyran Ateş muslimische Machos und ihre koranverdrehenden Einpeitscher auf die Palme bzw. auf die Spitze der Minarette: Verkündet sie doch tatsächlich urbi et orbi einen säkularen, liberalen Islam, der die Trennung von Kirche und Staat vertritt, aber nicht die von Mann und Frau, Sunnit, Schiit, Alevit. Was die Männer nicht schaffen, die längst fällige Reformation, darf man nun von den Frauen erwarten. Das reicht für Personenschutz rund um die Uhr. Und ist ein Licht am Horizont.

Epilog

Die Türkei, so wie man sie kannte und liebte, ist tief gestürzt und wird schlimmstenfalls in Bürgerkrieg und Chaos versinken. Jeder 25. Mensch, dem wir auf Deutschlands Straßen, Flughäfen, in Restaurants, Schulen, Märkten und Elternbeiräten begegnen, ist davon durch seine Herkunft betroffen. Über 400000 der Wahlberechtigten unter ihnen, die abgestimmt haben, trugen mit dem *Evet*, Ja, zur Verfassungsänderung zu dieser Situation bei – eine höhere Zustimmungsquote als in der Türkei selbst.

Was wird der Kollaps des Landes mit seinen Menschen machen, die darauf bauen, dass ihr Wutbürger-Sultan sie jetzt aus der Not herausführt, in die er sie gestürzt hat, seinen schwelenden Bürgerkrieg beenden, auf die rebellischen Kurden zugehen, seine außenpolitischen Verstrickungen lösen, seinen wirtschaftlichen Zusammenbruch aufhalten und der ständigen Bedrohung durch den Terror des IS Herr werden, der sich von Ankara, seinem einstigen Unterstützer und Waffenlieferanten, verraten fühlt? Noch dazu mit einem durch Massenentlassungen allerorts geschwächten Gesundheitswesen, Behörden- und Militärapparat? Werden die Menschen aufwachen? Sich von Erdoğan abwenden? Werden sie sich irgendwann in der gleichen Lautstärke *gegen* die Diktatur engagieren, für die sie selbst gestimmt haben, und auf Deutschlands Straßen irgendwann *Hayır*, Nein skandieren?

«Ich habe einen Traum», kommentierte Georg Restle vom WDR in den Tagesthemen, »dass der türkische Präsident nach

Deutschland kommt und Hunderttausende gegen ihn auf die Straße gehen. Deutsche, Kurden und Türken gemeinsam, um diesem Präsidenten zu zeigen, was sie von seinen Allmachtsfantasien halten. Das wäre ein Statement, das man in Istanbul und Ankara nicht übersehen könnte. Eine machtvolle Demonstration für Demokratie und Rechtsstaatlichkeit und ein Zeichen der Solidarität mit allen, die in der Türkei verfolgt werden, nur weil sie sich für elementare Menschenrechte einsetzen. Deshalb: Zeigen wir ihm, wozu Demokratie wirklich fähig ist.»

Ein berückender Traum – fast so schön wie der des Martin Luther King, auf den das Zitat sich überschwänglich bezog, doch wie realistisch ist er? Das soziale Erbe der Einwanderer, die vor 50 Jahren aus anatolischer Armut in Deutschlands Fabriken strömten, Familien gründeten, Familie nachholten, sich mehrten, scheint in ihrer dritten, vierten Generation nur wenig Potenzial für rebellischen Elan und Engagement gegen diese Macht zu besitzen, auch wenn diese noch so offensichtlich nur die niederen Instinkte anspricht. Die Mehrheit war schon immer eher für die Macht zu begeistern, für Unterordnung und Mitlaufen, als für den Widerstand. Fühlen liegt ihr näher als Denken. Das ist bedrückend – erst recht, es in Deutschland zu beobachten. Dessen Bevölkerung, inklusive meiner Selbst, stammt von Menschen ab, die sich ebenfalls eher von Gefühlen als vom Denken angetrieben, trügerischen Verheißungen folgend, für den Mythos von der Macht begeistert haben und damit tief gestürzt sind.

Damals, nach dem Scheitern der Weimarer Republik, urteilte die Welt über Deutschland, es sei unfähig zur Demokratie. Diese passe nicht zu den Deutschen, denn «sie denken, fühlen und handeln per traditionem autoritär». Das Gleiche höre ich immer wieder über «die Türken» – ja, selbst aus dem Munde westlich geprägter und sich gemäßigt gebender AKP-

Sympathisanten: «Die Türkei ist eben nicht demokratisch regierbar. Die Türken brauchen und lieben die harte Hand...» Die deutsche Geschichte hat gezeigt, wie falsch solche pauschalen Annahmen sind. Es gibt keine Völker, die prinzipiell nicht für die Demokratie geeignet sind. Und auch in der Türkei hat der Gezi-Park verdeutlicht, wie viele Menschen sich dort das Gegenteil der «harten Hand» wünschen. Doch werden diese in der Türkei zurzeit unterdrückt und verfolgt. Und unter den in Deutschland lebenden Türken sind sie sogar in der Minderheit.

Stellt sich jetzt in Deutschland die Frage nach der Lebensfähigkeit der vielgepriesenen «Multi-Kulti»-Gemeinschaft aus Deutschen und Türkischstämmigen, Christen und Muslimen, Säkularen und Religiösen? Wird der Integrationserfolg der muslimischen Türkischstämmigen in Deutschland und ihre Identifikation mit dem Staat, in dem sie leben – deutscher Pass und Doppelstaatsbürgerschaft hin oder her – überschätzt? Muss sich die Integrationspolitik ändern, wenn wir den Widerstandsgeist unter den türkischstämmigen Deutschen stärken wollen – auch im Sinne der Türkei selbst, die freiheitlich ausgebildete Demokraten dringend benötigt?

Muss die sozial engagierte und politisch korrekte Lehrerin tolerieren, wenn türkischstämmige Schüler sie «Du Hure» nennen und im Unterricht offen davon schwadronieren, «Christen, Juden und Ungläubige töten» zu wollen, wenn «aus der Heimat der Befehl dazu» kommt, wie es in manchen deutschen Grund- und Hauptschulen fast schon an der Tagesordnung ist? Müssen deutsche Schüler und Lehrer ihren Stundenplan nach türkischstämmigen Schülern richten, weil die in den Sanitäranlagen der Schule «islamisch-rituelle Waschungen» vornehmen und auf dem Schulhof, hier und da auch mal im Klassenzimmer, zu vorgegebenen Zeiten ihre Gebetsteppiche ausrollen, wie etwa am Wuppertaler Johannes-Rau-Gymnasium geschehen?

Ziehen wir uns hierzulande durch westlich geprägte Toleranz – oder vielleicht doch aus diplomatischen Motiven, um den Machthaber in Erdoğanistan nicht zu verärgern? – eine integrationsfeindliche türkische Parallelgesellschaft heran? Warum lassen wir zu, dass zur Bespitzelung regierungskritischer Mitschüler aufgerufen wird und in den Jahresplänen für das Unterrichtsfach «Türkisch und türkische Kultur» für die Klassen eins bis fünf an staatlichen deutschen Schulen zwar «das vorbildliche Verhalten des Hz. Mohammed» Lehrstoff ist, aber große Teile der türkischen Geschichte, etwa der Völkermord an den Armeniern, bewusst nicht behandelt werden? Sind Erdoğan und seine staatsreligiösen Ditib-Spitzel dabei, die Gesellschaft in Deutschland mitsamt ihrer politisch korrekten Ideale zu gefährden, vielleicht an sensiblen Stellen sogar zu schädigen, «*to make Turkey great again*»?

Im gleichen Maße, wie nur eine Minderheit unter den Türkischstämmigen in diesem Land integriert oder arriviert scheint, die deutsche Sprache gut genug beherrscht um sich kritische Zeitungen und Sendungen zu Gemüte zu führen, Freundschaften mit Deutschen pflegt, deutsche PartnerInnen heiratet, in Deutschland Karriere macht, bleibt auch der Kreis der Menschen, die dem Despoten in der Heimat und seinem Gebaren kritisch gegenüberstehen, eine Minderheit. Die Mehrheit bilden diejenigen, die aus ihren aus dem dörflich-anatolischen Leben importierten Parallelgesellschaften nicht herausgefunden haben. Nun, da sie, aus welchen Zwängen heraus auch immer, für einen selbsternannten Heilsbringer demonstrieren, von ihm islamistisch-autoritäre und deutschlandfeindliche Positionen übernehmen, sich als kleine oder mittlere Macho-Kopien des *liderimiz* gerieren, bewegen sie sich in Deutschland ins Abseits.

Wenn immer mehr Deutsche durch die fanatisierten Erdoğanisten auf den Straßen genervt wären – wer wollte es ihnen verdenken? Doch darf nicht in Vergessenheit geraten, dass es auch die andere, die europäische Türkei gibt, die andere Hälfte, die sich zunehmend verzweifelt gegen die heraufziehende Diktatur wehrt. Sie braucht unsere Solidarität. Sie muss gestärkt werden, auch indem der skandierenden, pöbelnden und Mitmenschen denunzierenden Mehrheit nicht aus falsch verstandener Toleranz das Feld überlassen wird. Erziehung und Bildung brauchen Herausforderung und Konfrontation. Toleranz kann auch zu Gleichgültigkeit verkommen. Das berechtigte Entsetzen über die Vorgänge am Bosporus, etwa über die Prozesse gegen redliche Journalisten der «Cumhuriyet», darf nicht dazu führen, den Schurkenstaat Erdoğanistan mit «der Türkei» gleichzusetzen und die andere Hälfte zu vergessen. Das muss sich auch Bundeskanzlerin Merkel vorwerfen lassen, die bei ihren zahlreichen Türkei-Visiten – anders als der damalige Außenminister Steinmeier – nur ein einziges Mal den Mut hatte, eine Begegnung mit der Opposition ins Programm aufzunehmen, und der «anderen Türkei», Europa am Bosporus, damit den Rücken zu stärken.

In Deutschland ebnete einst eine weltweite und nationale Wirtschaftskrise der Diktatur den Weg und führte in die Katastrophe. In Erdoğanistan scheint sich die historische Dialektik umzukehren – dort wird die Diktatur zum Kollaps einer eben noch boomenden Wirtschaft führen. *In the long run, it's the economy, stupid!* Der Satz, den einst Texter für Bill Clintons Wahlkampagne von 1992 erfanden, gilt auch für Autokraten. Machtpolitik à la Erdoğan zerstört die Freiheit, lähmt die Initiative der Menschen, vernichtet die Effizienz der Wirtschaft zugunsten der Klientel der Machthaber.

Aber dieser Kollaps würde auch die «andere Hälfte» mit in den Abgrund reißen. Deshalb das Land jetzt, wo es dort für diese «andere Hälfte» dunkel wird, wirtschaftlich hängen zu lassen, wäre ebenso sinnlos, wie es war, das Nazi-Regime mit Boykott und Bomben auf Zivilisten zu bestrafen.

Schläge gegen die türkische Wirtschaft treffen nicht das System und die Protagonisten der Diktatur. Das häufig zu lesende Argument, die Regierung habe schließlich einen Ruf als Wachstumsbringer und Reichmacher zu verlieren, greift zu kurz, denn Wirtschaftsboykotte haben bislang nicht zur Schwächung oder gar Absetzung von Diktatoren, zur Revolte geführt, nicht in Kuba, nicht in Russland, nicht im Iran oder in den Diktaturen Afrikas – sondern immer zur Schwächung der Kreise, die einen Wechsel herbeiführen könnten. Der Ruf nach Sanktionen, wie sie etwa die SPD nach der Verhaftung des Menschenrechtlers Peter Steudtner forderte, ist kurzsichtig. Nicht die Menschen gilt es zu bestrafen, sondern die Diktatur zu bekämpfen! Übernehmen wir Patenschaften für Inhaftierte HDP-Abgeordnete!

Verlagern wir die viel gelobten «deutsch-türkischen Beziehungen» also dorthin, wo sie hingehören! Weg von der Regierung, hin zu den NGOs, die dort wichtige Arbeit leisten und Kopf und Kragen riskieren! Spenden wir für Amnesty und Reporter ohne Grenzen, für akademische Austauschorganisationen und Wissenschaftsverbände! Jeder gespendete Euro stärkt die türkische Zivilgesellschaft! Abonnieren wir Zeitungen wie «Bir Gün» oder «Cumhuriyet»! Pflegen wir engen Kontakt und Freundschaften mit Leuten, die dort gerade ums Überleben kämpfen! Übernehmen wir Partnerschaften für inhaftierte HDP-Abgeordnete! Gehen wir mit auf die Straße, wenn hierzulande demonstriert wird: für einen Verzicht des Regimes auf die Wiedereinführung der Todesstrafe, die der Präsident derzeit persönlich voranreibt, dafür, dass unschuldig inhaftierte politische Gefangene freigelassen werden, für die Wiederaufnahme des von Erdoğan aufgekündigten Friedensprozesses mit den Kurden, dafür, dass die Türkei in Syrien wirklich den IS bekämpft und nicht die syrischen Kurden, für eine Stärkung der Parlamentsrechte, für die Wiederherstellung der unabhängigen Justiz.

Ja, auch und vor allem, wer dieses schöne Land allen verschärften Reisehinweisen des Auswärtigen Amts zum Trotz weiter (oder wieder) bereist und dort Ferien macht, unterstützt damit nicht die Diktatur, sondern zuallererst Menschen, die dort ihre Familien ernähren: Wenn dem Diktator in Ankara vermeldet wird, dass die Tourismus-Industrie eingebrochen sei, wird die Existenz der kleinen Wirte, der Bootsverleiher, Busfahrer, Reiseführer, Kioskbetreiber und deren Familien längst vernichtet sein. Dann werden sich auch jene weiter radikalisiert haben, die eben noch ein Auskommen durch den Tourismus hatten. Jedes Gespräch mit echten Menschen aus Deutschland, das AKP-Blätter wie «Takvim» oder «Akşam» ihnen mit Schlagzeilen à la «Fetönazi Merkel» als «*törrörüst-yardımcı*», «Terroristenunterstützerland» verkauft, stärkt die Trägerschicht eines demokratischen Wechsels. Reisen und Ferienmachen dient der Völkerverständigung, jeder Urlauber kann auch ein Werbeträger für die Demokratie sein. Besuchen wir also die Türken trotz und erst recht wegen Erdoğan! Zeigen wir ihnen, dass sie hinters Licht geführt werden! Damit leisten wir der Demokratie dort einen besseren Dienst als durch Wegbleiben und Boykott. Solidarität mit der «anderen Hälfte» ist das Gebot der Sutnde.

Eine solche Gelegenheit hat sich im Sommer 2017 geboten, und, ja, ich kenne einige Deutsche, die es sich nicht nehmen ließen mit zu marschieren, als Kemal Kılıçdaroğlu 20 000 Menschen für seinen Protestmarsch von Ankara nach Istanbul mobilisierte. Kaum noch jemand hatte seit Gezi für möglich gehalten, dass es die Türken wagen, aufzustehen gegen alles, was sie unter Erdoğan ertragen müssen – auch ich nicht. Und sie taten es. Seite an Seite marschierten Junge und Alte, Grüne und Kemalisten, Akademiker und Arbeiter, Kurden, Fußball-Fanclubs und Frauenrechtlerinnen in etwas mehr als drei Wochen 480 Kilometer durch Anatolien, und sogar bekennende AKP-Wähler trauten sich. Mit dem Schild *«adalet»* («Gerechtigkeit») in der Hand, dem Wort, für welches das «A» in AKP steht, der Partei, deren politisches Gebaren es ausgerechnet daran so schändlich fehlen lässt. Vier Jahre nach dem Gezi-Park-Aufstand ein hoffnungsvoller Neubeginn. Ein deutlicher Ruf der anderen Türkei: Es gibt uns!

Was hätte ich darum gegeben, dabei zu sein….

«*Biz az değiliz* – Wir sind nicht wenige», ruft der mutige türkische Journalist Bülent Mumay, der mit jedem «Brief aus Istanbul» in der «FAZ», mit jeder Kolumne in der Zeitung «Bir Gün» riskiert, erneut in Haft genommen und auf Druck der Regierung mit Berufsverbot belegt zu werden, wie schon 2015. *«Iki kişiden biriyiz* – Wir sind einer von zweien in diesem Land! Ein Boykott macht beide ärmer: die beim Referendum mit Ja gestimmt haben aber eben auch die Nein-Sager.» Und dann erinnert Mumay an einen Satz, der mir vertraut ist, weil er aus den Jahren der unglückseligen «deutsch-türkischen Waffenbrüderschaft» im Ersten Weltkrieg und, glaubt man seinen Biografen, von meinem Großvater stammt: »*Almanya yenilince biz de yenilmiş sayıldık* – Wenn Deutschland besiegt ist, gelten auch wir als besiegt.» Mit dem Satz ist mein Vater vor rund hundert Jahren heimgekehrt aus einem gemeinsam verlorenen Krieg, aus einem besiegten Deutschland in eine besiegte Türkei. «Vielleicht ist Deutschland heute nicht besiegt, wenn die Türkei besiegt ist», mahnt Mumay. Der Verlierer aber wird auch die andere Türkei sein.